浙江文化印记

阳明文化

张宏敏 著

浙江人民出版社

图书在版编目（CIP）数据

阳明文化 / 张宏敏著. -- 杭州 ： 浙江人民出版社，
2025. 5. --（浙江文化印记）. -- ISBN 978-7-213
-11810-4

Ⅰ. B248. 25

中国国家版本馆CIP数据核字第2025F28Z91号

阳明文化

张宏敏　著

出版发行：浙江人民出版社（杭州市环城北路177号　邮编　310006）

市场部电话：(0571)85061682　85176516

责任编辑：朱碧澄

责任校对：王欢燕

责任印务：程　琳

封面设计：厉　琳

电脑制版：杭州兴邦电子印务有限公司

印　　刷：杭州富春印务有限公司

开　　本：880毫米×1230毫米　1/32　　印　　张：9.125

字　　数：209千字　　　　　　　　　　插　　页：2

版　　次：2025年5月第1版　　　　　　印　　次：2025年5月第1次印刷

书　　号：ISBN 978-7-213-11810-4

定　　价：68.00元

如发现印装质量问题，影响阅读，请与市场部联系调换。

"浙江文化研究工程成果文库"总序

有人将文化比作一条来自老祖宗而又流向未来的河，这是说文化的传统，通过纵向传承和横向传递，生生不息地影响和引领着人们的生存与发展；有人说文化是人类的思想、智慧、信仰、情感和生活的载体、方式和方法，这是将文化作为人们代代相传的生活方式的整体。我们说，文化为群体生活提供规范、方式与环境，文化通过传承为社会进步发挥基础作用，文化会促进或制约经济乃至整个社会的发展。文化的力量，已经深深熔铸在民族的生命力、创造力和凝聚力之中。

在人类文化演化的进程中，各种文化都在其内部生成众多的元素、层次与类型，由此决定了文化的多样性与复杂性。

中国文化的博大精深，来源于其内部生成的多姿多彩；中国文化的历久弥新，取决于其变迁过程中各种元素、层次、类型在内容和结构上通过碰撞、解构、融合而产生的革故鼎新的强大动力。

中国土地广袤、疆域辽阔，不同区域间因自然环境、经济环境、社会环境等诸多方面的差异，建构了不同的区域文化。区域文化如同百川归海，共同汇聚成中国文化的大传统，这种大传统如同春风化雨，渗透于各种区域文化之中。在这个过程中，区域文化如同清溪山泉潺潺不息，在中国文化的共同价值取向下，以自己的独特个性支撑着、引领着本地经济社会的发展。

从区域文化入手，对一地文化的历史与现状展开全面、系统、扎实、有序的研究，一方面可以借此梳理和弘扬当地的历史传统和文化资源，繁荣和丰富当代的先进文化建设活动，规划和指导未来的文化发展蓝图，增强文化软实力，为全面建设小康社会、加快推进社会主义现代化提供思想保证、精神动力、智力支持和舆论力量；另一方面，这也是深入了解中国文化、研究中国文化、发展中国文化、创新中国文化的重要途径之一。如今，区域文化研究日益受到各地重视，成为我国文化研究走向深入的一个重要标志。我们今天实施浙江文化研究工程，其目的和意义也在于此。

千百年来，浙江人民积淀和传承了一个底蕴深厚的文化传统。这种文化传统的独特性，正在于它令人惊叹的富于创造力的智慧和力量。

浙江文化中富于创造力的基因，早早地出现在其历史的源头。在浙江新石器时代最为著名的跨湖桥、河姆渡、马家浜和良渚的考古文化中，浙江先民们都以不同凡响的作为，在中华民族的文明之源留下了创造和进步的印记。

浙江人民在与时俱进的历史轨迹上一路走来，秉承富于创造力的文化传统，这深深地融汇在一代代浙江人民的血液中，体现在浙江人民的行为上，也在浙江历史上众多杰出人物身上得到充分展示。从大禹的因势利导、敬业治水，到勾践的卧薪尝胆、励精图治；从钱氏的保境安民、纳土归宋，到胡则的为官一任、造福一方；从岳飞、于谦的精忠报国、清白一生，到方孝孺、张苍水的刚正不阿、以身殉国；从沈括的博学多识、精研深究，到竺可桢的科学救国、求是一生；无论是陈亮、叶适的经世致用，还是黄宗羲的工商皆本；无论是王充、王阳明的批判、自觉，还是龚自珍、蔡元培的开明、开放，等等，都展示了浙江深厚的文化底蕴，凝聚了浙江人民求真务实的创造精神。

代代相传的文化创造的作为和精神，从观念、态度、行为方式和价值取向上，孕育、形成和发展了渊源有自的浙江地域文化传统和与时俱进的浙江文化精神，她滋育着浙江的生命力、催生着浙江的凝聚力、激发着浙江的创造力、培植着浙江的竞争力，激励着浙江人民永不自满、永不停息，在各个不同的历史时期不断地超越自我、创业奋进。

悠久深厚、意韵丰富的浙江文化传统，是历史赐予我们的宝贵财富，也是我们开拓未来的丰富资源和不竭动力。党的十六大以来推进浙江新发展的实践，使我们越来越深刻地认识到，与国家实施改革开放大政方针相伴随的浙江经济社会持续快速健康发展的深层原因，就在于浙江深厚的文化底蕴和文化传统与当今时代精神的有机结合，就在于发展先进生产力与发展先进文化的有机结合。今后一个时期浙江能否在全面建设小康社会、加快社会主义现代化建设进程中继续走在前列，很大程度上取决于我们对文化力量的深刻认识、对发展先进文化的高度自觉和对加快建设文化大省的工作力度。我们应该看到，文化的力量最终可以转化为物质的力量，文化的软实力最终可以转化为经济的硬实力。文化要素是综合竞争力的核心要素，文化资源是经济社会发展的重要资源，文化素质是领导者和劳动者的首要素质。因此，研究浙江文化的历史与现状，增强文化软实力，为浙江的现代化建设服务，是浙江人民的共同事业，也是浙江各级党委、政府的重要使命和责任。

2005年7月召开的中共浙江省委十一届八次全会，作出《关于加快建设文化大省的决定》，提出要从增强先进文化凝聚力、解放和发展生产力、增强社会公共服务能力入手，大力实施文明素质工程、文化精品工程、文化研究工程、文化保护工程、文化产业促进工程、文化阵地工程、文化传播工程、文化人才工程等"八项工程"，实施科教兴国和人才强国战略，加快建设教育、科技、卫生、体育等"四个强省"。作为文化建设"八项工程"之一的文化研究工程，其任务就是系统研究浙江文化的历史成就和当代发展，深入挖掘浙江文化底蕴、研究浙江现象、总结浙江经验、指导浙江未来的发展。

浙江文化研究工程将重点研究"今、古、人、文"四个方面，即围绕浙江当代发展问题研究、浙江历史文化专题研究、浙江名人研究、浙江历史文献整理四大板块，开展系统研究，出版系列丛书。在研究内容上，深入挖掘浙江文化底蕴，系统梳理和分析浙江历史文化的内部结构、变化规律和地域特色，坚持和发展浙江精神；研究浙江文化与其他地域文化的异同，厘清浙江文化在中国文化中的地位和相互影响的关系；围绕浙江生动的当代实践，深入解读浙江现象，总结浙江经验，指导浙江发展。在研究力量上，通过课题组织、出版资助、重点研究基地建设、加强省内外大院名校合作、整合各地各部门力量等途径，形成上下联动、学界互动的整体合力。在成果运用上，注重研究成果的学术价值和应用价值，充分发挥其认识世界、传承文明、创新理论、咨政育人、服务社会的重要作用。

我们希望通过实施浙江文化研究工程，努力用浙江历史教育浙江人民、用浙江文化熏陶浙江人民、用浙江精神鼓舞浙江人民、用浙江经验引领浙江人民，进一步激发浙江人民的无穷智慧和伟大创造能力，推动浙江实现又快又好发展。

今天，我们踏着来自历史的河流，受着一方百姓的期许，理应负起使命，至诚奉献，让我们的文化绵延不绝，让我们的创造生生不息。

2006 年 5 月 30 日 于杭州

目录

引 言

王阳明（1472—1529），名守仁，字伯安，是明朝伟大的哲学家、思想家、政治家、军事家，也是杰出的教育家和书法家。他生于浙江余姚，卒于江西南安，葬于浙江山阴洪溪乡（今绍兴柯桥兰亭镇花街村鲜虾山）。生前获封新建伯，官至南京兵部尚书兼都察院左都御史，后遭人诬陷，被削夺封号，卒后三十八年，即明隆庆元年（1567），被追封为新建侯，谥文成。明万历十二年

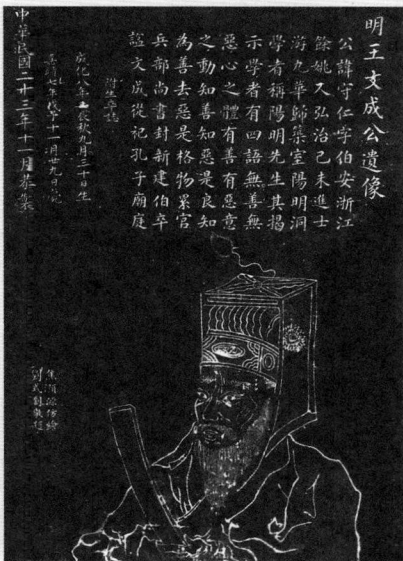

王阳明碑刻像

（1584）从祀孔庙。王阳明曾修道于会稽山阳明洞天，自号"阳明子""阳明山人"，学者尊称他为"阳明先生"。

王阳明是中国历史上公认的立德、立功、立言"真三不朽"者，有明一代即"门徒遍天下，流传逾百年"，进而形成"阳明学派"，以至于"嘉、隆而后，笃信程朱，不迁异说者，无复几人矣"（《明史·儒林传》）。其思想不仅在明代中后期的学术界占据核

心地位，而且在后世更是"风行天下，传遍中国，走向世界"（杜维明语）。因此王阳明的生平事功与学术思想，一向受到学术界的重视，被一再研究。

近年来，出于对"文化自信"的提倡以及视传统文化为"独特战略资源"，再加上党和国家领导人对阳明语录及阳明学核心命题的关注与阐述，王阳明与阳明学受到社会各界的普遍重视。图书市场上各种版本的《传习录》《王阳明全集》不断推出，报纸、期刊上登载的阳明学研究论文数量陡增，不同科研单位主办的阳明学研究辑刊不断出版，阳明学研究机构与王阳明研究会纷纷设立，"百家讲坛"性质的阳明学公开课持续开设，阳明学会议与论坛频繁召开，各种级别的阳明学研究课题纷纷立项，这足以说明王阳明与阳明学的研究与阐释已经成为中华传统文化研究中的"显学"。

在对"阳明文化"的丰富内涵及其时代价值进行论述之前，首先要对"阳明文化"的内涵与外延予以界定。一般认为，"文化"是人类在社会历史发展过程中所创造的物质财富和精神财富的总和，特指精神财富，如哲学、文学、艺术、教育、科学等；另外，考古学视野中同一历史时期内不以分布地点为转移的遗迹、遗物的综合体，也属于"文化"。据此，我们可以把"阳明学"视为王阳明传至后世的"精神财富"，而阳明洞天、阳明故居、阳明传世书法、摩崖石刻等实物性质的"阳明文化遗迹"以及明清时期不同版本的《传习录》《阳明先生文录》《王文成公全书》《阳明先生集要》等阳明学文献，也是"阳明文化"的重要组成部分。

"阳明学"与"阳明文化"是两个内涵有差异的学术范畴。"阳明学"作为一个学术范畴，最早出现在《明史·王守仁传》中：

"其为教，专以致良知为主。谓宋周、程二子后，惟象山陆氏简易直捷，有以接孟氏之传。而朱子《集注》《或问》之类，乃中年未定之说。学者翕然从之，世遂有'阳明学'云。""阳明学"与"阳明心学"的内涵、外延相当。根据《王阳明全集》主编吴光的解读，王阳明的学说远承孔孟，近继象山，而自成一家，影响超越明代而及于后世，风靡海内而传播中外。而所谓"阳明学"，就是由王阳明所奠定，其弟子后学传承与发展，以"良知"为德性本体，以"致良知"为修养方法，以"知行合一"为实践功夫，以"明德亲民"为政治应用，以"天地万物一体之仁"为境界追求的良知心学，可谓儒家真正意义上的"内圣外王"之学。

总之，在笔者看来，"阳明文化"由"阳明学"衍生而来，就是以王阳明的生平事迹、学术思想为中心，并由此衍生的以王阳明遗迹、阳明祠等纪念场所及传世的王阳明书法碑刻、著作等为物质载体，由"心即理""知行合一""致良知""明德亲民""万物一体之仁"等哲学范畴架构起来的学术思想体系的总和，同时，阳明学派、清代阳明学、民国阳明学、现当代阳明学以及明代中后期传播至海外的朝鲜阳明学、日本阳明学以及欧美阳明学等，也属于广义的"阳明文化"的重要组成部分。

赓续阳明学脉，谱写当代华章。包括"阳明文化"在内的中华传统文化代表着中华民族独特的精神标识，当下的"阳明学热"有助于唤醒我们对中华传统文化的热爱和对中华民族精神家园的回归。肩负新时代新的文化使命，我们期待海内外的阳明文化爱好者、研究者、传播者，在传承发展阳明文化上守正创新，既要做好阳明文化内涵与外延的深度挖掘文章，也要继续加大阳明文化的对外传播力度，大力弘扬阳明文化中蕴含的"知行合一""明德亲民"

"天地万物一体之仁"等中华优秀传统文化精髓，从而以阳明文化在新时代的传承发展为突破口，更好地担负起新时代新的文化使命。

第一章

王阳明的生平与思想

弘治五年（1492），王阳明中举人，弘治十二年中进士并观政工部，此后历任刑部主事，兵部主事，贵州龙场驿丞，庐陵知县，吏部主事、员外郎、郎中，南京太仆寺少卿，南京鸿胪寺卿，都察院左佥都御史、巡抚南赣汀漳等地，提督军务，江西巡抚，南京兵部尚书，都察院左都御史、总制两广、江西、湖广军务，两广巡抚等职。因平定宸濠之乱军功而被封为特进光禄大夫、柱国、新建伯；隆庆年间被追封为新建侯，谥文成；万历年间从祀孔庙，被称为"先儒王子"，与薛瑄、胡居仁、陈献章并列，成为明代"钦定"的四位大儒之一。后，王阳明还与孔子、孟子、朱熹并称为"孔孟朱王"。阳明弟子编有记录其讲学语录的《传习录》，以及《居夷集》《阳明先生诗录》《阳明先生文录》等，后汇编为《王文成公全书》。今有点校本的《王阳明全集》《王文成公全书》。

第一节　王阳明的传奇人生

王阳明的一生，笃信孔孟圣学，终身精进不已，实现并成就了传统儒家"知行合一，内圣外王"的理想人格，气象万千、光耀千古。他11岁时立志以"读书学圣贤"为人生第一等事；而后初溺于任侠之习，再溺于骑射之习，三溺于辞章之习，四溺于神仙之习，五溺于佛氏之习。在正德元年（1506）35岁时归正于儒家圣贤之学。一生三次悟道证道，37岁时在贵州龙场悟道并提出"心即理""知行合一"，49岁时在江西赣州悟道而有"致良知"之教，56岁时在绍兴天泉证道而有"四句教"，最终形成了以"知行合一致良知，明德亲民止至善"为学术宗旨的良知心学思想体系。这一切皆是建立在他波澜壮阔的传奇人生基础上的，他的一生也与余姚秘图山王氏家族、明王朝的命运紧紧相连、息息相关。

一、瑞云降世与志学圣贤

明宪宗成化八年九月三十日（1472年10月31日）亥时，王阳明诞生于余姚的一个书香门第。他的母亲郑氏怀孕十四个月才分娩，在他诞生前，祖母岑氏梦见神女衣绯玉，云中鼓吹，从天而降，送一孩儿。祖父王伦遂为他取名为"云"，因乡人传其梦，遂指王阳明出生之楼曰"瑞云楼"。

王阳明自出生至五岁时，尚不能开口说话，有一高僧过其家，摸着他的头说："好个孩儿，可惜道破。"祖父王伦遂为其改名"守仁"，盖取《论语》"知及之，仁不能守之，虽得之，必失之"之意。王阳明自幼聪明绝伦，一天突然诵出王伦所读《礼记》中的文字，王伦惊讶，问之，阳明答曰："闻祖读时，已默记矣。"王伦授以它书，王阳明也是过目成诵。

十岁那年，父亲王华高中成化辛丑科状元，授翰林院修撰。同年，王阳明随祖父王伦一起赴京生活，船过江苏镇江金山寺时，王伦与客人饮酒赋诗，一时尚未成篇，王阳明却已赋诗一首，诗云："金山一点大如拳，打破维扬水底天。醉倚妙高台上月，玉箫吹彻洞龙眠。"在场者大为惊异，又叫王阳明应景以"蔽月山房"赋诗，他出口成章，诗惊四座。

王华像

入京之后，王华为王阳明请私塾老师，教其读书。他经常捧书沉思，思考人生真谛。有一天，他突然问老师："何为（人生）第一等事？"老师回答说："惟读书登第（做官）耳。"王阳明疑惑地说："登第恐未为一等事，读书学为圣贤耳。""读书学为圣贤"的心愿，表达了少年阳明要学做圣贤的远大志向。王阳明的人生目标，大概就是在这个时候确定的。

成化十九年（1483）秋，南京

吏部郎中诸让（字养和，余姚人）来京主考顺天府乡试，登门造访乡友王伦、王华父子，识见阳明，甚喜，即以小女许配12岁的少年阳明。13岁那年，王阳明生母郑氏卒，阳明居丧哭泣甚哀，返乡葬母于余姚城东穴湖山。翌年，王华续弦纳赵氏，并娶杨氏为侧室。

二、庭院格竹与会魁登第

成化二十三年（1487），15岁的王阳明开始修习弓马骑射之术，研读《六韬》《三略》等兵书，出游居庸三关，慨然有经略四方之志，经月始返。梦谒马伏波（马援）将军庙，题词赋诗，成《梦中绝句》："卷甲归来马伏波，早年兵法鬓毛皤。云埋铜柱雷轰折，六字题诗尚不磨。"这是王阳明军事思想的萌芽。是年，洪水泛滥，旱灾频发，边关告急，盗贼趁机作乱，王阳明屡欲为疏献于朝。王华斥之为狂，乃止。

于是，王阳明按照父亲教导，遍读《四书章句集注》等朱熹理学著作。这时，十五六岁的王阳明还经历了一次"庭院格竹"事件。少年阳明相信朱熹讲的"人心之灵，莫不有知，而天下之物莫不有理"的格物理论，认为既然万物有理、人心有知，那么通过与外在事物的接触，运用"心"的认知能力，就可以认识事物之"理"。于是，他与朋友一起做起了"格竹"实验，面对着父亲官邸庭院的竹林，去尝试把握竹中之"理"，结果"格"了七天七夜，不但没有成功，反而导致旧疾复发，实验以失败告终。这件事带给阳明沉重的打击，是他思想上的一次严重挫折。外在世界的"一草一木"之理，怎么与人的内心世界打成一片呢？对此，当时的阳明始终不能释然，心与理、心与物如何化解对立以实现统一，成为阳明的一个心结。但从正面看，阳明内心已隐伏了对朱子学的怀疑，成为他日后"龙场悟道"开创心学的一个契机。

"格竹求理"失败后，王阳明感叹圣贤难做，便浸淫于佛老之学。以至于18岁（弘治二年，1489）的王阳明竟然在新婚之夜跑到南昌铁柱宫道观，与道士大谈养生之学。同年底，祖父王伦疾革，再加上诸让父亲诸浩病逝，阳明同岳父诸让、夫人诸氏从南昌乘舟返回余姚。行至广信府，阳明拜谒大儒娄谅，娄谅语以宋儒"格物"之学，谓"圣人必可学而至"。

回余姚后，在父亲王华的督导下，弘治五年（1492），21岁的王阳明参加浙江乡试并中举。翌年参加会试落第，留在北京国子监，继续研习举业、辞章之学。弘治九年，王阳明第二次参加会试不中，同舍有以不第为耻者，王阳明慰之，曰："世以不得第为耻，吾以不得第动心为耻。"而后，王阳明归余姚龙泉山结诗社，驰骋于辞章，还前去府城绍兴游历兰亭、会稽山、秦望山、云门山、峨嵋（眉）山等。弘治十一年，偶闻道士谈养生之术，也有遗世入山之意。

弘治十二年（1499）春，28岁的王阳明第三次参加会试，是会魁，又参加殿试，赐二甲进士出

北京国子监明代进士题名碑

身第六人。

三、观政工部与刑部主事

王阳明正式进入仕途后的第一个职务是观政工部营缮清吏司。

这年（弘治十二年，1499）夏天，他奉檄出使关外，察边戍军屯。时有星变，朝廷下诏求言，及闻虏寇猖獗，王阳明上生平第一份奏疏——《陈言边务疏》，内陈蓄材以备急、舍短以用长、简师以省费、屯田以足食、行法以振威、敷恩以激怒、捐小以全大、严守以乘弊等"边务八策"，言极剀切。施邦曜的《阳明先生集要》"批注"认为，王阳明的"边务八策"胜过《孙子兵法》十三篇。

七月，王阳明被派至北直隶大名府浚县（今属河南鹤壁），钦差督造威宁伯王越坟。在浚县，阳明驭役夫以什伍法，休食以时，暇即驱演"八阵图"。王阳明的军事才华，初露峥嵘。九月四日，王越墓及神道修毕，越窆于大伾山西麓。在浚县期间，王阳明游大伾山，作《游大伾山诗》，成《大伾山赋》。十一月，返回京师复命。

弘治十三年（1500）二月，观政期满后，王阳明被授以刑部云南清吏司主事。七月，重修京师刑部提牢厅；九月，司狱告成；十月，王阳明主提牢厅事务，连作《提牢厅壁题名记》《重修提牢厅司狱司记》文。在刑部任职期间，王阳明日事案牍，夜归府邸，必燃灯攻读"五经"及先秦、两汉典籍，为文字益工。父亲王华恐王阳明过劳成疾，禁家人于书室置灯。等王华就寝，王阳明复燃灯读书，必至夜分而罢，因得呕血之疾。

弘治十四年（1501）八月，王阳明奉命到南直隶淮安府、凤阳府、庐州府、池州府等，会同巡抚、御史审决积案重囚，录囚多有平反。暮秋，在池州府，王阳明初游佛道名山九华山，出入佛寺道观，宿无相、化城诸寺，赋诗《化城寺（六首）》《地藏塔》《李白祠》《双峰》《莲花峰》《列仙峰》《云门峰》等。在九华山期间，寺僧好事者，争持纸向阳明索诗，阳明有《实庵和尚像赞》，曾与道士蔡蓬头谈仙，寻访地藏洞异人。岁末，王阳明审囚江北事竣。

弘治十五年（1502）正月，王阳明在池州府贵池县游齐山，成《游齐山赋》。嗣后，再至青阳县，在九华山脚，结识秀才柯崧林并投宿其家，赋诗《九华山下柯秀才家》《书梅竹小画》；又作《游九华赋》，赋诗《无相寺》《夜宿无相寺》《芙蓉阁》《题四老围棋图》等。九华山游毕，王阳明经太平府、应天府，至镇江府，与丹阳汤礼敬偕登茅山。三四月间，王阳明因旧疾（肺痨）发作，滞留于扬州养病。五月，回京复命，京中旧游俱以才名相驰骋，学古诗文。阳明叹曰："吾焉能以有限精神为无用之虚文也！"八月，王阳明拜《乞养病疏》，告病归越还乡。

四、返乡养病与山东乡试

返乡之后，王阳明先是在杭州作短暂停留，又至余姚探望祖母岑氏。而后筑室于绍兴会稽山阳明洞中，究极仙经秘旨，静坐行导引术，为"静入窈冥，静观内照"的长生久视之道，久能预知。其友许璋、王文辕等四人欲访阳明，方出五云门，阳明即命仆人迎于道路，仆人告以原委，四人惊以为神。而王阳明则认为，这是"簸弄精神"，并非什么"正道"。

弘治十六年（1503）春，王阳明移疾杭州西湖，往来于南屏（净慈寺）、虎跑、圣水、圣（胜）果、宝界、灵隐诸佛刹，赋诗《圣水寺》《胜（圣）果寺》《春日宿宝界禅房赋》等，渐悟仙、释二氏之非，复思用世。在虎跑寺，王阳明用"爱亲本性"点化闭关坐禅三年的寺僧，使之返乡侍母。秋，绍兴连续数月不雨，王阳明应绍兴太守佟珍之请，由杭州至会稽山南镇祈雨；八月十五日，大雨浃旬，禾苗复颖。九月，佟珍在绍兴倡建预备仓以度粮荒，王阳明作《新建预备仓记》文。十月，王华以礼部右侍郎身份奉命祭告江淮诸神，便道归省至余姚，与母岑太夫人相聚。王阳明与王华会合，一同前往余姚参墓。经浙江提学副使赵宽（王华同年）介绍，17岁的余姚县庠生徐爱娶王华之女（王阳明七妹）为妻。赵宽、王华、王阳明在场证婚观礼，阳明也因此与徐爱结识。是年冬，王阳明自会稽上天目山，至湖州；又至苏州，东观于震泽，会同年都穆，同游玄墓山、天平山、虎丘。

弘治十七年（1504），王阳明回绍兴。四月初一日，友人来访会稽山阳明洞，王阳明书扇面《别友诗》赠之；四月十五日，在若耶溪为内兄诸用冕赴南都参加秋试送行，赋《若耶溪送内兄诸用冕赴南都（并序）》。

七月，王阳明病瘥，北上赴任兵部武选职方清吏司主事；路经徐州彭城，拜会工部都水司主事朱朝章，作《黄楼夜涛赋》。八月，应巡按山东巡按监察御史陆偁礼聘，主考山东乡试。八月九日，山东乡试始，十七日毕，取七十五名中式举人，有陈鼎、路迎、翟銮、殷云霄等，解元系穆孔晖。八月二十七日，王阳明编《弘治十七年山东乡试录》，并作"序""后序"。主考山东乡试毕，阳明还赋诗《文衡堂试事毕书壁》《白发谩书一绝》。九月初九日，王阳明在山东提学副使陈镐、金事李宗泗陪同下，拜谒曲阜孔庙、周公庙。九月十六日，王阳明一行登泰山，赋诗《登泰山（五首）》《泰山高次王内翰司献韵》《游泰山》《题御帐坪》等，曰

"山东诗"。

五、兵部主事与忤旨贬谪

弘治十七年（1504）九月下旬，王阳明从济南至京师，正式就任兵部主事，兵部尚书为刘大夏。

弘治十八年（1505）春试，状元为顾鼎臣，榜眼为董玘，探花为谢丕，崔铣、严嵩、湛若水、倪宗正、胡琏、魏校、翟銮、闻渊、蔡潮、胡东皋、徐祯卿、刘寓生、万镗、郑一初、穆孔晖、顾应祥、陈鼎、方献夫、张翀、郑善夫、张邦奇、戴德孺、殷云霄、陆深、胡铎、许完、刘节等中进士。同年五月，弘治帝朱祐樘驾崩，朱厚照即帝位，以明年为正德元年。大学士李东阳、刘健、谢迁入乾清宫，共同领受顾命。

此次在京师兵部任职期间，王阳明与李梦阳、何景明、边贡、顾璘、杭淮等文友多有诗歌之唱和。以穆孔晖等为代表的门人始进，王阳明也专志授徒，讲明身心之学，教人先立必为圣人之志；同时与翰林院庶吉士湛若水定交，以倡明儒家圣学（"心性之学"）为事。

武宗正德元年（1506）十月，因宦官刘瑾专权跋扈，结党营私，排斥异己，南京户科给事中戴铣、四川道监察御史薄彦徽、兵科给事中牧相等十八人以谏忤旨，逮系诏狱。十一月，王阳明为戴铣、薄彦徽、牧相等求情，上《乞宥言官去权奸以彰圣德疏》，因而开罪正德皇帝及刘瑾，下锦衣狱，廷杖四十，既绝，复苏。在狱中，王阳明读《易》，与狱友林富、刘菈等讲学不辍。十二月二十一日，王阳明由兵部主事降为贵州龙场驿驿丞。出狱后，王阳明赋楚体辞《吝言》，曰"正德丙寅冬十一月，守仁以罪下锦衣狱。省愆内讼，时有所述。既出，而录之"；作诗《别友狱中》《赠刘秋佩（二首）》。王华闻讯，与人曰："吾子得为忠臣，垂名青史，吾愿足矣。"稍后，王华也被刘瑾矫旨赶出京师，任南京吏部尚书，再致仕家居。

六、龙场悟道与贵阳讲学

正德二年（1507）闰正月，王阳明赴谪南下。离京之时，与湛若水、汪俊、汪伟、陆深、倪宗正、杭淮、崔铣、储巏、乔宇等友人道别，并互有诗歌唱和。三月，王阳明至杭州，徐爱以其父亲徐玺之命，正式向阳明行弟子礼。继弘治十六年（1503）之后，阳明再次归隐于杭州西湖周边的净慈寺、圣（胜）果寺等地。八月中下旬，王阳明佯狂避世，托言投江南遁、游海入山，实则沿钱塘江、富春江、桐江、兰江、衢江、新安江南下，潜入福建武夷山中，赋诗《托异人言诗》《泛海》《武夷次壁间韵》等。九月，自武夷山返回，至南昌，间道鄱阳湖，沿长江水道至南京省父王华。还有一种可能，王阳明在正德二年并未至南京省父，也没有逃遁至武夷山，而是在杭州等待从南京致仕归来的王华，是年底或稍后，即王华从南京致仕后，从余姚迁居越城之光相坊。

正德三年（1508）正月，王阳明与家仆王祥、王贵等三人，乘舟经杭州府（富阳）、严州府（桐庐、建德）、金华府（兰溪）、衢州府（龙游、西安、常山草萍驿），十五日至江西广信府（玉山、上饶、弋阳、贵溪），转饶州府、南昌府（新建、丰城）、临江府（清江、新喻），进入袁州府（分宜、宜春、萍乡）。二月，进入湖广长沙府（醴陵、湘潭、长沙、湘阴），沿洞庭湖，进入常德府（武陵、桃源），再至辰州府（沅陵、辰溪、罗旧、沅州、晃州），

贵州龙场"阳明玩易窝"

进入贵州。经平溪卫、镇远卫、偏桥卫、兴隆卫、清平卫、平越卫、新添卫、龙里卫,至贵阳。三月初,王阳明至龙场驿。

在贬谪龙场期间,王阳明经历了"百折千难",瘴疠虫毒伤人致病的恶劣自然环境损害了他的健康,使他落下终身病根。因他是贬官,还受到地方官的刁难凌辱,但阳明并未被种种天灾人祸所击垮,而是坚强自持,从容应对。面对种种困境,他常常思考"圣人处此,当有何道"的问题。在一个风雨交加的深夜,他突然大彻大悟《大学》"格物致知"之旨,不禁欢呼雀跃,"始知圣人之道,吾性自足,向之求理于事物者误也"。这便是后人所说的"龙场悟道",其关键在于扬弃了朱熹"格物穷理",领悟了"圣人之道,吾性自足"的道理,其逻辑的结论是必须求理于心,而非求理于物。这标志着王阳明主体意识的觉醒。

通过"龙场悟道",王阳明扬弃了朱熹"性即是理""即物穷理""向外求理"的思路,明确提出"心即是理"这一核心意蕴,

贵州龙场"阳明洞天"

"心即理"思想成为阳明心学的起点。"心即理"在本体论上用"心体论"取代了"性体论"，这成为程朱理学向陆王心学转变的关键。王阳明的"心体论"包括"心理合一""心外无物""心外无理""心即是理"等内涵。"心即理"思想是阳明心学的本体论，为进一步建立阳明心学思想体系奠定了坚实的理论基础。

正德四年（1509），即王阳明贬谪为龙场驿丞的第二年，贵州提学副使席书仰慕王阳明的学问与人格，特来请教。阳明告以自得自悟之道，与之讨论"知行合一"之旨，席书大获教益，遂礼聘王阳明至贵阳文明书院讲学，自己身率贵阳诸生，以师礼事之。

从正德三年（1508）春初抵龙场，到正德五年春晋升江西庐陵知县，王阳明前后实际经历了约两年时间的贬谪生活。

七、治理庐陵与京师传习

正德五年（1510）三月十八日，王阳明至江西庐陵就任知县。

他以民为本，推行了多项德政，特别是冒着被罢官处分的风险蠲免
了困扰境内百姓的苛捐杂税，深得民众拥护。同时，他敦励风俗，
推行孝道，以儒家道德人文精神教化民众，使民风归于淳厚。在庐
陵县执政的七个月间，王阳明颁布了施政九纲领、告示十六条，取
得良好治理效果，几十年后当地人仍继续遵照执行。钱德洪《阳明
先生年谱》记，王阳明"为政不事威刑，惟以开导人心为本……绝
镇守横征，杜神会之借办，立保甲以弭盗，清驿递以延宾旅。至今
行之数十年士民思其遗泽"，可见其治理庐陵成效之卓越。

阳明任职庐陵七个月，便奉命入京朝觐，于同年，也就是正德
五年（1510）十月升任南京刑部四川清吏司主事。实际上，他并未
赴任，而是正德六年正月调任吏部验封清吏司主事，十月又升为吏
部文选清吏司员外郎。正德七年三月，王阳明升任吏部考功清吏司
郎中。

在京师吏部任职期间，王阳明馆于大兴隆寺，结交后军都督府
都事黄绾，并引见于湛若水，三人结盟，终日共倡圣人之学。正德
六年（1511）二月，礼部会试天下贡士，王阳明、穆孔晖等为会试
同考官，取中式举人邹守益等三百五十名。据徐爱《同志考》，是
年左右，穆孔晖、顾应祥、郑一初、方献科（方献夫）、王道、梁
谷、万潮、陈鼎、唐鹏、路迎、孙瑚、魏廷霖、萧鸣凤、林达、陈
洸、余本、黄绾、应良等先后受业于阳明。正德七年春，湛若水离
开京城；同年暮秋，黄绾托病还乡。同年十二月初八日，王阳明升
任南京太仆寺卿，与升任南京兵部车驾清吏司主事的徐爱同舟
南下。

值得关注的是，正德七年（1512）六月，祈州知州徐爱因考绩
入京，并逗留至年底。王阳明与徐爱、黄绾、顾应祥、郑一初等论

学，言及"心即理""心外无理""心外无物""心外无事""良知""知行合一"等阳明心学基本命题。此时，徐爱辑阳明讲学语录，是为《王文成公全书》本《传习录·上》"徐爱录"的主体内容。

八、滁州讲学与南都论辩

正德七年（1512）十二月初八日，王阳明升任南京太仆寺卿，与徐爱同舟南下。

正德八年（1513）春，王阳明、徐爱二人便道归省至越，欲同游天台、雁荡，寻访黄绾等同好，因宗族亲友牵绊未能成行。六月中旬，王阳明与徐爱、蔡宗兖、朱节，道友许璋、王琥（王世瑞），动身前往台州，寻访黄绾。阳明一行先在永乐寺集结，从上虞入四明山，至白水宫殿观白水冲瀑布，又至梁弄汪巷村，徐爱同年汪克章加入；再至上虞陈溪观"石笋双峰"，又至上虞虹溪村、余姚隐地龙潭村等王阳明祖居地，寻姐溪之源，王阳明改"姐溪"为"龙溪"。因酷暑或伤足，许璋、朱节、王琥、蔡宗兖先后退出。王阳明、徐爱、汪克章三人则登杖锡山，寻"四明山心"，又至徐凫岩，观隐潭；至雪窦山，上千丈岩，登妙高峰，访玉泉庵，望天姥山、天台山华顶。后欲从奉化取道去台州，适久旱，山田尽龟裂，惨然不乐，王阳明、徐爱的天台之行中止。下山后，王阳明至奉化大埠，买舟泛江，于七月初二日归余姚。游四明山期间，王阳明与徐爱等人多有赋诗唱酬，曰"归越诗"。

八月，徐爱赴南都兵部车驾清吏司任职，王阳明至天台寻访黄绾事不果后，有《与黄宗贤书》，告以实情。十月初，王阳明离开越地，赴滁州任南京太仆寺卿，督马政。滁州山水佳胜，地僻官闲，王阳明日与门人遨游琅琊、让泉间。日夕则环龙潭而坐者数百人，歌声震山谷。滁州诸生孟源、孟津、姚瑛、戚贤、孙存、朱勋、萧惠、刘韶等随地请正。旧学之士如朱节、蔡宗兖、冀元亨、刘观时、王嘉秀、萧琦等，纷纷前来游学。钱德洪《阳明先生年谱》以为，"从游之众自滁始也"，足以说明至滁州师从王阳明的弟子门人之多。在滁州讲学期间，王阳明多教门人静坐以入道。王阳明主张的"静坐"，乃是秉承孔子"学者为己"和孟子"求其放心"的教诲而进行的自我修养，是旨在摆脱纷纭世务而涤除私心杂念的一种道德实践，是王阳明确立良知学过程中的一个重要阶段。

正德九年（1514）二月，湛若水奉使安南复归，奉母北上入京，转道与王阳明相会于滁州，二人之间有儒佛之辩。四月，王阳明升任南京鸿胪寺卿，陆澄、薛侃等纷纷至南都侍从王阳明，朝夕问学，并留意收集、记载王阳明的讲学语录，是为《王文成公全书》本《传习录·上》"陆澄录""薛侃录"。正德十二年左右，薛侃又至赣州侍从阳明，继续编辑阳明在赣州与门人的讲学语录。

在南京，王阳明居静观楼，并为题词"放一毫过去非静，收万物回来是观"，教门人省察克己，去人欲、存天理之功。徐爱、蔡宗兖、陆澄、薛侃、黄宗明、马明衡、季本、许相卿、王激、诸偁、林达、张寰、唐愈贤、饶文璧、刘观时、郑骝、周积、郭庆、栾惠、刘晓、何鳌、陈杰、杨杓、白说、白谊、彭一之、朱篪、路迎等二三十人同聚阳明门下，日夕渍砺不懈。

正德十年（1515）正月，湛若水母陈氏卒于京城；二月，王阳明逆吊湛母于南京龙江关。同时，湛若水、王阳明二人在南京龙江关就"格物"之旨进行辩论。此时，陈九川初见阳明于龙江关，并亲闻湛、王二人之间的学术论辩，是为通行本《传习录·下》"陈九川录"之第一条。湛若水在南归途中，尚有《与阳明鸿胪》《与王阳明先生鸿胪》《寄阳明王先生》等书函，继续论学。在南都讲学期间，王阳明与魏校、邵锐等朱子学者以及自己的弟子王道之间有学术论辩，颇似当年的"朱陆之辩"，一主心学，一宗理学。为此，王阳明编辑《朱子晚年定论》，并于正德十年十一月作序，讲述自己对朱子学的态度及心学立场。远在黄岩的黄绾也加入这场学术论辩，声援王阳明。

正德十一年（1516）八月十八日，王阳明升任都察院左金都御史，巡抚南赣汀漳等八府一州（江西赣州、南安，福建汀州、漳州，广东南雄、韶州、潮州、惠州，湖广郴州）。当时，汀、漳各郡皆有巨寇，兵部尚书王琼特荐阳明前去平乱。九月底，王阳明离开南都，便道至越地归省。

九、南赣靖乱与平定宁藩

正德十一年（1516）十二月初三日，在朝廷严命之下，王阳明从越地启程，正德十二年正月十六日到达赣州，从此开始了一介儒生缉盗平叛的军旅生涯。

当时，江西、福建、广东、湖南四省交界的山区地带，盗贼蜂拥四起。谢志山、蓝天凤、钟景占领横水、左溪、桶冈，池仲容占领浰头，各自称王，与大庾的陈曰能、乐昌的高快马、郴州的龚福全等，遥相呼应，攻占、剽掠各处府县。而福建大帽山的盗贼詹师富等又起兵。谢志山联合乐昌的盗贼夺取大庾，进攻南康、赣州，赣县主簿战死，前任巡抚文森托病去职。王阳明到任后，知道官府中有盗贼的耳目，于是责问年老而狡黠的仆役，仆役不敢隐瞒，如实坦白。王阳明赦免了他们的罪过，让他们侦探叛军的情报，也因此掌握了盗贼的动静。

王阳明活学活用早年所学的《武经七书》中的兵法谋略，尤其善于决策，以赣州为中心，制定了东征漳州（大帽山）、西平南安（横水、左溪、桶冈）、南定粤北（三浰）的平乱方略。正德十二年（1517）二月至四月，王阳明亲自进军汀、漳，驻节上杭，在漳州山区连破四十余寨，斩杀、俘获七千多人。而后上疏奏设平和县，归福建漳州府管辖。他向朝廷上疏，称自己权力太小，无法命令将士，王琼上奏，给了王阳明旗牌，同时改授提督南、赣、汀、漳等处军务，可便宜从事。七月，王阳明进兵大庾；十月，克横水、左溪；十一月，攻桶冈，破巢八十四，斩杀、俘获六千多人。战毕，在横水设置崇义县，归江西赣州府管辖。正德十三年正月至三月，王阳明出征广东，分兵九路围剿九连山上、中、下三浰三十八寨的盗贼池仲容，斩杀两千多人。

自正德十二年正月到十三年三月，王阳明仅用一年多时间，率领书生和偏裨，荡平为患数十年的盗贼，赢得朝野与江西军民的称赞。

正德十四年（1519）六月十四日，宁王朱宸濠在南昌起兵反对朝廷。当时，阳明正奉命赴福建平乱，途经丰城县境，仓促闻变，立即回军吉安，募集义兵，发出檄文，出兵征讨。从六月十五日至七月二十八日，在王阳明的精心调

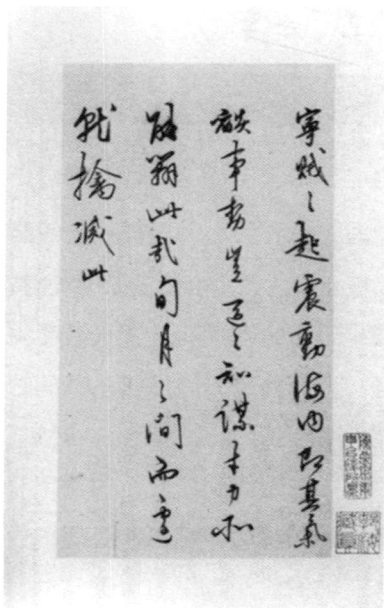

上海图书馆藏王阳明书法作品

度与策划进击下，官员以少胜多，竟能"以万余乌合之兵，而破强寇（宁王）十万之众"，这在古代军事史上堪称奇迹。十一月，王阳明奉敕兼任江西巡抚。然而，平叛大功却没有得到明武宗的褒奖。武宗身边的佞臣张忠、许泰平时与宁王交往密切，心态极端复杂。一些佞幸之臣希望王阳明将朱宸濠释放到鄱阳湖，然后再让已经南征的武宗亲自"擒获"朱宸濠，以满足武宗的虚荣心。面对这样复杂的情势，王阳明急流勇退。他押送朱宸濠至杭州交给当时尚属正直的太监张永，然后称病住在西湖净慈寺，以避免卷入更多的政治事端中。所以，终武宗一朝，王阳明平叛之功没有得到朝廷的封赏。直到明世宗嘉靖帝即位以后，王阳明才加官晋爵，升任南京兵部尚书，封新建伯。这一封赏，总算澄清了王阳明蒙受的种种不白之冤，给了他比较公正的评价。

"破山中贼易，破心中贼难。"从正德十二年（1517）到正德十六年，王阳明大多时间在江西赣州和南昌，他一边处理军政事务，一边从事讲学活动。正德十三年六月，王阳明门人袁庆麟刻《朱子晚年定论》于雩都；七月，王阳明作序，刻《大学古本傍释》于赣州；八月，薛侃在赣州刻《传习录》三卷。王阳明在赣州郁孤台下修濂溪书院，薛侃、欧阳德、冀元亨、梁焯、何廷仁、黄弘纲、薛俊、杨骥、郭治、周仲、周冲、周魁、郭持平、刘道、袁庆麟、王舜鹏、王学益、余光、王槐密、黄莹、吴伦、陈稷、刘鲁、扶敝、吴鹤、薛侨、薛宗铨、欧阳昱等四方学者云集于此，日与发明古本《大学》本旨，指示入道之方。

"宁王之乱"，尤其是"忠泰之变"的考验，使得王阳明经历了自贬谪龙场以来人生最艰难险恶的时期，但也就在这种种苦难的磨砺中，王阳明的心学思想升华到一个新高度，并于正德十五年

阳明先生画像

（1520）八月在赣州通天岩讲学期间正式提出了"致良知"的哲学命题，又于正德十六年在南昌宣讲"致良知"之学，从而完成了阳明良知心学的哲学建构。陈九川、夏良胜、万潮、欧阳德、魏良弼、魏良政、魏良器、魏良贵、李遂、舒芬、裘衍、王臣、钟文奎、吴子金等门人，在南昌日侍讲席，与闻"致良知之教"。金溪黄直（字以方）师从王阳明，得闻"致良知之教"与"知行合一"说，问学语录详见《王文成公全书》本《传习录·下》"黄直录""黄以方录"。

《阳明先生年谱》"正德十六年辛巳"条载："自经宸濠、忠、泰之变，益信良知，真足以忘患难、出生死，斡旋化机，整齐民物，所谓考三王、建天地、质鬼神、俟后圣，无弗同者。乃遗书守益曰：'近来信得致良知三字，真圣门正法眼藏。往年尚疑良知恐有未尽，今自多事以来，只此良知，无不具足。'"可见，王阳明良知心学的核心思想，是在平定宁藩叛乱并历经"忠泰之变"的严峻考验以后形成的，以提出"致良知"三字为标志。正如王阳明自己总结的，"某于此良知之说，从百死千难中得来"，"我此'良知'二字，实千古圣圣相传一点滴骨血"。阳明良知教的形成，不仅使其思想境界升华到新的阶段，也使其精神境界升华到新的高度，使他在复杂险恶的政治斗争中立定脚跟、宠辱不惊，从而化解了一个个政治危机，立于不败之地。

十、丁忧家居与越地讲学

正德十六年（1521）三月，明武宗朱厚照驾崩，四月，明世宗朱厚熜即位。由藩王入继大统的世宗，在对王阳明有过短暂的赏识之后，便对这位非常能干的臣子采取了冷漠的态度。在世宗即位之际，王阳明也因父老请归，世宗说王阳明有擒贼平乱之功，正要论功行赏，不许他辞官。同年七八月，先升其为南京兵部尚书参赞机务，稍后又特许他顺路回去探视父亲。九月，王阳明归余姚，省祖茔，日与宗族亲友宴游，随地指示良知。余姚学子钱德洪、钱德周、钱大经、钱应扬、郑寅、俞大本、王正心、王正思、夏淳、范引年、孙昇、吴仁、柴凤、诸阳、徐珊、管州、谷钟秀、黄文涣、周于德、杨珂等七十余人从学。闻人阊、闻人诠、闻人言兄弟亦正式师从王阳明。

十一月九日，朝廷下诏《册新建伯王守仁制》，追论江西平宸濠功：因剿平江西反贼功，封王阳明新建伯，奉天翊卫推诚宣力守正文臣，特进光禄大夫柱国，还兼南京兵部尚书，照旧参赞机务。三代并妻一体追封，给予诰券，子孙世袭。但王阳明不愿将江西军功据为己有，连上《辞封爵普恩赏以彰国典疏》《再辞封爵普恩赏以彰国典疏》，言同事诸臣斥谪之枉。

嘉靖元年（1522）二月，王阳明父王华病逝，阳明遵制在绍兴老家丁父忧三年，同时休养身体。到嘉靖三年，阳明丁忧期满，门人弟子日益增多，四方负笈来学之士盈门，盛况空前。萧璆、杨汝荣、杨绍芳（时任上虞知县）、杨继芳等来自湖广，杨仕鸣、薛宗铠、黄梦星等来自广东，王艮、孟源、周冲、朱得之等来自南直隶，何秦、黄弘纲等来自南赣，刘邦采、刘文敏等来自安福，魏良政、魏良器等来自新建，曾忭来自泰和。宫刹卑隘，至不能容，盖环坐而听者三百余人。正月，王阳明在越地建阳明书院；二月，绍兴郡守南大吉以座主称门生，辟稽山书院，聚八邑彦士，邀王阳明讲学其中，南大吉身率讲习以督之。阳明临讲会，只发《大学》"万物同体"之旨，使人各求本性，致极良知以至于至善，功夫有得，则因方设教，故人人悦其易从。南中黄省曾至越地师从王阳明，今《王文成公全书》本《传习录·下》"黄省曾录"中，存阳明讲学语录十余条。

嘉靖三年（1524）十月，南大吉取"阳明先生论学书"若干篇，命弟南逢吉校对后，续刻《传习录》二册五卷于越，上册三卷即正德十三年的初刻《传习录》（赣州刊本，"徐爱录""陆澄录""薛侃录"各一卷），下册两卷即"论学书"。《王文成公全书》本《传习录》卷首载钱德洪序，其中有云："昔南元善刻《传习录》于越，凡二册。下册摘录先师手书，凡八篇。"根据钱德洪的描述，"论学书"八篇分别为：《答徐成之》二书、《答周道通书》、《答陆清伯》、《答人论学书》、《答罗整庵少宰书》、《答欧阳崇一书》、《答聂文蔚书（一）》。今人以为南大吉续刻《传习录》下册四卷：卷一为《答徐成之书》（两通，后有南逢吉长跋）、《答罗整庵少宰书》，卷二为《答人论学书》，卷三为《答周道通书》、《答陆原静书》（二篇），卷四为《示弟立志说》《训蒙大意示教读刘伯颂等》《教约》三篇。也就是说，嘉靖三年十月南大吉绍兴刻本《传习录》中并未收录王阳明与欧阳德、聂豹二人的书信。

嘉靖四年（1525）九月，王阳明归余姚省祖墓，与余姚诸生定期会讲于龙泉寺之中天阁，每月以朔、望、初八、廿三为期。离开余姚时，王阳明书壁以勉诸生，即《书中天阁勉诸生》。嘉靖六年四月，钱德洪编次、王阳明本人标注年月的《阳明先生文录》四册，由邹守益刊刻

阳明先生讲学处：中天阁

于南直隶广德州，是为"广德版"《阳明先生文录》。

嘉靖六年（1527）五月，广西田州岑猛为乱，数剿无效，朝廷遂命王阳明兼都察院左都御史，总制军务，督同都御史姚镆勘处思恩、田州事宜。七月，敕谕再下，特命阳明提督两广及江西、湖广等处地方军务，星驰思恩、田州进剿"乱贼"。八月，王阳明将入广，作《客坐私祝》教诲子弟门人，应钱德洪之请，作《大学问》，以指示圣学之全功，使知从入之路。在朝廷的一再敦促下，阳明遂于九月初八日启程前往广西。

就在出征前一天晚上，他与晚年大弟子钱德洪、王畿在府邸天泉桥上进行了一场著名的思想论辩，史称"天泉证道"。"天泉证道"是阳明学史上的重大事件，讨论的中心问题是阳明所谓"四句教"："无善无恶是心之体，有善有恶是意之动，知善知恶是良知，为善去恶是格物。"钱德洪、王畿就师门教法产生分歧，钱德洪主

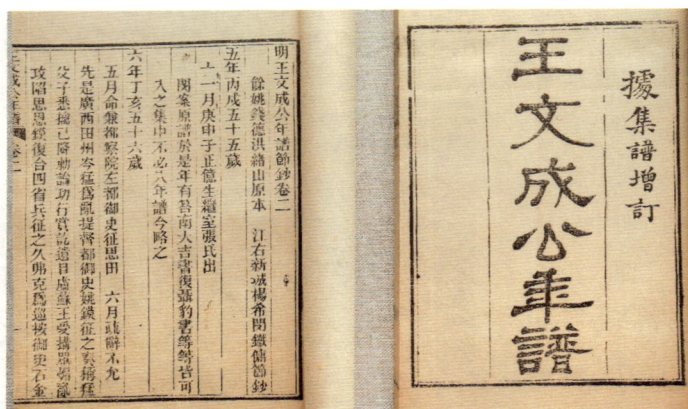

《王文成公年谱》书影

"四有说"，王畿主"四无说"。钱德洪在《阳明先生年谱》、通行本《传习录·下》"钱德洪录"中记有"四句教"相关文本。王畿《天泉证道记》、邹守益《青原赠处》中也有类似记载，但邹守益并未直接参与这次谈话。阳明后学各派关于良知学说的种种歧见，都围绕着"良知"善恶问题与本体工夫问题展开，这与阳明解说"四句教"时分别所谓"汝中之见是我这里接利根人的，德洪之见是我这里为其次立法的"不无关系。

十一、征抚广西与落星南安

嘉靖六年（1527），广西思恩、田州的少数民族首领卢苏、王受造反。总督姚镆不能平定，于是朝廷下诏让王阳明以原先的官职兼左都御史，总督两广、江西、湖广军务，征思恩、田州；后又兼两广巡抚。王阳明弟子黄绾借此机会上书争辩王阳明的江西功绩，请赐给他铁券和岁禄，并叙录平定宁王叛乱功臣，明世宗都答应了。

嘉靖七年（1528）正月，王阳明率师抵达广西，对思恩、田州地区以瑶族为主的少数民族武装反抗采取了安抚为主、罢兵息战的政策。不到一个月，即促使其首领卢苏、王受率数万之众竭诚投降，使得迁延数年、屡剿无效的"思田之乱"兵不血刃地宣告平息。接着，王阳明采用"以夷制夷"的策略，主要利用新招降的土司头目卢苏、王受的士兵，采取突袭制胜的战术，镇压了负隅顽抗的断藤峡、八寨等处瑶民的武装反抗。

三月，王阳明命湖广佥事汪溱、广西副使翁素、佥事吴天挺及参将张经、都指挥谢佩监湖广士兵，袭剿断藤峡。此后仍然总督分永顺兵进剿牛肠等寨，保靖兵进剿六寺等八寨，约好以四月初二日各抵地点。四月初十日，破断藤峡；二十三日，破八寨。王阳明赋诗《破断藤峡》《平八寨》，后者诗句为："见说韩公破此蛮，貔貅十万骑连山。而今止用三千卒，遂尔收功一月间。岂是人谋能妙算，偶逢天助及师还。穷搜极讨非长计，须有恩威化梗顽。"七月，官军进剿八寨、断藤峡军事行动完全结束，王阳明上《八寨断藤峡捷音疏》《处置八寨断藤峡以图永安疏》，请经略思恩、田州及八寨、断藤峡。

广西平乱的战事，前后经历一年多。这一年多来，王阳明以衰病之躯，奔走于炎热潮湿、瘴疠遍布的崇山峻岭，可谓呕心沥血、鞠躬尽瘁。到战事全胜之际，已是他病入膏肓之时了。嘉靖七年（1528）十月初十日，王阳明在广州向朝廷上了平生最后一道奏疏《乞恩暂容回籍就医养病疏》，说明自己"炎毒益甚。今又加以遍身肿毒，喘嗽昼夜不息，心恶饮食，每日强吞稀粥数匙，稍多辄又呕吐"的严重病况，请求朝廷允许他回浙江原籍养病，其词悲切，但朝廷没有回文，而是留中不报。

"王阳明先生落星之处"纪念碑

十一月二十日左右，在上疏屡不获答复、疾痛难忍之际，王阳明从广州班师，经韶州、南雄，二十五日，逾梅岭，至江西南安府。一说，二十六日，王阳明至南安府城外东山道源书院，抱病为南安士人做最后一次讲学。

十一月二十九日午时（1529年1月9日12时许），一代学术宗师王阳明先生病逝于江西南安府章水小溪驿（位于大庾县与南康县交界处），一说王阳明病逝地系大庾县青龙铺码头官船中。钱德洪《讣告同门》云："十一月二十九日午时终于江西之南安。"家僮问何所嘱，王阳明曰："它无所念，平生学问方才见得数分，未能与吾党共成之，为可恨耳！"门人周积问遗言，曰："此心光明，亦复何言？""此心光明，亦复何言"，这八个字是阳明先生的遗言，可以说是王阳明一生的概括，也是他对世人的最后的

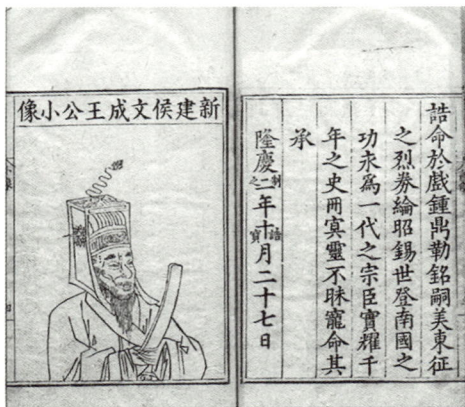

《王文成公全书》本"阳明先生画像"

教诲。这位文武双全的明朝大臣，这位被后人誉为"真三不朽"的圣贤，这位当代人赞不绝口的中国历史上的伟大哲学家、思想家、教育家、军事家、政治家，就这样英年长逝于军旅途中。虽然令人无比惋惜，但更令人无限敬佩，其精神永垂不朽！

嘉靖八年十一月十一日（1529年12月11日），千余人会葬王阳明于绍兴城外洪溪（今绍兴柯桥兰亭镇花街村鲜虾山）。嘉靖十三年，黄绾所撰的《阳明先生行状》终于定稿，湛若水据此撰写了《阳明先生墓志铭》。嘉靖四十二年，钱德洪编撰、罗洪先考订的《阳明先生年谱》七卷刊刻于杭州天真书院，是为"天真书院本"《阳明先生年谱》。嘉靖四十三年，毛汝麒、周相在江西刊刻《阳明先生年谱》，是为"毛汝麒本"《阳明先生年谱》。隆庆六年（1572），收录于《王文成公全书》中的《阳明先生年谱》一并刊刻，是为"《王文成公全书》本"《阳明先生年谱》。

黄绾的《阳明先生行状》、钱德洪的《阳明先生年谱》，是我们了解王阳明其人、其事、其书、其学的基本文献，值得重视。

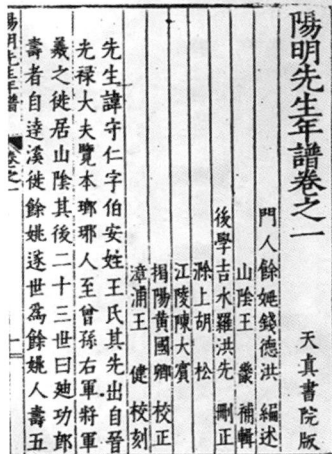

"天真书院本"《阳明先生年谱》书影

第二节　王阳明的主要著作

　　作为心学家的王阳明一生并没有刻意著书传世的想法，尽管如此，弘治六年（1493）至正德元年（1506）王阳明宦游京师期间所成诗文集《上国游》，"龙场悟道"后于正德三年、四年间编撰的《五经臆说》，正德十年在南京编集并于正德十三年在赣州雩都刊刻的《朱子晚年定论》，正德十三年在赣州刊刻的《大学古本傍释》，仍是其本人亲自经手、编撰的著作；而于正德十三年在赣州、正德三年在绍兴刊刻，在王阳明去世后屡经刊刻，并最终收录在隆庆六年（1572）刻《王文成公全书》中的通行本《传习录》，则是徐爱、陆澄、薛侃、南大吉、陈九川、曾才汉、钱德洪等阳明弟子门人集体编录而成；嘉靖三年（1524）刊刻的《居夷集》，也由其弟子门人汇编；而集王阳明文献之大成、于隆庆六年编刊的《王文成公全书》，是由邹守益、钱德洪等弟子后学在嘉靖六年编刊的"广德版"《阳明先生文录》的基础上继续搜集王阳明遗文而成；编订并刊刻于明崇祯年间《阳明先生集要》，则是《王文成公全书》的分类缩编本。这里，我们对阳明学的基本文献予以介绍。

一、《传习录》

　　从徐爱在正德七年（1512）最早辑录的《传习录》到收录于

《王文成公全书》的上、中、下三卷本的所谓"通行本"《传习录》，其编刊成书过程比较烦琐与漫长。这里对通行本《传习录》主体内容略加陈述。

1. 徐爱在京师初编《传习录》

徐爱是王阳明早期最得意的弟子，也是《传习录》最早的辑录者，为《传习录》撰写过"序""题辞""跋"。正德七年（1512）春，祈州知州徐爱考绩入京，时在京师供职的王阳明与徐爱、黄绾、顾应祥、郑一初等论学，此时起，徐爱始辑王阳明的论学语录，是为《传习录》之滥觞。是年十二月，王阳明升任南京太仆寺少卿，徐爱以祁州知州考满而升任南京兵部车驾清吏司员外郎。岁末，师徒二人同舟南下，与论《大学》宗旨，徐爱继续辑编《传习录》。正德九年，王阳明又至南京任鸿胪寺卿，徐爱继续侍从。直至正德十一年秋，王阳明因巡抚南赣至江西，与徐爱在越地道别。《王文成公全书》卷之一"语录一"《传习录·上》，保存有徐爱辑录的阳明语录14条。这是对王阳明在贵州龙场悟道后于贵阳、辰州、常德，尤其是京师、南京讲学场景的再现。其中言及"新民""心即理""心外无理""心外无物""心外无事""良知""知行合一"等阳明学基本命题，以及王阳明对古本《大学》、"六经"的理解。今人束景南不认可钱德洪《阳明先生年谱》中所载徐爱与王阳明"同舟归越，论《大学》宗旨……今之《传习录》首卷是也"之词，以为徐爱编《传习录》主要是正德七年六月至十一月传习所闻的记录，并非记录归越舟中所闻论《大学》宗旨，并指出徐爱编本《传习录》于正德七年十一月已经定稿刊刻，并寄送王华等人。

2. 薛侃在赣州初刻《传习录》

正德十三年（1518）八月，薛侃于赣州刊行《传习录》三卷。

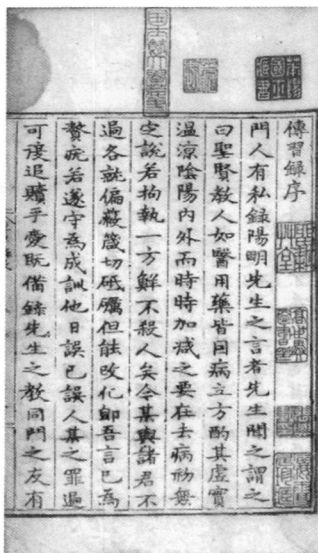

《传习录》书影

这也是通行本《传习录·上》的内容，包括三部分：①徐爱所记录的阳明语录。②陆澄在正德九年、十年于南都师从王阳明之时所整理的阳明语录，系对正德九年、十年间王阳明在南京讲学场景的再现。其中言及"立志""事上磨""知行合一""去人欲、存天理""心外无理，心外无物""省察克治""亲民"等阳明学命题，还反映了王阳明对《论语》《孟子》《中庸》《周易》等儒家经典的理解，对儒、佛、道三教关系的评论，对二程、朱熹、陆九渊等宋儒的看法。

③薛侃于正德九年四月至正德十一年九月在南都、正德十二年夏至十三年七月在赣州，侍从王阳明之时，抄录下来的阳明语录，其中言及"立志""去私意、存天理""无善无恶""真己""诚意工夫""居敬穷理"等传统儒学命题，还体现了王阳明对《论语》《孟子》《周易》等儒家经典的理解，对二程、朱熹等先儒的看法，以及对儒、佛、道三教关系的评述。薛侃辑录的阳明语录，可看作王阳明在正德十五年左右正式提出的"致良知"之教的前奏与铺陈。

徐爱、陆澄、薛侃，是王阳明生前颇为心仪的弟子。徐爱英年早逝后，王阳明对陆澄期望甚高，曾有"自曰仁（徐爱）没后，吾道益孤，致望（陆）原静者亦不浅"的感慨。薛侃于正德十三年（1518）在赣州刊刻《传习录》，辑徐爱所录阳明语录14条（徐爱原录条数不止这14条，佚失甚多），陆澄所录80条，薛侃本人所录36条，梓刻刊行。因徐爱生前已经把所录王阳明与自己之间的师生问答语，命名为《传习录》，故薛侃不作改动，沿用其名。薛侃在赣州刊刻《传习录》时亦云："曰仁（徐爱）所纪凡三卷，侃近得此数条并两小序，其余俟求其家附录之。正德戊寅春，薛侃识。"

3. 南大吉在绍兴续刻《传习录》

嘉靖三年（1524）十月，绍兴知府南大吉取"阳明先生论学书"八篇，命弟南逢吉校对后，续刻《传习录》二册五卷于越。上册三卷即正德十三年的初刻《传习录》（赣州刊本，"徐爱录""陆澄录""薛侃录"各一卷），下册两卷即"论学书"八篇。《王文成公全书》本《传习录中》卷首载钱德洪"序"，其中有云："昔南元善刻《传习录》于越，凡二册。下册摘录先师手书，凡八篇。"根据钱德洪的描述，"论学书"八篇分别为：《答徐成之》二书、《答周道通书》、《答陆清伯》、《答人论学书》、《答罗整庵少宰书》、《答欧阳崇一书》、《答聂文蔚书（一）》。

毫无疑问，钱德洪所云"论学书"八篇系其在隆庆六年（1572）编成的《王文成公全书》本《传习录》中的书信，并非嘉靖三年（1524）南大吉编本的"论学书"八篇。今人束景南以为"论学书"八篇应为：《答徐成之》二书、《启问道通书》、《答陆原静》二书、《答罗整庵少宰书》、《训蒙大意示教读刘伯颂》、《教约》。今人黎业明认为，南大吉续刻《传习录》下册收录的阳明书信、文章为：《答徐成之》二书、《答罗整庵少宰书》、《答人论学书》（《答顾东桥书》）、《答周道通书》、《答陆原静》二书、《示弟立志说》、《训蒙大意示教读刘伯颂等》、《教约》。今人邹建锋以为南大吉续刻《传习录》下册四卷：卷一为《答徐成之书》（两通，

《传习录》书影

后有南逢吉长跋）、《答罗整庵少宰书》，卷二为《答人论学书》，卷三为《答周道通书》、《答陆原静书》（二篇），卷四为《示弟立志说》《训蒙大意示教读刘伯颂等》《教约》三篇。也就是说，嘉靖三年十月南大吉绍兴刻本《传习录》中并未收录王阳明与欧阳德、聂豹二人书信。

据日本学者永富青地《王守仁著作の文献学的研究》载，上海图书馆藏明嘉靖三年（1524）南大吉刻本《传习录》，北京大学图书馆藏明嘉靖三年南大吉序《传习录》三卷、《传习续录》二卷重刻本。嘉靖三年十月十八日，南大吉撰重刊《传习录》，"序"云："是录也，门弟子录阳明先生问答之辞、讨论之书，而刻以示诸天下者也。……故命逢吉弟续校而重刻之，以传诸天下。天下之于是录也，但勿以闻见梏之，而平心以观其意；勿以门户隔之，而易气以玩其辞。勿以录求录也，而以我求录也，则吾心之本体自见，而凡斯录之言，皆其心之所固有，而无复可疑者矣。则夫大道之明于天下，而天下之所以平者，将亦可俟也已。嘉靖三年冬十月十有八日，赐进士出身中顺大夫绍兴府知府、门人渭北南大吉谨序。"

4. 钱德洪等编刊《传习续录》

通行本《传习录·下》，辑录有王阳明弟子陈九川、黄直（黄以方）、黄修易、黄省曾、钱德洪、王畿等人记录下来的王阳明语录，统称为《传习续录》，并由钱德洪最终编审。

《传习续录》共收录陈九川于正德十年至正德十六年间（1515—1521）在南都、南昌、赣州侍从王阳明期间，听闻阳明讲学而辑录的阳明语录21条。其中言及"致良知""亲民""事上磨练"等阳明学命题，反映了王阳明提出、宣讲"致良知"之教的全过程。

黄直（字以方）于正德十五年至十六年间（1520—1521）至南昌侍从王阳明，并得闻"致良知"之教与"知行合一"说，以及"儒佛之辨""为善去恶""格物"等阳明学论题，以及朱子学与阳明学的分疏。钱德洪编辑的《传习续录》中既有署名为"黄直录"的语录15条，也有署名为"黄以方录"的语录21条。

通行本《传习录·下》记载有黄修易（字勉叔）记录下来的阳明语录11条，内容涉及"为善去恶""致良知"以及王阳明对《论语》《孟子》《周易》中具体用语的解读。

通行本《传习录·下》中载有署名"黄省曾录"阳明语录68条。实则其中"何廷仁、黄正之、李侯璧、汝中、德洪侍坐"条明显是钱德洪、王畿辑录。有一种可能是这条语录之后直至"黄以方录"，皆为钱德洪所录，易言之，实际上"黄省曾录"仅有12条，另外56条由钱德洪辑录。再有，署名"黄以方录"的阳明语录中，"先生起行征思、田，德洪与汝中追送严滩"这条语录之后的6条语录显然皆是钱德洪所辑，故而《传习录·下》中"钱德洪录"阳明语录应有62条，记录了钱德洪于嘉靖元年至嘉靖六年间（1522—1527）聆听的阳明教诲，内容涉及"立志""致良知""万物同体""四句教""本体工夫"等阳明学核心命题及阳明晚年在越

钱德洪像

地讲学的场景。

嘉靖七年（1528）冬，钱德洪赴京会试途中闻阳明病故，奔丧江西，并扶柩归越，同时讣告同门，征集王阳明遗言、遗著，是为《传习续录》，也就是通行本《传习录·下》的成书缘起。而后，钱德洪编刊有《阳明先生文录》《阳明先生年谱》等，他也是隆庆本《王文成公全书》的主编。

二、《大学古本傍释》

正德十三年（1518）七月，在门人的帮助下，王阳明在赣州刊刻了《大学古本傍释》，并撰"序""跋"文，落款"正德戊寅秋七月丙午，后学余姚王守仁书"。在成文于"正德丙寅（十三年）七月丙午（九日）"的《大学古本傍释》序文中，王阳明把"立诚"（"诚意"）的工夫提升到一个新的高度，以有别于自己在辰中（今湖南辰州）、滁阳（今安徽滁州）所主的"静坐"工夫，进而补充自己自南都以来所揭示的"立志""存理遏欲""省察克己""事上磨练"等心学工夫论。

王阳明重视古本《大学》的原因，钱德洪《阳明先生年谱》中有这样的记载："（阳明）先生在龙场时，疑朱子《大学章句》非圣门本旨，手录古本，伏读精思，始信圣人之学本简易明白。其书止为一篇，原无经、传之分。格致本于诚意，原无缺传可补。以诚意为主，而为致知格物之功，故不必增一'敬'字。以'良知'指示至善之本体，故不必假于见闻。"不难发现，"龙场悟道"后的王阳明，已经跳出程朱理学所宣讲的"求理于外"的理论窠臼，突出了《大学》所提揭的"以诚意为主，而为致知格物之功"的说法。《古本大学》序言开篇即云："《大学》之要，诚意而已矣。"很明显，赣州时期的王阳明，将《大学》的宗旨提炼为"诚意"二字。

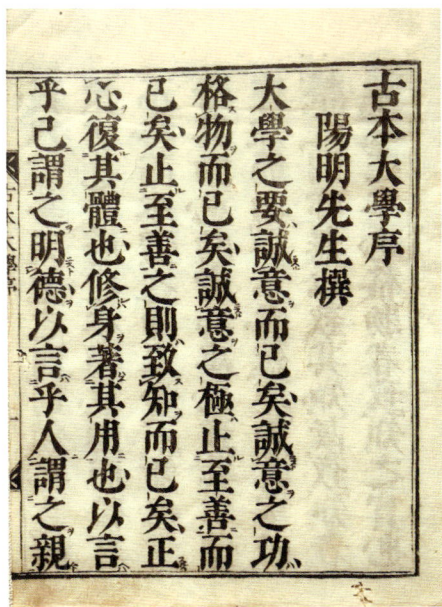

阳明先生撰《古本大学序》

　　需要说明的是，通行本《王文成公全书》（《王阳明全集》）卷七收录的《古本大学序》，并非"正德丙寅（十三年）七月丙午（九日），余姚王守仁书"之"序"，而是正德十六年（1521）王阳明改定之"序"，因为历经"宸濠之乱""忠泰之变"之苦难折磨的王阳明已经提出了"致良知"新说；故而在正德十六年所改定的"序"文中，王阳明已经把《大学》"致知"之"知"看作"本体之知"，将"致知"解释为"致本体之知"，且以"致知"为"诚意"之本。在改定"序"文末尾，又说："乃若致知，则存乎心；悟致知焉，尽矣。"从这一点来看，正德十六年左右的王阳明，以"致知"为为学宗旨。这里所说的"致知"，正是阳明心学的核心命题——"致良知"。

在王阳明辞世后，其弟子聂豹还重刊王阳明手订《大学》古本于闽。聂豹《重刻大学古本序》云："《大学》古本之传久矣，而世之学士乃复致疑于格物之说，辨焉而不释，何也？予始受学于阳明先生，骇而疑之，犹夫人也。已而反求诸身心日用之间，参诸程、朱合一之训，涣然若有所觉，而纷纷之疑亡矣。……呜呼！阳明逝矣，其有功于圣学，古本之复其一也。予故重刻于闽，以存告朔之羊云。"

三、《阳明先生文录》

《阳明先生文录》的编刊与上述《传习录》相似，也是一个漫长而烦琐的过程。

（一）"广德版"《阳明先生文录》

嘉靖六年（1527）四月，邹守益、钱德洪编次，王阳明本人标注年月的《阳明先生文录》四册，由邹守益刊刻于南直隶广德州（今安徽宣城广德），是为"广德版"《阳明先生文录》。在"广德版"《阳明先生文录》刊刻后，王阳明谓学者曰："此编以年月为次，使后世学者，知吾所学前后进诣不同。"又曰："某此意思赖诸贤信而不疑，须口口相传，广布同志，庶几不坠。若笔之于书，乃是异日事，必不得已，然后为此耳！"又曰："讲学须得与人人面授，然后得其所疑，时其浅深而语之。才涉纸笔，便十不能尽一二。"

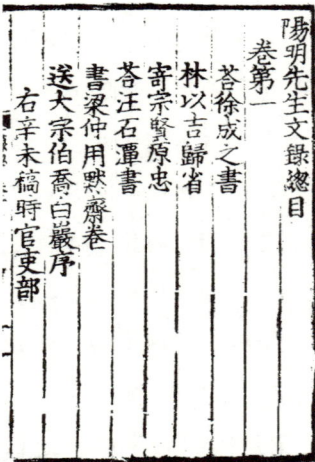

《阳明先生文录》书影

（二）"黄绾本"《阳明先生文录》

嘉靖七年（1528）十一月王阳明去世。据黄绾《〈阳明先生存稿〉序》文，嘉靖十二年左右，王阳明文稿"仅存者唯《（阳明先生）文录》《传习录》《居夷集》而已，其余或散亡及传写讹错"。鉴于此种情形，黄绾"与欧阳崇一、钱洪甫、黄正之率一二子侄，检粹而编订之，曰《阳明先生存稿》。洪甫携之吴中，与黄勉之（黄省曾）重为厘类，曰《文录》、曰《别录》，刻梓以行，庶传之四方、垂之来世，使有志之士知所用心，则先生之学之道为不亡矣"。嘉靖十二年九月十五日，黄绾、钱德洪、欧阳德等甄选、编录的王阳明传世文稿，即《阳明先生存稿》刊行。黄绾作有《阳明先生存稿序》。

据永富青地调查所见，黄绾本《阳明先生文录》（京都大学文学部所藏本），五卷，嘉靖十二年刊本，19.7×14.0厘米，半叶10行，行20字，左右双边，白口，单鱼尾，书首有嘉靖十二年（1533）序。又据吴震文知，"黄绾本"卷首的《阳明先生存稿序》落款为"嘉靖癸巳（十二年，1533）秋九月望日通议大夫礼部右侍郎前詹事府詹事兼翰林院侍读学士同修国典经筵讲官门生赤城黄绾识"。

（三）"姑苏本"《阳明先生文录》

嘉靖十三年（1534）二月，钱德洪在"黄绾本"《阳明先生存稿》基础之上新编《阳明先生文录》并刻成。《阳明先生年谱·附录一》"嘉靖十四年（1535）乙未"条"刻先生《文录》于姑苏"中记载："先是洪、畿奔师丧，过玉山，检收遗书。越六年，洪教授姑苏，过金陵，与黄绾、闻人诠等议刻《文录》。洪作《购遗文疏》，遣诸生走江、浙、闽、广、直隶，搜猎逸稿。至是年二月，鸠工成刻。"又据钱德洪成文于"乙未年（嘉靖十四年，1535）正月"的《刻〈文录〉叙说》，其中提到黄绾对裒辑《阳明先生文录》的建议："'先生（王阳明）之道无精粗，随所发言，莫非至教，故集文不必择其可否，概以年月体类为次，使观者随其所取而获焉！'此久庵诸公之言也。"钱德洪作有《〈阳明先生文录〉序》。

嘉靖十五年（1536）三月，江右王门学者邹守益为钱德洪于头年（嘉靖十四年）二月刻于姑苏的《阳明先生文录》作"序"，其中有"以（邹守）益之不类，再见（阳明先生）于虔，再别于南昌，三至于会稽，窃窥先师之道，愈简易，愈广大，愈切实，愈高明，望望然而莫知所止也"云云。随后，以监察御史督学南畿的阳明门人闻人铨（邦正）资助刊刻了《阳明先生文录》五卷、《外集》九卷、《别录》十卷，共二十四卷，学界称之为"姑苏本"《阳明先生文录》或"明嘉靖十五年姑苏刊本"（亦有作"明嘉靖十四年闻人诠刻本"）。今北京国家图书馆、上海图书馆、台北"国家图书馆"、日本东京大学东洋文化研究所等有藏。闻人诠刊刻的"姑苏本"《阳明先生文录》中，又收录黄绾《阳明先生存稿序》，但对其中文字略有改动，文字系黄绾本人还是钱德洪改动，有待考辨。

（四）"黔版"《阳明先生文录续编》

嘉靖十四年（1535）六月，黔籍阳明门人陈文学、叶梧编校《阳明先生文录续编》三卷；由巡按贵州监察御史王杏（浙

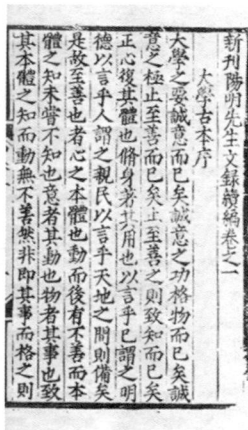

《新刊阳明先生文录续编》书影

江奉化人）刊刻于贵阳，并撰跋文《书〈文录续编〉后》，末署"时嘉靖乙未夏六月，后学王杏书于贵阳行台之虚受亭"。"黔版"《阳明先生文录续编》是日本学者永富青地在上海图书馆古籍部发现的，今有孔学堂书局2020年影印本、标点本。

（五）"范庆本"《阳明先生文录》

嘉靖二十六年（1547）九月，苏州知府范庆刊刻《阳明先生文录》二十卷（《文录》十七卷、《语录》三卷）于吴郡，范庆撰"跋"（《阳明先生文录跋》），末署："嘉靖丁未秋九月，后学丰城范庆谨识。吴县儒学教谕许赞、长洲县儒学训导华镒、张良才重校。"学界称之为"范庆本"《阳明先生文录》或"明嘉靖二十六年范庆吴郡刻本"《阳明先生文录》或"明嘉靖二十六年张良才重校刊本"。今浙江图书馆、中国国家图书馆有藏。

（六）"闾东本"《阳明先生文录》

嘉靖二十九年（1550）八月，巡按陕西监察御史、内江后学闾东（欧阳德弟子，四川内江人）重刻《阳明先生文录》二十八卷于陕西巩昌府天水（今属甘肃），并撰"序"。是为"明嘉靖三十四年闾东序刊本"《阳明先生文录》，或简称为"闾东本"《阳明先生文录》。今浙江图书馆、日本早稻田大学图书馆、北京师范大学图书馆有藏。

（七）"河东本"《阳明先生文录》

嘉靖三十二年（1553）七月，河南道监察御史宋仪望（江西庐陵人）在山西编刊《河东重刻阳明先生文录》五卷、《外集》九卷、《别录》十卷，并撰"序"（《河东重刻阳明先生文录序》）："《阳明先生文集》，始刻于姑苏，盖先生门人钱洪甫氏诠次，云自后刻于闽、于越、于关中，其书始渐播于四方学者。嘉靖癸丑春，予出按河东。河东为尧、舜、禹相授受故地，而先生之学则固由孔孟以泝尧舜，于是间以窃闻先生绪言语诸人士而若有兴者，未几得关中所寄《先生全录》，遂檄而刻之。"是为"河东本"《阳明先生文录》。

（八）"宋仪望编"《阳明先生文粹》

嘉靖三十二年（1553），宋仪望编刊《阳明先生文粹》（十一卷）于山西河东书院，是为"明嘉靖三十二年姚良弼刻本"，今南京图书馆、台北"国家图书馆"有藏。宋仪望《刻阳明先生文粹序》云："《阳明先生文粹》若干卷，始刻于河东书院。盖余企诸人士相与讲先生之学，故集而编之云。"

嘉靖三十六年（1557），宋仪望编《阳明先生文粹》（十一卷）由孙昭刊刻于大梁书院，是为"明嘉靖三十六年孙昭大梁书院刻本"，今天津图书馆有藏。此外，据永富青地检录，中央民族大学图书馆藏"明嘉靖河南府刻蓝印本"《阳明先生文粹》。隆庆六年（1572），宋仪望编《阳明先生文粹》（十一卷）重刊，是为"隆庆六年刊本"，今浙江图书馆有藏。

（九）"董聪本"《阳明先生文录》

嘉靖三十五年（1556）由欧阳德、胡直等校正的《阳明先生文录》二十八卷于翌年由赣州人董聪刊刻，学界称"明嘉靖三十六年董聪刻本"或"董聪本"《阳明先生文录》，今台北"国家图书馆"、日本名古屋大学图书馆有藏。王春复撰《阳明先生全录引》，谈恺撰《阳明先生全集序》。

（十）"杭州天真书院本"《阳明先生文录》

嘉靖三十六年（1557）十一月，应钱德洪之邀，胡宗宪为"杭州天真书院本"《阳明先生文录》五卷、《外集》九卷、《别录》十卷作"序"，即《重刊阳明先生文录叙》。先是，钱德洪、王畿对"嘉靖十五年姑苏本"《阳明先生文录》再加校正后，胡宗宪命杭州府同知唐尧臣刊刻于杭州天真书院，并于是年九月某日刻成。是为"明嘉靖三十六年胡宗宪刻本"《阳明先生文录》。今上海图书馆、上海师范大学图书馆有藏。

（十一）《阳明先生文录续编》

嘉靖四十年（1561），钱德洪将阳明作于弘治初年的《上国游》文稿，汇编成《阳明先生文录续编》一卷。钱德洪"序"曰："是卷，师作于弘治初年，筮仕之始也。自题其稿曰《上国游》。……嘉靖辛酉，德洪百拜识。"

（十二）"徐必进刻本"《阳明先生文录续编》

嘉靖四十五年（1566），《阳明先生文录续编》（六卷）编成，徐阶应钱德洪之请撰"序"；王正忆编《家乘》三卷，亦一并刊刻于嘉兴。《王文成公全书》本《阳明先生年谱》"嘉靖四十五年丙寅"条："刻《先生文录续》编成。师《文录》久刻于世。同志又以所遗见寄，汇录得为卷者六。嘉兴府知府徐必进见之曰：'此于师门学术皆有关切，不可不遍行。'同志董生启予征少师存斋公序，命工入梓，名曰《文录续编》，并《家乘》三卷行于世云。"是为"徐必进刻本"《阳明先生文录续编》。今首都师范大学图书馆有藏，并由广西师范大学出版社于2022年影印出版。

隆庆四年（1570）八月一日，钱德

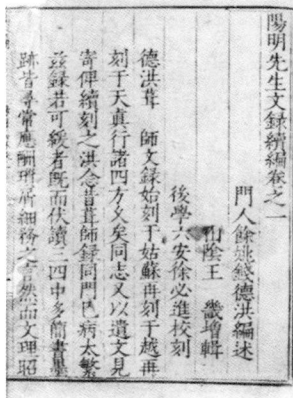

《阳明先生文录续编》书影

洪为沈启原辑录的《三征公移遗稿》（四卷）撰"序"："德洪昔哀次师文，尝先刻奏疏、公移凡二十卷，名曰《别录》，为师征濠之功未明于天下也。既后刻《文录》，志在删繁，取公移三之二而去其一。沈子启原冲年即有志师学，搜猎遗文若干篇，录公移所遗者类为四卷，名曰《三征公移逸稿》，将增刻《文录续编》，用以补其所未备也。……隆庆庚午八月朔日，德洪百拜识。"沈启原辑录《三征公移遗稿》（"南赣公移"三十三条、"思田公移"四十九条、"征藩公移"五十六条）为《阳明先生文录续编》的一部分，见通行本《王文成公全书》卷三十、三十一。

冬至日，钱德洪为收录于《王文成公全书》的《阳明先生文录续编》（卷二十六至卷三十一）赠补"序"文："德洪葺师《文录》，始刻于姑苏，再刻于越，再刻于天真，行诸四方久矣。同志又以遗文见寄，俾续刻之。洪念昔葺师《录》，同门已病太繁，兹录若可缓者。既而伏读三四，中多简书墨迹，皆寻常应酬、琐屑细务之言，然而道理昭察，仁爱恻怛，有物各付物之意。此师无行不与，四时行而百物生，言虽近而旨实远也。且师没既久，表仪日隔，苟得一纸一墨，如亲觌面。况当今师学大明，四方学者徒喜领悟之易，而未究其躬践之实，或有离伦彝日用、乐悬虚妙顿以为得者，读此能无省然激衷！此吾师中行之证也，而又奚以太繁为病邪？同门唐子尧臣金宪吾浙，尝谋刻未遂。今年九月，虬峰谢君来按吾浙，刻师《全书》，检所未录尽刻之，凡五卷，题曰《文录续编》。师胤子王正亿尝录《阳明先生家乘凡》三卷，今更名《世德纪》，并刻于《全书》末卷云。隆庆壬申一阳日，德洪百拜识。"这就是《阳明先生文录续编》的编辑缘由。

（十三）"查氏里仁刻本"《阳明先生文粹》

嘉靖四十五年（1566），查铎辑《新刊精选阳明先生文粹》（六卷）刊刻，是为"明嘉靖四十五年泾川查氏里仁刻本"《阳明先生文粹》，今安徽省图书馆有藏。此外，宁波天一阁藏"明嘉靖四十五年唐龙泉刻本"《阳明先生文粹》。

（十四）"邵廉刻本"《阳明先生文录》

隆庆六年（1572），邵廉刊刻《阳明先生文录》五卷、《外集》九卷、《别录》十卷。

（十五）"陆问礼刻本"《阳明先生文录》

崇祯七年（1634），陆问礼编《阳明先生正录》五卷、《外录》九卷、《别录》十四卷刊刻。是为"明崇祯七年陆问礼刻本"《阳明先生文录》，今故宫博物院有藏。陆问礼撰《重刻王阳明先生文录序》。

四、《王文成公全书》

隆庆五年（1571）三月，汶上郭朝宾（字尚甫，号黄涯）升任浙江巡抚，开始编次《王文成公全书》；十一月，郭朝宾离任（升任户部左侍郎）。新昌邵璘接任浙江巡抚，继续编次《王文成公全书》。同年秋，新建谢廷杰〔字宗圣，嘉靖三十八年（1559）进士〕出任巡按浙江监察御史，修阳明先生祠，并置田以供岁祀。

隆庆六年（1572）秋（八九月间），谢廷杰与前、后两任浙江巡抚郭朝宾、邵璘接续编次的《王文成公全书》（三十八卷，二十四册）在杭州府刊刻。《全书》第二册开列"刻《王文成公全书》姓氏总目"，有"钦差提督军务巡抚浙江等处地方都察院右副都御使户部左侍郎汶上郭朝宾，钦差提督军务巡抚浙江等处地方都察院

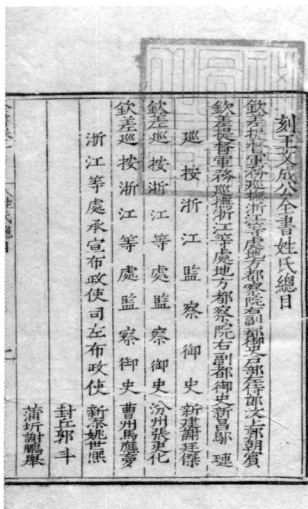

"郭朝宾本"《王文成公全书》书影

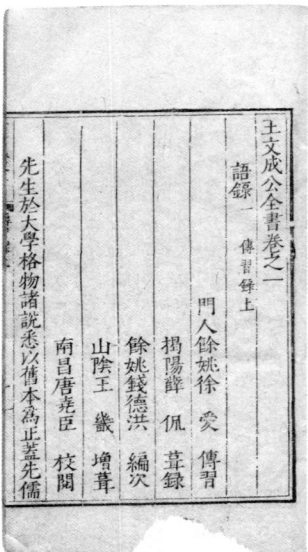

《王文成公全书》书影

右副都御史新昌邬琏，巡按浙江监察御史新建谢廷杰，钦差巡按浙江等处监察御史汾州张更化，钦差巡按浙江等处监察御史曹州马应梦，浙江等处承宣布政使司左布政使新添姚世熙、封丘郭斗、蒲坼谢鹏举，左参政晋江史朝宣、灵璧刘继文，右参政平凉周鉴，左参议广安苏松，右参议清江徐云程"等三十七人职衔、姓名，其中包括浙江布政使司布政使、参政，浙江提刑按察司按察使、副使、佥事，杭州府知府、同知、通判等，署名最末者为"海宁县知县奉新余良桢"。是为"隆庆六年杭州本（郭朝宾本）"《王文成公全书》，亦有作"明隆庆六年谢廷杰杭州刊本"。今美国普林斯顿葛斯德东方图书馆、日本国立公文书馆有藏。2020年10月，广陵书社据日本国立公文书馆藏本影印出版"郭朝宾本"《王文成公全书》。

与此同时，谢廷杰又同钱德洪等阳明门人于杭州开始汇集《王文成公全书》三十八卷，卷目依次为：《语录》三卷、《文录》五卷、《别录》十卷、《外集》七卷、《续编》六卷、

《附录》七卷（《年谱》三卷、《年谱附录》二卷、《世德纪》一卷、《世德纪附录》一卷）。同年（隆庆六年，1572）九月，谢廷杰奉差提督南直隶学政、巡按南直隶监察御史。

万历元年（1573）五月，提督南直隶学政、巡按南直隶监察御史谢廷杰疏请从祀王阳明。为配合王阳明从祀孔庙之奏疏，由谢廷杰汇集监修、钱德洪等人编纂的《王文成公全书》三十八卷本，正式刊刻于应天（南京）。其中，附录"编校《文录》及汇刻《全书》姓氏"载编辑《文录》姓名：门人余姚徐爱、钱德洪、孙应奎、严中，揭阳薛侃，山阴王畿，渭南南大吉，安成邹守益，临川陈九川，泰和欧阳德，南昌唐尧臣；校阅《文录》姓名：后学吉水罗洪先，滁阳胡松，新昌吕光洵，秀水沈启原；汇集《全书》姓名：提督学校巡按直隶监察御史、豫章谢廷杰；督刻《全书》姓名：应天府推官太平周恪，上元县知县莆田林大黼，江宁县知县长阳李爵。是为"通行本"《王文成公全书》，学界多误称为"隆庆本"《王文成公全书》，今人朱鸿林教授撰文予以辨正，称之为"万历元年应天府本"《王文成公全书》。永富青地称之为"明万历谢氏应天府刊本"《王文成公全书》。今国家图书馆、浙江图书馆、复旦大学图书馆、上海图书馆、华东师范大学图书馆等均有收藏，并收录于《四部丛刊》，广为流传。

徐阶撰《王文成公全书序》云："《王文成公全书》三十八卷，其首三卷为《语录》，公存时徐子曰仁辑；次二十八卷为《文录》，为《别录》，为《外集》，为《续编》，皆公薨后钱子洪甫辑；最后七卷为《年谱》，为《世德纪》，则近时洪甫与汝中王子辑而附焉者也。隆庆壬申，侍御新建谢君奉命按浙，首修公祠，置田以供岁祀。已而阅公文，见所谓录若集各自为书，惧夫四方正学者或弗克尽读也，遂汇而寿诸梓，名曰《全书》，属阶序。……谢君名廷杰，字宗圣。其为政崇节义，育人才，立保甲，厚风俗，动以公为师：盖非徒读公书者也。赐进士及第、特进光禄大夫、柱国、少师兼太子太师、吏部尚书、建极殿大学士、知制诰、知经筵事、国史总裁致仕，后学华亭徐阶序。"这就是《王文成公全书》的汇编经过。

值得说明的是，收录于《王文成公全书》中《阳明先生年谱》不属于王阳明的著作，但属于重要的阳明学文献。在此之前已有杭州"天真书院本"《阳明先生年谱》、赣州"毛汝麒本"《阳明先生年谱》。

第三节　阳明学的丰富内涵

毫无疑问，王阳明是中国历史上尤其是明代杰出的思想家。

对于王阳明思想的演变过程，王阳明的晚年弟子钱德洪在《刻文录叙说》中有"为学三变"与"为教三变"的描述："先生之学凡三变，其为教也亦三变：少之时，驰骋于辞章；已而出入二氏；继乃居夷处困，豁然有得于圣贤之旨：是三变而至道也。居贵阳时，首与学者为'知行合一'之说；自滁阳后，多教学者静坐；江右以来，始单提'致良知'三字，直指本体，令学者言下有悟：是教亦三变也。"这里，王阳明的"为学三变"是：少年之时的辞章之学（也就是文章之学）系"为学第一变"，这在弘治六年至弘治十三年（1493—1500）的《上国游》中有体现；"出入二氏"系"为学第二变"，即对佛老之学的一度推崇，集中体现在弘治十四至弘治十六年间的九华山、茅山之游，以及筑室会稽山阳明洞修炼导引术，乃至在杭州西湖习禅静养；"居夷处困，豁然有得于圣贤之旨"系"为学第三变"，即弘治十八年王阳明与湛若水定交、共倡圣学，正德三年（1508）王阳明贬谪至贵州龙场而有"龙场悟道"，突破程朱理学的"格物穷理"的为学路数，以为"理在心中"。"为教三变"分别是：正德四年居贵阳时与席书等人阐释"知行合一"，此为阳明心学教法的"第一变"；正德八年在滁州讲学、正德九年至正德十一年在南京讲学期间，多教学者"静坐"，是教法"第二变"；正德十五年王阳明在江西赣州正式提出"致良知"，至晚年在越地、两广讲学，单提"致良知"三字，直指本体，令学者言下有悟，"致良知"之教是王阳明的终极教法，也是心学教法的"第三变"。钱德洪编撰的《阳明先生年谱》即以"为学三变""为教三变"为基本线索讲述王阳明的生平学行。

与钱德洪描述相仿但又不完全相同，王阳明晚年的另一位重要弟子王畿在《滁阳会语》中有"先师之学，凡三变而始入于悟，再变而所得始化而纯"的揭示。"三变而始入于悟"同钱德洪"为学三变"的说法基本一致：先是青少年之时"泛滥于辞章，驰骋于孙"；再是"为晦翁格物穷理之学，几至于殒"；然后是"究心于老佛之学"，在会稽山阳明洞修炼道教之内丹并有所得；"始入于悟"是在贵州龙场"居夷，处困动忍之余，恍然神悟"的悟道体验，而后归宗于"是是非非，天则自见"的儒家圣人之学。自此之后，阳明以"默坐澄心"为学的，自滁州、南京以后为救学者喜静厌动之弊，乃为"动静合一、工夫本体之说"以救之；自江右以后，则专提"致良知"三字，默不假坐，心不待澄，不习不虑，盎然出之，自有天则，乃是孔门易简直截根源。晚年居越以后，所操益熟，所得益化，信而从者益众。时时知是知非，时时无是无非，开口即得本心，更无假借凑泊。这便是王畿口中的"再变而所得始化而纯"。王畿笔下的"默坐澄心""动静合一、工夫本体""致良知"的"积累保任工夫"，也就是钱德洪所说的"为教三变"。

明清之际黄宗羲编撰《明儒学案》卷十《姚江学案·文成王阳明先生守仁》，综合钱德洪的"为学三变""为教三变"以及王畿的"凡三变而始入于悟，再变而所得始化而纯"，进而对王阳明的学术思想的演变有"其学凡三变而始得其门""学成之后又有三变"的总结。通过以上论述，我们知道，王阳明哲学思想的工夫论范畴主要有"知行合一""静坐""默坐澄心""致良知"。

此外，王阳明的早年弟子黄绾在阳明去世后所作的《祭阳明先生文》中，以"致良知""亲民""知行合一"这三组"关键词"概述阳明的哲学思想："指良知，以阐人心之要；揭亲民，以启大道之方；笃躬允蹈，信知行之合一。"而后，黄绾在《明是非定赏罚疏》（亦称"辨王守仁理学疏"）中以为，阳明之学，其要有三："其一曰'致良知'，实本诸先圣先贤之言也。……其二曰'亲民'，亦本诸先圣先贤之言也。……其三曰'知行合一'，亦本诸先圣先贤之言也。"与钱德洪、王畿、黄宗羲不同，黄绾格外强调"亲民"之于王阳明哲学思想的重要性。这也是阳明学的重要来源——古本《大学》的核心范畴之一。

王阳明的学术诤友湛若水的《阳明先生墓志铭》是在黄绾《阳明先生行状》的基础上改写而成的，其读黄绾"学术状"云云，对王阳明早年的为学经历有"五溺"的总结："初溺于任侠之习；再溺于骑射之习；三溺于辞章之习；四溺于神仙之习；五溺于佛氏之习。正德丙寅，始归正于圣贤之学。会甘泉子于京师，语人曰：'守仁从宦三十年，未见此人。'甘泉子语人亦曰：'若水泛观于四方，未见此人。'遂相与定交讲学，一宗程氏'仁者

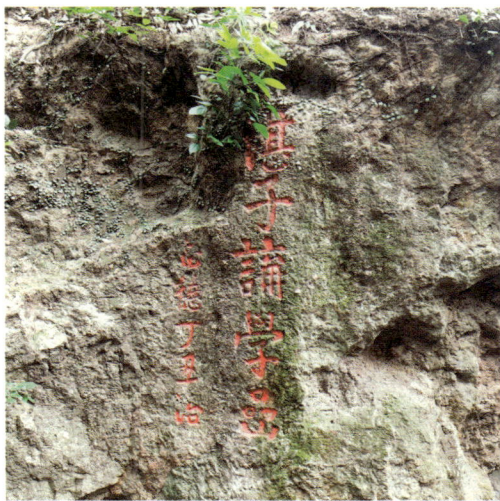

广东佛山西樵山湛若水讲学处

浑然与天地万物同体'之指。故阳明公初主'格物'之说，后主'良知'之说；甘泉子一主'随处体认天理'之说，然皆圣贤宗旨也。而人或舍其精义，各滞执于彼此言语，盖失之矣！故甘泉子尝为之语曰：'良知必用天理，天理莫非良知，以言其交用则同也。'"在湛若水看来，王阳明是在经历"五溺"之后归正于圣贤之学，并以"仁者浑然与天地万物同体"为终身治学宗旨，进而先有"格物"之说再有"良知"之说。

在此，我们综合黄绾、湛若水、钱德洪、王畿、黄宗羲等人对王阳明思想的论述，按照良知发生学的原理，以"心即理""知行合一""致良知""明德亲民""万物一体""四句教"作为王阳明"本体工夫合一"的哲学思想的核心范畴。

一、心即理

"心即理"是阳明心学的第一哲学命题，也是王阳明"龙场悟道"的重大学术结果。"心即理"这一理学术语，最早提出者既不是王阳明，也不是陆九渊，它最早见于唐代的佛教典籍，禅宗大照和尚在《大乘开心显性顿悟真空论》中有云："心即理，则是心外无理，理外无心。"此后，宋明理学家将"心即理"作为理学范畴之一。而最早阐述"心即理"的理学家，则可能是陆九渊，他在《与李宰书》中说："大人者不失其赤子之心，四端者即此心也，天之所以与我者即此心也。人皆有是心，心皆具是理，心即理也。"这里，陆九渊所说的"心"，就是具有仁、义、礼、智等价值意蕴的本体论之"心"，也等同于"理"抑或"天理"。正德三年（1508），王阳明在龙场悟道后，自家所体悟出来的"圣人之道，吾性自足"，其中也有"心即理"的意蕴，与唐代佛教禅宗大照和尚及陆九渊所说的"心即理"，其理论内核、基本精神是一致的，它是传统中国心性哲学宇宙论、本体论及价值论的唯一依据。

在龙场悟道四年后，也就是正德七年（1512）左右，讲学于京师的王阳明，与徐爱、黄绾、顾应祥等高足分享他的"心即理"理念。《传习录·上》"徐爱录"的14条语录中，就言及"心即理""心外无理""心外无物""心外无事"等阳明心学基本命题。徐爱问："至善只求诸心，恐于天下事理有不能尽。"阳明曰："心即理也。天下又有心外之事，心外之理乎？"在南京讲学期间，王阳明继续强调"心外无理，心外无事"，《传习录》"陆澄录"载："虚灵不昧，众理具而万事出。心外无理，心外无事。"王阳明在江西平乱间隙讲学之时，也是以"心即理"为立论依据，《传习录·下》

"黄以方录"："我说个心即理，要使知心理是一个，便来心上做工夫，不去袭义于外，便是王道之真。"有别于程朱的"在物为理"，阳明反对"分心与理为二"。成文于嘉靖二年（1523）左右《答顾东桥书》中，王阳明再论"心即理"："夫外心以求物理，是以有暗而不达之处，此告子'义外'之说，孟子所以谓之不知义也。心一而已，以其全体恻怛而言谓之仁，以其得宜而言谓之义，以其条理而言谓之理；不可外心以求仁，不可外心以求义，独可外心以求理乎？外心以求理，此知行之所以二也。求理于吾心，此圣门知行合一之教，吾子又何疑乎？"由此可见，"心即理"这一理念贯彻于王阳明一生的讲学实践。

陆王心学语境下的"心"，是指道德判断之本心，也就是"是非之学"的"良知"；其所谓"理"，是指应当遵循之道德准则，也是最高的道德律令——"天理"。"心即理"，是指能知是知非的道德本心，其本身就是道德准则的来源与依据，也就是一种道德自觉意识。而"人心"要求得"天理"，则需要"去人欲、存天理"的道德涵养工夫。"天理"就是仁、义、礼、智、信；"人欲"就是人的过分欲望。二程说："人心私欲，故危殆。道心天理，故精微，灭私欲则天理明矣。"朱熹也说："圣贤千言万语，只是教人明天理灭人欲。"阳明亦说"此心无私欲之蔽，即是天理，不须外面添一分""学者学圣人，不过是去人欲而存天理耳""吾辈用功，只求日减，不求日增。减得一分人欲，便是复得一分天理"。总之，人心若不为物欲、私欲所昏，便是浑然天理，其行为也必然合乎传统儒家"忠孝仁义"的纲常伦理准则。

"心"作为主观性、主体性的存在，"理"作为客观性、外在性的存在，两者何以能够互相转化、融为一体？这构成了阳明心学中居于第一位的问题。王阳明在龙场悟道后，在正德八年（1513）给门人王道的《与王纯甫书》中基于"心即理"的立论前提明确表示："心外无物，心外无事，心外无理，心外无义，心外无善。"这一连串否定式的看似违反常识的思想命题，其实所要证明的就是正面命题：心"在物为理，处物为义，在性为善"，也就是"心即理"。那么，如何理解这些命题呢？我们不妨从阳明晚年在越地讲学期间的一则游学案例来解读。

《传习录·下》"钱德洪录"："（阳明）先生游南镇，一友指岩中花树问曰：'天下无心外之物。如此花树，在深山中自开自落，于我心亦何相关？'先生曰：'你未看此花时，此花与汝心同归于寂；你来看此花时，则此花颜色一时明白起来，便知此花不在你的心外。'"嘉靖三年（1524）或嘉靖四年春，王阳明与朋友一起到绍兴城郊会稽山附近的南镇游学。南镇岩石中的花树盛开，一位朋友对阳明的"天下无心外之物"也就是"心外无物"的命题提出质疑，理由是，岩石上的花树作为一种"物"的存在在深山老林中自开自落，于我们的"心"好像没有任何关系。而王阳明这样作答：当你没有看到这朵花的时候，你和花处于一种"寂然不动"的状态，互不影响地存在着；当你看到这朵花时，它的颜色在你心中一时明亮起来，而这朵花也因为你的存在，颜色让人知晓，所以说，岩石中的花树并不是在你的心外存在。天下其他的事物也是一样，这就是"心外无物"的道理。

按照通行的马克思主义哲学原理教科书的解释，阳明的"南镇观花"理论是强词夺理，"物"之于"心"具有客观独立性，所以阳明的言论是意识决定物质，是主观唯心论。其实，阳明心学的说法是基于"花树"，也是就"物"的存在价值、存在意义而言，"花树"的存在的理由、价值、意义是因为有了"人心一点灵明",这使得"花树"的颜色"一时明白起来"。但是,这并不意味着这棵"花树"或这个"物"不存在,它仍是一种客观存在物,只是说,这棵"花树"的存在的意义、价值并没有呈现出来;没有了"心",也就是没有"人"的关注,"花树"就是处于"寂然不动"即一种寂静无声的状态而已。这就是"心外无物""心物同构",即"心"与"物"同处在一个意义世界的一种心学解释。

在成文于嘉靖六年(1527)的《大学问》中,王阳明又强调,"至善之在吾心"。而后世儒者主要是程朱理学,主张于事事物物之中寻求"至善"之"理",最终的结局多是支离决裂、错杂纷纭而无所得。既知"至善之在吾心",向"心"求"至善"之"理",才能志向坚定、镇静不躁、心安理得、思虑周详而有所收获,并晓得"至善"就是"天理",就是"吾心之良知"。总之,客观世界乃至"至善"之"天理"之所以存在的价值和意义,有赖于人("心")的存在才得以呈现出来;如果没有人("心")的存在,那么这个世界就是枯燥乏味、没有生命力甚至没有任何意义的。归根结底,人的存在决定了世界存在的价值和意义。这就是阳明心学作为一种主体性哲学,所强调"心即理"命题的核心要义。

二、知行合一

王阳明的心学提倡"知行合一"的"修道"工夫论。"知行合一"是王阳明"修道"哲学中的一个实践论命题,主要侧重道德修养、伦理行为、道德实践的意义。据《阳明先生年谱》记载,正德四年(1509)左右,王阳明"龙场悟道"后的一大理论收获就是对"知行合一"的道德实践意蕴的工夫论的发明。应贵州提学副使席书之请，王阳明在贵阳文明书院主讲"知行合一"。正德五年春，王阳明离开贵阳赴庐陵任知县途中，途经辰州兴隆寺讲学，便与楚中学人宣讲"知行合一"，《阳明先生年谱》记阳明语："谪居两年，无可与语者，归途乃幸得诸友！悔昔在贵阳举知行合一之教，纷纷异同，罔知所入。兹来乃与诸生静坐僧寺，使自悟性体，顾恍恍若有可即者。"正德五年冬，黄绾在京师结识王阳明并共倡"圣人之学"之后，阳明告以"知行合一"说。据《传习录·上》"徐爱录"：正德六年左右，徐爱因未能领会阳明的"知行合一"之训，便与时在京师任职的黄绾、顾应祥往复论辩，然未能决疑，遂当面请教阳明。阳明即答曰："知是行的主意，行是知的工夫；知是行之始，行是知之成。若会得时，只说一个知，已自有行在；只说一个行，已自有知在。"这也是阳明传世文献中第一次出现对"知行合一"说的完整阐述。

嘉靖二年（1523）左右，顾璘基于朱子的"知行齐头并进""知行常相须"的合一并进之说，对王阳明的"知行合一"之说提出质疑。在《答顾东桥书》中，王阳明基于"心即理"的大前提予以阐释，提出了"知之真切笃实处即是行，行之明觉精察处即是知，知行工夫本不可离"的知行观，对自己早年在贵州提出的"知行合一"从本体工夫合一的视角予以深度阐释。"真切笃实"本是"行"的表述，在阳明这里却是"知"；"明觉精察"本是"知"的意涵，在阳明这里却是"行"。总之，在阳明这里，无论是认识论意义上的知行观，还是道德伦理意义上的知行观，知中有行，行中有知，知行同在，不可须臾离也。更值得关注的是，晚年阳明的"知行合一"，是在"心之体，性也，性即理"也就是"心即理"的意义上的深度呈现，在"心体"也就是"良知"的统摄与支配下，道德知识与道德行为（道德实践）同时发用。而程朱理学所讲的"外心以求理"，是造成"知行之所以二"的直接原因。故而"求理于吾心"才是"圣门知行合一之教"，这也是"知行之体"。

此后，王阳明还在嘉靖五年（1526）的《答友人问》中，就友人"知行合一之说，是（阳明）先生论学最要紧处。今既与象山之说异矣，敢问其所以同"之问，有过这样的答复："知行原是两个字说一个工夫，这一个工夫须着此两个字，方说得完全无弊病。"此外，阳明又补充道："知之真切笃实处，便是行；行之明觉精察处，便是知。若知时，其心不能真切笃实，则其知便不能明觉精察；不是知之时只要明觉精察，更不要真切笃实也。行之时，其心不能明觉精察，则其行便不能真切笃实；不是行之时只要真切笃实，更不要明觉精察也。"生命的最后一年，在两广讲学期间，王阳明与门人后学及学术净友之间也有"知行合一"的辨析。

总之，正德三年（1508），王阳明在贵州"龙场悟道"的理论结晶之一就是"知行合一"，并在翌年于贵阳文明书院主讲"知行合一"；正德五年春，在辰州、常德又宣讲"知行合一"；正德六年至正德七年，在京师之时又向门人弟子讲述"知行合一"的发生学原理。此后，在滁州、在南京、在赣州、在南昌、在绍兴、在广西、在广东，王阳明一直向众师友宣讲自己的"知行合一"观。也如上文所言，阳明心学语境中的"知行合一"与我们今天宣讲的"理论与实践的统一"并不完全一致，因为王阳明的"知"是道德修养层面上的"德性之知"，也就是以"五伦"为内涵的"仁义礼智信""忠孝节义""礼义廉耻"之类的道德之"良知"，不是普通常识属性的"闻见之知"。

而在中国哲学史上，"知"与"行"的关系问题，既属于认识论的范畴，也属于工夫论即道德修养、实践哲学的范畴。关于知行关系的表述，主要有"知易行难"（《尚书》）、"知难行易"（《孙文学说》）、"论先后，当以致知为先；论轻重，当以力行为重"（《朱子语类》），以及"辩证唯物论的知行统一观"（《实践论》）等。从历史渊源上来看，"知行合一"并不是王阳明的首创，宋元之际浙江籍学者金履祥在其所著的《论语集注考证》中提出："夫圣贤，先觉之人，知而能之，知行合一。"黄宗羲在《宋元学案》卷十五《伊川学案·上》中根据程颐的"人既能知见，岂有不能行？一切事皆所当为，不待着意做，才着意做，便有个私心。这一点意气，能得几时了"云云，认为"伊川先生已有'知行合一'之言"。而王阳明则是针对朱熹"论先后，当以致知为先"的看法，提出了"知行合一"的新命题。王阳明认为，如果按照朱子的"知先行后"理论去做，不免将知识追求与道德行为实践割裂开来，终将导致"终身不行，亦终身不知"的严重后果。故而王阳明以"知者行之始，行者知之成"的观点来解释"知行合一"。在阳明看来，道德认识论意义上的"知"与"行"同步发生，道德认知与道德实践的过程就是"即知即行"的无间断的连续发生体；作为道德修养工夫论意义上的"知""行"，也是下文所说的阳明心学核心命题"致良知"的拆分、合并与组合，"知"就是"良知"，"行"则是"致"。易言之，"知"即"吾心良知之天理"（"良知即天理"）的本体，"行"即"致吾心良知之天理于事事物物"的道德修养工夫。简言之，"知"即道德良知，"行"即道德实践，"知"与"行"的关系就是道德修养工夫论层面的认识与实践相统一、相一致的关系。

当代著名学者贺麟先生说过这样的话："知行合一说与王阳明

的名字可以说是分不开的。王阳明之提出知行合一说，目的在为道德修养，或致良知的功夫，建立理论的基础。"王阳明的"知行合一"是道德修养意义上的德性之知（忠孝节义等）与道德行为的统一，是针对道德行为的"知而不行"而有的补偏救弊之说。

在王阳明的克己慎独、省察克治的修身工夫中，要时时刻刻在事上磨炼，进而体察内心之良知，体察到精微之处就是即知即行的"一念发动处，便即是行了"。《传习录·下》"黄直录"阳明语："我今说个'知行合一'，正要人晓得一念发动处，便即是行了。发动处有不善，就将这不善的念克倒了。须要彻根彻底，不使那一念不善潜伏在胸中。此是我立言宗旨。"在阳明心学语境中，一个人的行为发生之时，人心中的良知也必然同时启动，良知就像法官一样，监督着整个行为过程，包括人心意识的整个活动过程。这就是阳明强调的"一念发动处便即是行"的意思。也就是说，知和行同时发生于意识活动过程中，而意识活动即意味着人的行为开始。这才是阳明学"知行合一"的真正含义，也是儒家修身学的一个特色。

阳明弟子黄绾从结识阳明直至阳明病逝，对阳明"知行合一"的修道实践之路径是深信不疑的。比如，其《明是非定赏罚疏》就为阳明的"知行合一"说并非"放言自肆，诋毁先儒"进行辩解："'知行合一'亦本诸先圣先贤之言也。颜渊问仁，孔子告之曰'克己为仁'；颜渊请问其目，曰'非礼勿视、听、言、动'。夫颜渊之问，学也；孔子之教之，学也，非他也。觉非礼者，知也；勿非礼者，行也。如此而已矣。盖古人为学务实，知之所在即行之所在也。故知克己则礼复矣，未尝分知行而二之。他日孔子又自语其学曰'吾十有五而志于学，以至七十从心所欲不逾矩'，亦未分知行而二之也。守仁（王阳明）发此，无非欲人言行必顾，弗事空言如后世之失也。"可见，王阳明以孔子、颜回的言行一致，来阐释"知之所在即行之所在"的"知行合一"之论。

总之，在"知行合一"命题中所讲的"知"和"行"，都是有所特指的，并不是泛指一般意义上的"知行"，其中的"知"就是"良知"，其中的"行"就是指对"良知"的落实，即下文所说的"致良知"。还有，贵州龙场悟道之后提出的"知行合一"与经历"百死千难"揭示的"致良知"相互补充，故而无论是在南昌讲学，还是晚年在越地讲学，乃至在两广期间，王阳明均有对"知行合一"的"立言宗旨"的强调。因此，"知行合一"可以总结为良知学意义上的命题，而不是单纯的认识论、知识论命题，脱离了"良知"这一本体论概念，我们就无法真正理解"知行合一"的丰富内涵。

三、致良知

黄绾在《明是非定赏罚疏》一文中对王阳明"致良知"说的学术源头及"良知"的意涵与"致"的路径予以辨析："'致良知'实本诸先圣先贤之言，孟轲谓人之所不虑而知者其良知，又以恻隐、羞恶、恭敬、是非四端为人之固有，盖由发动而言则谓之情，由知觉而言则谓之良知，所谓'孟轲道性善'者此也。且孔子尝读'有物有则'之《诗》，而赞其为知道也；良知者，物则之谓也。其云'致'者，何也？欲人必于此用力以去其气习之私、全其天理之真而已矣。所谓'必慎其独'，所谓'扩而充之'是也。"这就是说，"良知"二字，并不是王阳明的首创，它的发明权属于孟子："人之所不学而能者，其良能也。所不虑而知者，其良知也。"在孟子这里，"良知"是一种先验的认识方式，更是一种先验的道德判断力，用以引导我们的认识方式、行为发生。

　　王阳明接续孟子对"良知"的理解，坚定地认为，"良知"是一种先验的道德意识，是一种内在的道德判断力，同时也是主体的自觉性，即"良知自知"。根据阳明的说法，龙场悟道之后，"良知"二字已经成为他的心学体系的根基："吾良知二字，自龙场以后，便已不出此意。只是点此二字不出。于学者言，费却多少辞说。"正德七年（1512）讲学于京师的王阳明，在徐爱的追问下，借用孟子的"良知"概念提出了"知是心之本体""知致则意诚"等命题："知是心之本体，心自然会知。见父自然知孝，见兄自然知弟，见孺子入井自然知恻隐，此便是'良知'，不假外求。若'良知'之发，更无私意障碍，即所谓充其恻隐之心，而仁不可胜用矣。然在常人不能无私意障碍，所以须用'致知''格物'之功。胜私复理，即心之'良知'更无障碍，得以充塞流行，便是致其知。知致则意诚。"黄宗羲《明儒学案》卷十一《浙中王门学案一》据《传习录》"徐爱录"认为，王阳明"致良知"三字之提"不始于江右"："（徐爱）先生记《传习》，初卷皆是南中所闻，其于'致良知'之说，固未之知也。然《录》中有云：'知是心之本体，心自然为知，见父自然知孝，见兄自然知弟，见孺子入井自然知恻隐，此便是良知。使此心之良知充塞流行，便是致其知。'则三字之提，不始于江右明矣，但江右以后，以此为宗旨耳。"

　　要理解"致良知"这一阳明心学的核心命题，我们首先需要对王阳明"致良知"三字的提出具体时间与地点予以明确。

（一）"致良知"的提出

　　目前学界多以钱德洪《阳明先生年谱》为准，判定王阳明于正德十六年（1521，时年50岁），在江西南昌之时，"始揭致良知之教"，钱德洪在《刻文录叙说》中亦有云："'良知'之说，发于正德辛巳年（正德十六年）。"黄绾《阳明先生行状》认为："（正德）甲戌（即正德九年，王阳明时年43岁），升南京鸿胪寺卿，始专以'良知'之旨训学者。"而今日贵州的阳明学研究者则倾向于正德三年，时年37岁的王阳明在龙场悟道后，即提出"良知"说，理由是钱德洪在《刻〈文录〉叙说》中转录王阳明的一句话："吾'良知'二字，自龙场以后，便已不出此意，只是点此二字不出，于学者言，费却多少辞说。"近年来，江西赣州的阳明学者提出："阳明心学至为重要的'致良知'理念，是在南赣提出的。"束景南考定正德十四年（王阳明时年48岁）四月，"邹守益来赣受学，阳明始发良知之说，妙悟良知"。

不难发现，目前关于王阳明"始揭致良知之教"的时间、地点至少有五种提法：正德三年（贵州龙场）、正德七年（北京）、正德九年（南京）、正德十四年（赣州）、正德十六年（南昌）。那么，王阳明正式提出"致良知"三字到底是何时何地呢？

笔者认为，王阳明正式提出"致良知"说的时间是正德十五年（1520）秋，49岁的王阳明在赣州通天岩与众弟子论学之时，在场者主要有陈九川、夏良胜、邹守益等江右王门学者。至于"致良知"说提出的缘起，除却众所周知的"宸濠之乱""忠泰之变"等"百死千难"的人生砥砺与生死考验，正德十五年六月，王阳明离开南昌前往赣州而路经（吉安府）泰和之时，在舟中所成《答罗整庵少宰书》（见《传习录》，成文于正德十五年六月二十日，此书王阳明手迹尚存世），也是王阳明正式提出"致良知"说的一大学术诱因。

《传习录·下》"陈九川录":"庚辰,往虔州再见(阳明)先生,问:'近来功夫,虽若稍知头脑,然难寻个稳当快乐处?'先生曰:'尔却去心上寻个天理,此正所谓理障。此间有个诀窍。'曰:'请问如何?'曰:'只是致知。'曰:'如何致?'曰:'尔那一点良知,是尔自家底准则。尔意念着处,他是便知是,非便知非,更瞒他一些不得。尔只不要欺他,实实落落,依着他做去,善便存,恶便去。他这里何等稳当快乐!此便是'格物'的真诀,'致知'的实功。若不靠着这些真机,如何去格物?我亦近年体贴出来,如此分明,初犹疑只依他恐有不足,精细看来,无些小欠阙。'"这里的"庚辰",系正德十五年(1520);"虔州",指赣州。陈九川记录下来的这条语录,清楚地告诉我们,正德十五年秋王阳明在赣州通天岩讲学之时,正式提出了"致良知"这一阳明心学的核心概念。"近年体贴出来"的"致良知"三字,一经正式提出后,王阳明的喜悦与兴奋堪比正德三年的龙场悟道后的感受,"今幸见出此意,一语之下,洞见全体,真是痛快,不觉手舞足蹈"。这里也有"孔颜之乐"以及"理义之悦我心"的意蕴。以"良知"为准则,辨别是非,为善去恶,就是"格物"的真诀与"致知"的实功。"致良知"成为阳明心学的核心命题之后,早年提倡的"诚意"工夫在阳明心学的地位,就退而求其次了。

总之,正是经历了"宸濠之乱""忠泰之变"的生死砥砺,王阳明益发相信:"良知"足以使人"明心见性",忘却患难,超越生死。于是乎,他在正德十六年(1521)写给弟子杨鸾的书信中提道:"区区所论'致知'二字,乃是孔门正法眼藏。于此见得真的,直是建诸天地而不悖,质诸鬼神而无疑,考诸三王而不谬,百世以俟圣人而不惑!"嘉靖六年(1527)十二月初五日,晚年在广西平乱的王阳明在给养子王正宪的家书中写道："吾平生讲学，只是'致良知'三字。仁，人心也；良知之诚爱恻怛处，便是仁，无诚爱恻怛之心，亦无良知可致矣。汝于此处，宜加猛省。"而在生命个体的内心世界中，时时处处地坚守"良知"、呵护"良知"，也不是一件容易的事，需要日积月累的修行与体悟，"功夫愈久，愈觉不同"。当然，王阳明也自信地认为，"致知"二字，真是个千古圣传之秘，钱德洪在《阳明先生年谱》中记载"（王阳明）自经宸濠、忠、泰之变，益信'良知'真足以忘患难，出生死"。这个"知是知非"的"良知"，也就是王阳明对儒家学脉与道统的最大学术贡献。

（二）"良知即是天理"

王阳明继承并发挥了孟子的"良知"说，结合《大学》"致知"说，提出了自己"致良知"的为学、证道之大旨。在"心即理"的基础上，王阳明又提出了"良知即是天理"的本体论新命题。在阳明心学体系中，"良知"既是先天的道德天理，也是"七情"的自然流露；"致良知"则是推致实行良知的工夫与教法，做到"知行合一"，便是"即本体即工夫"。那么，阳明先生"从百死千难中得来"的"良知之说"，其究竟义是什么呢？

1. 良知是尔自家底准则："尔那一点良知，是尔自家底准则。尔意念着处，他是便知是，非便知非，更瞒他一些不得。尔只不要欺他，实实落落依着他做去，善便存，恶便去。他这里何等稳当快乐！此便是'格物'的真诀，'致知'的实功。"这是说，"良知"就是人生观，是为人处世的基本行为准则，更是存善去恶的世界观与方法论。所以，阳明又说："人若知这良知诀窍，随他多少邪思枉念，这里一觉，都自消融。真个是灵丹一粒，点铁成金。"

2. 良知是千古圣圣相传一点滴骨血："此理简易明白若此，乃一经沉埋数百年。……我此良知二字，实千古圣圣相传一点滴骨血也。"自孔子开创仁学、孟子提出"良知"以来，历代不乏成德达道者，而优入圣域者，王阳明即其中之一位。这里，"良知"就具有了道统的意蕴，因为"致良知"是孔孟以来的千古圣学之秘，幸被阳明所发掘，故而阳明在《别诸生》诗歌中有云"绵绵圣学已千年，两字良知是口传"。德国哲学家卡尔·雅斯贝尔斯（Karl Jaspers）认为，孔子的精神被那些勇于打破思想禁锢的人所继承着，这些人恰恰扮演着正统儒家的反对党的角色。这些复兴者当中，最伟大的代表就是王阳明。

3. 良知即是天理："心者，身之主也，而心之虚灵明觉，即所谓本然之良知也。""夫心之本体，即天理也。天理之昭明灵觉，所谓良知也。""良知是天理之昭明灵觉处，故良知即是天理。"上文说，"心即理"是王阳明于正德三年（1508）在龙场悟道之后的一大学术发现，实则在正德十五年提出"致良知"说并以"良知"为阳明心学的本体论范畴之后，"心即理"也就递进并修正为"良知即是天理"。如果说"心即理"是唐代佛学、北宋陆九渊心学的术语，那么"良知即是天理"的本体论命题则是阳明的最大发现。

4. 良知只是个是非之心："所谓良知，即孟子所谓'是非之心，知也'。是非之心，人孰无有？但不能致此知耳。能致此知，即所谓充其是非之心，而知不可胜用矣。""良知只是个是非之心。是非只是个好恶。只好恶，就尽了是非；只是非，就尽了万事变。"在孟子那里，"良知"作为一种先验的道德意识，具有甄别、判定是非的事实判断；而在阳明这里，作为"心之本体"的"良知"又具有了好善恶恶的道德价值判断力，也是一种道德动力。进而言之，"良知"作为人内心的是非准则，具有"知善去恶"的能力，故而"阳明四句教"有一句即曰"知善知恶是良知"，人作为一个道德实践主体，能够凭借良知去辨明是非善恶。

5. 良知即是独知时："良知即是独知时，此知之外更无知。谁人不有良知在，知得良知却是谁？知得良知却是谁？自家痛痒自家知。若将痛痒从人问，痛痒何须更问为？""良知即是独知时"的"独知"，是指在"人所不知，一人独处"的情景之下，其行为及意念也会为良知所察识、所规范。在此意义上，良知即是"独知"。所以，王阳明又说，"所谓'人虽不知而己所独知'者，此正是吾心良知处"。

6. 良知即是乐之本体："乐是心之本体。仁人之心，以天地万物为一体，欣合和畅，厚无间隔。……谨独即是致良知。良知即是乐之本体。"在阳明这里，"乐是心之本体"的实质就是以天地万物为一体的欣合和畅。乐的境界，就是无论在何种艰难境遇中都能保持"以天地万物为一体"的儒者胸怀，亦保持着"无入而不自得"的超然和畅的气象。孔颜之乐不仅是王阳明追寻的人生最高的理想境界，亦在他追求理想人生的过程之中。在阳明这里，如同"良知"的公共性、普适性所强调的"圣凡平等"，无论圣贤还是常人，"乐"才是心体的本然状态，这是真正意义上的精神愉悦。进而言之，阳明所说的"乐"存在于日常生活之中，既不同于英国功利主义伦理学所说的幸福最大化，也不同于宗教修行所带来的神秘体验，而是"吾心之良知"流行发用于人伦日用之中。而所谓的"一念开明，反身而诚"所带来的道德性、精神性的"乐"，这就是"孔颜之乐"、孟子"乐莫大焉"以及阳明心学所追求的"天地万物一体之仁"的精神世界。

7. 良知之外别无知："良知不由见闻而有，而见闻莫非良知之用，故良知不滞于见闻，而亦不离于见闻。孔子云：'吾有知乎哉？无知也。'良知之外，别无知矣。故致良知是学问大头脑，是圣人教人第一义。今云专求之见闻之末，则是失却头脑，而已'落在第二义'矣。"在阳明这里，圣人教学的第一义，即学问的大头脑便是"致良知"。良知本体扩充到日常生活经验中，则为良知之用，是为致良知的工夫。但良知不是从经验中得来，故曰"良知不滞于见闻"；良知必定要落实到经验生活中去，故曰良知"亦不离于见闻"。"多闻多见"仅仅是"致良知"的路径之一，其实就是强调"良知"与"知识"之间不滞不离，但是又以"良知"为体、以"知识"为用的"体用一源"思想。

8. 良知是造化的精灵："良知是造化的精灵。这些精灵，生天生地，成鬼成帝，皆从此出，真是与物无对。人若复得他完完全全，无少亏欠，自不觉手舞足蹈，不知天地间更有何乐可代。""生天生地，成鬼成帝""与物无对"都用来描述良知是天地万物的主宰，就是老庄所说的宇宙生成的本源——"道"，是天地万物生成的本源性、本根性的东西，无法用语言描述。但是，生命个体在"悟道"，也就是体验到"良知"真实存在之后，就会手舞足蹈，更以感悟心体的"良知"为天地间最大的"乐"。这是阳明现身说法，鼓励弟子后学通过读书、修行等各种方式把握并体悟到心体中的本来存在的"良知"之体。

9. 良知还是你的明师："道即是良知。良知原是完完全全，是的还他是，非的还他非，是非只依着他，更无有不是处。这良知还是你的明师。"圆满无缺的良知，还是每个人的"明师"，即人生导师。王阳明有"千圣皆过影，良知乃吾师"的诗句，也就是说，个人的一言一行、一举一动，符合"良知"并接受"良知"的驱动，"是的还他是，非的还他非"，就是"知行合一致良知"。

10. 人的良知就是草木瓦石的良知："人的良知，就是草木瓦石的良知；若草木瓦石无人的良知，不可以为草木瓦石矣。……天地无人的良知，亦不可为天地矣。盖天地万物与人原是一体，其发窍之最精处，是人心一点灵明。"这里，王阳明基于良知的普遍性、同一性以及"天地万物与人原是一体"理论前提，认为良知之体遍存于草木瓦石、风雨露雷、日月星辰、禽兽草木、山川土石。尽管如此，天地万物发窍之最精妙之处，就是"人心一点灵明"，就是为天地万物立法的人的"良知"。另外，基于"一气相通"，五谷禽兽可以养人，药石可以疗疾，这也是"万物同体"的一种阐释。

11. 良知即是天植灵根："人孰无根？良知即是天植灵根，自生生不息；但着了私累，把此根戕贼蔽塞，不得发生耳。"在阳明看来，如同禾苗有根才会茁壮成长，作为天植灵根的良知，必然也与天道一样生生不息。天地的造化力量与人的生命创造活力乃是一体不二，所以在本质上，良知也是人的一切创造活力永不枯竭的动力与源泉。

12. 良知只是一个真诚恻怛："良知只是一个天理自然明觉发见处，只是一个真诚恻怛，便是他本体。故致此良知之真诚恻怛以事亲便是孝，致此良知之真诚恻怛以从兄便是弟，致此良知之真诚恻怛以事君便是忠。只是一个良知，一个真诚恻怛。"这句话出自《答聂文蔚书（二）》，系王阳明的"论学书"绝笔，所以说"良知只是一个天理自然明觉发见处，只是一个真诚恻怛，便是他本体"的说法，是阳明在生命的最后阶段对他一辈子苦心孤诣所建构的"致良知"之说的高度概括。这里有两点值得我们注意。第一，良知的本体即为"天理自然明觉发见处"。换言之，"良知即天理"，若不能真正意识到"良知即天理"，那么良知说必定会陷入肆意放纵的弊端之中。第二，"真诚恻怛"是良知的本体，也就是要把真诚、恻隐之心作为根本。真诚恻隐之心即仁心，若能把它"推己及人"，也就是推及至天下黎民百姓的话，那么就能达成视天地万物为一体的"仁"了。再进一步，若每个生命个体切实做到了"致良知"，那么自然也就能做到事亲、忠君、交友、仁民、爱物了。总之，在阳明看来，良知不仅具有理性的分辨是非的作用，并且其本质就是"一念真诚恻怛之良知"（"仁义之心"）这一基本的道德情感。

行文至此，我们不难发现，为了构建自己的良知学体系，王阳明对"心即理"的命题进行了改造，提出了"良知即是天理"的观念，作为自己良知学的本体论依据。王阳明的"良知即是天理"本体论已经包含着丰富的内涵：既有外在超越义，又有内在主体义；既有"本源—生成"式的宇宙生成论，又有了本体论之依据，从而体现了一种以"即体即用、体用贯通、主客合一"为特征的辩证理性思维方式。在明确了阳明学中"良知"的丰富内涵之后，应该如何"致"得"良知"呢？如果说"良知"是本体论问题，那么"致良知"就是工夫论问题。

（三）"致吾心之良知于事事物物"

"致良知"的"致"字，是指《大学》中"格物致知"的"致知"，其原本含义就是把握知识并将其推广扩充。"致良知"就是对"致知"的解释，是王阳明超越程颐、朱熹对"格物致知"问题的最终解决，他把历来理解"格物致知"为"即物穷理"的知识性活动，解释为人的"良知"所驱动的自觉能动性的道德实践活动。

朱熹在《大学章句》中以为《大学》原本对"格物致知"的释读有阙文,乃"取程子(程颐)之意以补之"。"所谓致知在格物者,言欲致吾之知,在即物而穷其理也。盖人心之灵莫不有知,而天下之物莫不有理,惟于理有未穷,故其知有不尽也。是以《大学》始教,必使学者即凡天下之物,莫不因其已知之理而益穷之,以求至乎其极。至于用力之久,而一旦豁然贯通焉,则众物之表里精粗无不到,而吾心之全体大用无不明矣。此谓物格,此谓知之至也。"这段文字是朱熹《四书章句集注》成书以来至王阳明生活的那个时代,乃至清末废除科举制度前,参加科举考试的读书人都熟悉的。程朱理学以为,理派生万物,天下万物又体现着理,有一事物便有一理;格物便是穷理,穷理便是穷究事事物物中的理,从而豁然贯通以体认本体之理。

王阳明尊崇古本《大学》,必然要对程朱的上述言论予以否认,尤其是其早年就有遵循"格物穷理"路径,在书斋"格竹穷理"而失败的教训。曾才汉辑《阳明先生遗言录》转录阳明语:"某十五六岁时,便有志圣人之道,但于先儒格致之说若无所入,一向姑放下了。一日寓书斋,对数茎竹,要去格他理之所以然,茫然无可得。遂深思数日,卒遇危疾,几至不起。"《传习录·下》"黄以方录"载:"众人只说'格物'要依晦翁,何曾把他的说去用!我着实曾用来。初年与钱友同论做圣贤,要格天下之物,如今安得这等大的力量;因指亭前竹子令去格看。钱子早夜去穷格竹子的道理,竭其心思,至于三日,便致劳神成疾。当初说他这是精力不足,某因自去穷格,早夜不得其理,到七日,亦以劳思致疾。遂相与叹圣贤是做不得的,无他大力量去格物了。"正是"格竹"失败的教训,使得王阳明对"格物穷理"说予以质疑,进而在龙场悟道中得以突破，那就是："天下之物，本无可格者；其格物之功，只在身心上做；决然以圣人为人人可到，便自有担当了。"

在《答顾东桥书》中，王阳明说朱子的"即物而穷理"，实质是把"心"与"理"析分为二。在事物中求"理"，好比"我"在父母那里求孝的"理"，那么，孝的"理"究竟是在"我"的心中，还是在父母的身上呢？如果真在父母身上，那么，父母去世后，孝的"理"在"我"心中不就消失了吗？再举一个例子，"我"看见孩子落入井中，必有恻隐的"理"。这个"理"到底是在孩子身上，还是在"我"内心的良知上呢？从上述两个例子可以看出，各种事物即客体的"理"，都是存在于作为主体的"我"的心中。由此可知，朱子把"心"与"理"分而为二是错误的。把心与理分而为二，实际上就是告子"仁内义外"的主张，而这正是孟子所竭力反对的。所以，在阳明看来，讲朱子的"即物穷理"为"玩物丧志"，也是可以说得通的。

进而，阳明基于"心即理""心外无理""良知即是天理"的本体论依据，提出了自己对"致知""格物"的心学解读："若鄙人所谓'致知、格物'者，致吾心之良知于事事物物也。吾心之良知，即所谓'天理'也。致吾心良知之'天理'于事事物物，则事事物物皆得其理矣。致吾心之良知者，致知也；事事物物皆得其理者，格物也，是合心与理而为一者也。"阳明对"格物致知"的解释不同于朱熹，他认为"格物"就是"正心"，"致知"就是"致良知"："致，至也；知，良知也；格，正也；物，事也，事即一念。格物致知者，于一念发动之初而正之，则本体呈露，而至于良知之谓也。"在阳明这里，"致"就是推极、扩充的意思，"知"是"良知"。这是说，事事物物之"理"均由"吾心之良知"来赋予、呈现，也就是要"吾心之良知"这个"天理"推极、扩充到事事物物中去，使得事事物物皆得其"理"。而外在的事事物物之"理"与内在于心的"良知"之"理"由此打通，合二为一，即是"合心与理而为一"。当然，阳明并不反对外在的客观知识（"闻见之知"），而是说只有在"吾心之良知"的统摄之下，事事物物的存在才有意义与价值。

"致良知"作为一个完整、圆融的良知心学体系，既有"道德—本体论"层面的内容，又有"工夫—实践论"的意义。"致良知"不仅打通了"心即理""良知即是天理"，还是对"知行合一"命题的融摄，就是"知"和"行"的"本体"与"工夫"的统一。一个人拥有了"良知"之心，就能自然做到"知行合一"；反之，一个人不能做到"知行合一"，是因为此人心中的"良知"已被遮蔽。所以，心学的关键在于唤醒良知，使人心永远处在清醒的状态。对个人来说应该如此，推而广之，对整个社会而言也应该如此。因为人人皆有良知，由许多个体所组成的社会也应该有社会良知，这是良知的公共性。

还有，"致良知"之说与"致良知"之教，两者之间也有区别，前者是一种学术主张、理论建构，而后者则有教法（"教化之法"）的工夫论意蕴。再有，王阳明本人即便明确提出了"致良知"之教，并视之为儒家意义上的"圣门正法眼藏"，但他并不排斥自己早年、中年所提倡与实证的教法，诸如"静坐"、"谨独"（"慎独"）、"知行合一"、"立志"、"立诚"（"诚意"）、"存理遏欲"、"省察克己"、"学问思辨行"、"事上磨练"；他认为，即便其晚年在绍兴讲学时所宣讲的"万物一体之仁""拔本塞源论""四句教"云云，也不一定是"致良知"之教的最终范本。王阳明在临终之前，家童问遗言，则是"他无所念，平生学问方才见得数分，未能与吾党共成之，为可恨耳"（黄绾《阳明先生行状》引语）云云。

（四）"致良知"之流弊

在王阳明看来，宋儒所谓的"格物穷理"极其简易，皆因宋儒从"知解上"（"闻见之知"）求之，故而头绪纷繁，难以穷尽。正德十六年（1521）的某一天，阳明独自喟然叹息，侍坐一旁的陈九川问其何故叹息，阳明说："此理简易明白若此，乃一经沉埋数百年。"陈九川接着说："亦为宋儒从知解上入，认识神为性体，故闻见日益，障道日深耳。今先生拈出'良知'二字，此古今人人真面目，更复奚疑？"阳明总结道："然。譬之人有冒别姓坟墓为祖墓者，何以为辨？只得开圹将子孙滴血，真伪无可逃矣。我此良知二字，实千古圣圣相传一点滴骨血也。"在阳明学中，以"致良知"为宗旨，就可以打通"心体"与"性体"的分疏，经过道德修养与政事实践就可以达致"万物一体之仁"的圆满境界。而"致良知"之教的揭橥，也标志着王阳明良知心学体系建构的基本完成。

也应指出，王阳明的"致良知"之教，有一种宗教神秘主义的倾向，确切说有"密契主义""冥契主义"的意蕴。"良知"的体验，使得人与心体相契合、接应，反映在现象层面，常表现为某些"超现实"的体验，如王阳明就有"乐是心之本体"的看法。当然，王阳明所体悟出来的"良知"，是对儒家经典古本《大学》"格物致知"的阐释与升华，也是儒家修身传统的一个案例。

当然，对于"致良知"之说，王阳明担忧"不得已，与人一口说尽。只恐学者得之容易，把作一种光景玩弄，不实落用功，负此知耳"！需要指出的是，从事"致良知"的修身实践，并不是要放弃一切世俗事务，去体验"苦行僧"式的宗教生活。对官员而言，"簿书讼狱之间，无非实学"，因为"若离了事物为学，却是着空"。如果不了解王阳明这一独特的心路历程，而轻易随便地去口传"良知"、空谈本体、故弄玄虚，"把作一种光景玩弄"，反倒会产生诸多弊端。比照一下阳明后学中的"良知现成派"，自然明了。王阳明在五百年前发出的告诫之语，在五百年后的今天，尤其对于当下这股方兴未艾但又喧嚣聒噪的"阳明热"而言，无疑是一剂清醒剂！

当然，按照王阳明的设想，"良知"不仅是个体的道德本体，而且是社会公共领域普遍存在的道理，是社会秩序得以保障与运行的前提，而通过激发每个人的内心良知，最终可以实现由自我转化直至社会转化，这就涉及阳明心学的又一个重要范畴——"明德亲民"。而"致良知"的最终目标是，不仅是成就自己，使自己成为一个有道德的人，更重要的是成就他人，使整个社会成为充满良知精神的有序的理想社会，这就是阳明学的最高境界——"万物同体"。

四、明德亲民

"明德亲民"是王阳明哲学思想的另一个核心理念，它源于王阳明对古本《大学》的理解："明明德必在于亲民，而亲民乃所以明其明德也。"也就是说，"明德"是"体"，"亲民"是"用"；"明德"是内圣，"亲民"是外王。在阳明这里，"'亲民'犹孟子'亲亲仁民'之谓。亲之即仁也"。

王阳明对《大学》"亲民"的理解，以古本《大学》为依据，反对程颐、朱熹把"'亲'当作'新'"的理解，这也构成了王阳明"明德亲民"的政治哲学以及晚年提出的"万物同体""天地万物一体之仁"的天下观的文本依据。当然，王阳明的"亲民"思想也是对孔子"修己以安百姓"、孟子"亲亲而仁民，仁民而爱物"的传承；"万物同体""天地万物一体之仁"的天下观是对《尚书·尧典》所述"克明俊德，以亲九族。九族既睦，平章百姓，百姓昭明，协和万邦，黎民于变时雍"的回应。一"新"一"亲"，基于对《大学》经典的不同阐释，也构成了朱熹道德哲学与王阳明政治哲学的分水岭。总之，王阳明所坚持的古本《大学》的"亲民"观，构成了王阳明政治哲学的起点。

王阳明晚年在越地居家讲学期间，也就是嘉靖四年（1525），绍兴郡守南大吉受王阳明"亲民"思想的影响，以"亲民堂"命名其政事堂，誓言"吾以亲民为职者也。吾务亲吾之民以求明吾之明德也夫"！王阳明因赞赏其"亲民"的志向，特为之撰《亲民堂记》，解说了"亲民"的完整内涵。不仅如此，还叙述了《大学》中"明明德""亲民""止至善"三大纲领之间的逻辑关系。当然，其根本在于"致良知"之"道"的体悟与实践。南大吉向阳明请教施政的要诀，阳明答曰："政在亲民。"南大吉问，如何才能"亲民"？阳明答："在明明德。"又问，如何才能"明明德"？阳明继续回答说："在亲民。"于是，南大吉问"明明德"与"亲民"是否一体，阳明肯定了这一说法，并解说了何谓"明德"。"明德"是什么呢？就是《中庸》中讲的"天命之性"，又像朱子讲的"灵昭不昧，而万理之所从出也"，它是人伦道德及万事万理的根本。阳明又说，无欲便可感知"明德"，但不可凭空追求，必须将其具体化才能真正明白，它是人伦道德的实践，在于"亲民"。因此，"明明德"与"亲民"是一体之两面。如果不明白这一点，就会堕入佛老的虚无。

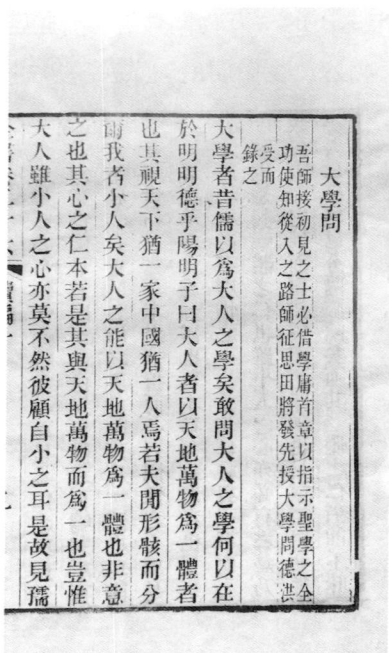

《大学问》书影

但是，如果只注重"亲民"，不知道要"明明德"，就会陷入霸者的功利之道。这就是"明德、亲民，一也"的道理。

在成文于嘉靖六年（1527）的《大学问》中，王阳明用"万物同体""天地万物一体之仁"的核心理念来诠释古本《大学》中"亲民"纲领："明明德必在于亲民，而亲民乃所以明其明德。"也就是说，王阳明"天地万物一体之仁"的道德实践并不仅仅在于自己成为"圣人"，其重点是在"博施济众""仁民爱物"

的"明德亲民"上。这就是"明德"与"亲民"之间的体用乃至互资为用的辩证关系。在《大学问》中，王阳明对"明德亲民"理念有具体的阐发："亲吾之父，以及人之父，以及天下人之父，而后吾之仁实与吾之父、人之父与天下人之父而为一体矣；实与之为一体，而后孝之明德始明矣！亲吾之兄，以及人之兄，以及天下人之兄，而后吾之仁实与吾之兄、人之兄与天下人之兄而为一体矣；实与之为一体，而后弟之明德始明矣！君臣也，夫妇也，朋友也，以至于山川鬼神鸟兽草木也，莫不实有以亲之，以达吾一体之仁，然后吾之明德始无不明，而真能以天地万物为一体矣。"基于"仁"的普遍性、感通性，"明德"所指的忠、孝、悌、忍、善等在"仁心"的驱动下，"一体之仁"贯穿于天下人之父子、兄弟、君臣、夫妇、朋友之间，以至于山川鬼神、鸟兽草木。这就是"亲民"的无穷效用。

另外，正德十三年（1518），王阳明有《与路宾阳书》："闻有守郡之擢，甚为襄阳之民喜。仕学一道，必于此有得力处，方是实学；不然，则平日所讲尽成虚语矣。'有民人焉，有社稷焉，何必读书，然后为学？'子路之言，未尝不是。宾阳质美而志高，明德亲民之功，吾见其有成也。"这里，王阳明以"仕学一道"为理论依据，寄成就"明德亲民之功"之希望于时任襄阳知府的弟子路迎（字宾阳）。一言以蔽之，"明明德"也就是"致良知"的道德实践，只有落实在"亲民"的政治实践上，才是真正实现了"天地万物一体之仁"，即"万物同体"的理想境界，这也是儒家"内圣外王之道"的终极目标。

五、万物同体

据《阳明先生年谱》载，嘉靖三年（1524），王阳明在越地开展大规模的讲学活动，萧璆、杨汝荣、杨绍芳、杨继芳等来自湖广，杨仕鸣、薛宗铠、黄梦星等来自广东，王艮、孟源、周冲、朱得之等来自南直隶，何秦、黄弘纲等来自南赣，刘邦采、刘文敏等来自安福，魏良政、魏良器等来自新建，曾忭来自泰和。宫刹卑隘，至不能容，盖环坐而听者三百余人。阳明临讲会，"只发《大学》'万物同体'之旨，使人各求本性，致极良知以至于至善，功夫有得，则因方设教"。这里，我们对阳明的"万物同体"或"天地万物一体之仁"说略作阐释。

王阳明继承了孔子的"仁者爱人"，孟子的"万物皆备于我"，

《礼记·礼运篇》中的"天下大同""以天下为一家、以中国为一人",程颢《识仁篇》中的"仁者以天地万物为一体""学者须先识仁。仁者,浑然与物同体",张载《西铭篇》中的"民吾同胞,物吾与也",还有陆九渊的"宇宙内事乃己分内事;己分内事乃宇宙内事"等思想资源,并以"同心一德"为联结逻辑,提出了自己的以"仁学"为基调的"天地万物一体之仁"论。

阳明学的学术思想体系从"致良知"演变至"天地万物一体之仁"是逻辑发展的必然,因为"致良知"毕竟属于个体的一种道德行动自觉,"良知之在人心,亘万古,塞宇宙,而无不同""良知之在人心,无间于圣愚,天下古今之所同也",良知的公共性、普遍性、永恒性,必然会驱使个体把自身道德实践推广至身边的每一个人以及社会团体乃至天地万物。也就是说,把个人的"良知"转化为集体的"良知",并把这种良知"推致"开来,使其成为天地万物的"良知",这就是"万物同体"的终极理想。

王阳明的"万物同体"说集中体现在其晚年所成的《答顾东桥书》《答聂文蔚书(一)》以及《亲民堂记》《大学问》中。但这并不是说,"万物同体"是阳明晚年的理念,其在正德九年(1514)所成的《书王嘉秀请益卷》开篇就有"仁者以天地万物为一体,莫非己也"的论述。

(一)《答顾东桥书》中的"拔本塞源之论"

成文于嘉靖二年(1523)左右的《答顾东桥书》中,王阳明提出了著名的"拔本塞源之论"。其立言依据是:"夫圣人之心,以天地万物为一体,其视天下之人,无外内远近,凡有血气,皆其昆弟赤子之亲,莫不欲安全而教养之,以遂其万物一体之念。""心学纯明,而有以全其万物一体之仁,故其精神流贯,志气通达,而无有乎人己之分，物我之间。"毫无疑问，在阳明这里，"万物一体"不仅仅是宇宙万物的存在法则、天下之学圣人者所追求的精神境界，还是一种个人与宇宙万物和谐共生共存的具有现代意义上的"人类命运共同体"意蕴的社会政治理想。"天理之在人心，终有所不可泯，而良知之明，万古一日"，王阳明坚信，"以天地万物为一体""以遂其万物一体之念"的人类终极理想，一定能够实现！明清之际的儒者孙奇逢认为，王阳明的"拔本塞源之论，以宇宙为一家，天地为一身，真令人恻然悲，戚然痛，愤然起，是集中一篇大文字，亦是世间一篇有数文字"。

另外，王阳明基于"良知"的普遍性以及"天地万物与人原是一体"的理论前提，认为良知之体遍存于草木瓦石、风雨露雷、日月星辰、禽兽草木、山川土石。尽管如此，天地万物发窍之最精妙之处，就是人心的一点灵明，就是"良知"。另外，基于"一气相通"，五谷禽兽可以养人，药石可以疗疾，这也是"万物同体"之境得以实现的一种阐释。

（二）《答聂文蔚书（一）》中的"天地万物，本吾一体者也"

在成文于嘉靖五年（1526）的《答聂文蔚书（一）》（亦作《答聂文蔚第一书》）中，王阳明先是以"万物一体"为道德逻辑的出发点，推论出"良知"自在每一个人的心中，不论贤愚，从古到今都是相同的，这就是良知的公共性与普遍性；随后又阐述了"致良知"运用于社会治理领域的重大意义："夫人者，天地之心。天地万物，本吾一体者也。生民之困苦荼毒，孰非疾痛之切于吾身者乎？不知吾身之疾痛，无是非之心者也。是非之心，不虑而知，不学而能，所谓良知也。良知之在人心，无间于圣愚，天下古今之所同也。世之君子惟务致其良知，则自能公是非、同好恶，视人犹己、视国犹家，而以天地万物为一体，求天下无治，不可得矣。古之人所以能见善不啻若己出，见恶不啻若己入，视民之饥溺犹己之饥溺，而一夫不获若己推而纳诸沟中者，非故为是而以薪天下之信己也，务致其良知，求自慊而已矣。尧、舜、三王之圣，'言而民莫不信'者，致其良知而言之也；'行而民莫不说'，致其良知而行之也。是以其民熙熙皞皞，'杀之不怨，利之不庸'，'施及蛮貊，而凡有血气者莫不尊亲'，为其良知之同也。呜呼！圣人之治天下，何其简且易哉！"

阳明认为，尧、舜、三王之所以能治理天下并保证其政治活动的正当性，其实道理非常简单，那就是本着"良知"而言行。政治家作为掌握政治资源进行政治统治和社会治理的一方，如果按照"良知"处理政治事务，必然符合民众的愿望，因为不管是政治人物还是一般民众，其所具有的"公是非""同好恶"的良知是一样的，这就是"内圣外王"得以实现的学理性依据。基于"良知"，万物一体，上下一致，圣凡同心，天下便可得而治也。这个境界，也是包括王阳明在内的传统儒者梦寐以求的大同社会。

在阳明看来，"后世良知之学不明，天下之人用其私智以相比轧"，导致天下祸乱不断的根源就在于不能将人我与万物视为一体。他用了一个很形象的比喻"彼此藩篱之行"来形容这种状况中的人，人人囿于一己之私，无形之中就与世间其他万物产生了隔离与疏远，这是一切"恶"得以产生的病根。找到了病因，自然而然就引出了医治此病的药方，那就是人人要"致良知"。

（三）《亲民堂记》《大学问》中的"大人者，以天地万物为一体也"

嘉靖四年（1525），王阳明在为绍兴知府南大吉所作的《亲民堂记》中基于"明德亲民"的逻辑推演，提出"大人者，以天地万物为一体也。夫然后能以天地万物为一体"。南大吉听了阳明的解说，感叹道："甚哉！大人之学若是其简易也。吾乃今知天地万物之一体矣！吾乃今知天下之为一家、中国之为一人矣！'一夫不被其泽，若己推而内诸沟中'，伊尹其先得我心之同然乎！"先是，在嘉靖三年九月，王阳明曾赋诗《碧霞池夜坐》，其中有"莫谓天机非嗜欲，须知万物是吾身"云云，这也是对"万物一体之仁"的阐释，意在反对嘉靖朝"大礼议"对群臣的迫害。

王阳明在嘉靖六年（1527）所成的《大学问》中再次提出了"大人者，以天地万物为一体"的论断："大人者，以天地万物为一体者也，其视天下犹一家，中国犹一人焉。若夫间形骸而分尔我者，小人矣。大人之能以天地万物为一体也，非意之也，其心之仁本若是，其与天地万物而为一也。岂惟大人，虽小人之心亦莫不然，彼顾自小之耳。是故见孺子之入井，而必有怵惕恻隐之心焉，是其仁之与孺子而为一体也；孺子犹同类者也，见鸟兽之哀鸣觳觫，而必有不忍之心焉，是其仁之与鸟兽而为一体也；鸟兽犹有知觉者也，见草木之摧折而必有悯恤之心焉，是其仁之与草木而为一体也；草木犹有生意者也，见瓦石之毁坏而必有顾惜之心焉，是其仁之与瓦石而为一体也；是其一体之仁也，虽小人之心亦必有之。……故夫为大人之学者，亦惟去其私欲之蔽，以自明其明德，复其天地万物一体之本然而已耳；非能于本体之外而有所增益之也。"这里，阳明以"一体之仁"作为理论预设，以证明"万物一体"之所以可能的依据，就在于儒学核心观念——"仁"；"仁"是整个宇宙包括人类在内的整体性、一体性得以建立的依据。

与此同时，基于"明德亲民"的叙事逻辑，王阳明再次论证

"天地万物为一体"得以实现的可能："明明德者，立其天地万物一体之体也。亲民者，达其天地万物一体之用也。故明明德必在于亲民，而亲民乃所以明其明德也。是故亲吾之父，以及人之父，以及天下人之父，而后吾之仁实与吾之父、人之父与天下人之父而为一体矣；实与之为一体，而后孝之明德始明矣！亲吾之兄，以及人之兄，以及天下人之兄，而后吾之仁实与吾之兄、人之兄与天下人之兄而为一体矣；实与之为一体，而后弟之明德始明矣！君臣也，夫妇也，朋友也，以至于山川鬼神鸟兽草木也，莫不实有以亲之，以达吾一体之仁，然后吾之明德始无不明，而真能以天地万物为一体矣。"王阳明通过"万物一体"的精神境界的设想，认为每个人的道德进展最终必然指向人己物我的浑然同一，泯灭和消除各种存在特别是人己物我之间的隔阂、疏离、分歧乃至纷争，最终实现"天地万物为一体"，也就是人与宇宙万物和谐共存的理想境界。王阳明的"万物一体"思想在其晚年得以提出并强调，充分表明阳明学的理论旨趣不仅在于完善个体性道德的提升，更在于重建社会性道德的理想秩序以及人类社会和谐共存的理想世界。

六、"四句教"

嘉靖六年（1527）九月八日，也就是56岁的王阳明出征两广之前一天，他晚年最有名的两大弟子钱德洪、王畿围绕如何理解王门四句教"无善无恶是心之体，有善有恶是意之动，知善知恶是良知，为善去恶是格物"，产生了不同的看法。今人束景南根据朱得之的《稽山承语》考证出嘉靖五年春，王阳明在与门人杨文澄的师生答问中首揭"王门四句教"，朱得之予以记录："杨文澄问：'意有善恶，诚之将何稽？'师曰：'无善无恶者心也，有善有恶者意也，知善知恶者良知也，为善去恶者格物也。'曰：'意固有善恶乎？'曰：'意者心之发，本自有善而无恶，惟动于私欲而后有恶也。惟良知自知之，故学问之要曰致良知。'""四句教"一般被后世学者认为是王阳明晚年"定论"，即阳明良知心学思想的高度概括和凝练总结，大意是说，人心之本体晶莹纯洁、无善无恶，但意念一经产生，善恶也随之而来；能区分何为善、何为恶的这种能力，就是"良知"的发用；而格物、正心的功夫，就是"为善去恶"。

在如何理解"四句教"上，钱德洪基本上是恪守师说，认为"四句教"也就是"四有说"，实际上是"一无三有说"，是阳明先生教人的定本。王畿则认为，阳明所说只是权宜之法，并非"究竟话头"，若"心"是无善无恶的心，根据阳明心学"心意知物，只是一事"的说法，那么"意""知""物"也皆是无善无恶的了，是为"四无说"。当天晚上，两人在王阳明居所也就是新建伯府内的天泉桥上，再次就"四句教"的教法与本义求证于阳明。阳明解释说，他的教法，本来有两种："四无说"一悟本体，即是功夫，是为上根人立教，但世间上根人不易得，若轻易用此教法，恐只养成一个虚寂；"四有说"则为中根以下人立教，因这类人有习心在，故要求在意念上用为善去恶的功夫，如果都用"四有说"，则上根人兼修中下，自无流弊。这天晚上阳明师徒之间的这次谈话，又被称为"天泉证道"。应该指出，根据阳明的说法，"四有说"（"一无三有说"）、"四无说"并行不悖，相资为用，不可"各执一边"。因为这两说只是针对的教化对象不同而已，前者是为中根以下人立教，后者为像王畿这般的上根人立教，但是"利根之人，世亦难遇"，这种教法也有可能落入禅佛式的"空想"与"虚寂"的弊端，理应提防。总之，在阳明这里，"四句教"就是他本人晚年的"定论"，"以后与朋友讲学，切不可失了我的宗旨"。

以上所述是钱德洪在自己最终编订的《传习录》，确切说是《传习续录》中关于"天泉证道"的记载，《阳明先生年谱》"嘉靖六年九月条"中也有记录。王畿在《天泉证道记》一文中亦有记载，但与钱德洪的记载略有差异。没有直接参与这次谈话的邹守益在《青原赠处》中也有类似的记载，但其中"无善无恶心之体"一句记为"至善无恶者心"。而钱德洪在《复杨斛山》的一封书信中，又用"无善无恶"与"至善至恶"来描述"人之心体"。实则，无论阳明在世时，还是阳明去世后，"四句教"一直是聚讼不已的"学术公案"，万历年间，周汝登、许孚远在南京有《九谛》《九解》之辨。明末东林学者顾宪成也反对王阳明的"无善无恶心之体"说，刘宗周、黄宗羲师徒更是否定"四句教"非阳明所说，认为其只是钱德洪、王畿的记载，也指出"四句教"本身存在矛盾。王夫之则批评王阳明"天泉付法，止依北秀（指神秀）、南能（指惠能）一转语作葫芦样"，认为阳明的说法是模仿禅宗。

嘉靖六年（1527）九月九日，王阳明从绍兴城出发征思恩、田州，钱德洪、王畿送行，十日，从钱塘至杭州，同游杭州天真山、吴山、月岩，俱有诗。二十日左右，过桐庐富春江，阳明一行在桐庐知县沈元材陪同下抵达严滩（钓台），建德知县杨思臣亦来。在严滩，阳明与王畿之间有借用佛教实相、幻相说申论"有无合一""本体功夫合一"的"严滩问答"。之后，王畿、钱德洪与阳明拜别。

阳明学史上著名的"严滩问答"与"天泉证道"一起，构成了王阳明心学的"晚年定论"。"严滩问答"其实是"天泉证道"的继续，二者的相同之处在于二者都是借"有无之辨"来谈论"致良知"之教中的"本体功夫合一"问题。"严滩问答"与"天泉证道"相仿，也是四句话，可称之为"严滩四句教"。实则，"严滩问答""天泉证道"的主角都是王畿，钱德洪扮演的角色基本上是见证者。在这场师生的答问中，王畿与王阳明之间保持了一定程度的默契，这从钱德洪记载的"先生然其言"可以看出。依据"有无之辨"的哲学要义，在王畿看来，"有心俱是实，无心俱是幻"，坚持了"有"的立场，"有心"就是肯定了本心、习心之别和善、恶之实存，从"有心"也就是"良知心体"出发，就要做"为善去恶"的格物、正心功夫，这"是本体上说功夫"。作为"功夫上说本体"的"无心俱是实，有心俱是幻"，坚持了"无"的立场，"无心"即是从无善无恶的本心（前文"四句教"第一句的"无善无恶心之体"）出发，处处皆善，本体、功夫合二为一，至善之心是一个本真的存在。因此，这里的"有心俱是幻"，是说儒家道德判断上善恶之别即如佛家之幻象，不是究竟之存在。总之，在阳明这里，良知作为心之本体，是一种"有无相即""虚实一体"的存在，基于"本体功夫合一"的理路，"即本体"便是功夫，"即功夫"便是本体，而基于"良知"与"致良知"更是"知行合一"——这也是阳明心学之"有无合一"的圆融圆满义。

第二章

阳明学的传承与发展

王阳明一生活动足迹几乎遍及大半个中国，与之相随的是其讲学活动也遍布大江南北。正如论者所云，"姚江之学，嘉、隆以来，几遍天下矣"，"阳明先生之学，风行天下"。黄宗羲《明儒学案》云，阳明先生"致良知"一语，"发自晚年，未及与学者深究其旨，后来门下各以意见掺和，说玄说妙，几同射覆，非复立言之本意"。故而诸门生对阳明先生"良知"本体与"致良知"工夫的理解、阐发、参悟不同，直接导致了阳明后学的分化。这是阳明学在明代中后期的传承与发展。

梁启超在《中国近三百年学术史》中认为："凡一个有价值的学派，已经成立而且风行，断无骤然消灭之理，但到了末流，流弊当然相缘而生。继起的人，往往对于该学派内容有所修正，给他一种新生命，然后可以维持于不败。"毫无疑问，阳明学派作为一个在明代中后期"门徒遍天下，流传逾百年"的有价值的儒家学派，其传承在明清易代后绝不会戛然而止，此即清代阳明学、民国阳明学以及现当代的阳明学研究。

第一节　阳明后学概述

关于阳明后学，依照黄宗羲《明儒学案》的地域划分法，主要有浙中、江右、南中、楚中、北方、粤闽、泰州七大派，还有江右李材的止修学，以及近年来学界同仁陆续发掘并得以确认的黔中王学、蜀

《明儒学案》书影

中王学、滇中王学、徽州王学等。以《明儒学案》所涉"阳明后学"为统计对象：浙中王门31人、江右王门33人、南中王门9人、楚中王门2人、北方王门7人、闽粤王门9人、止修学派1人、泰州学派28人，凡120人。可以看出阳明后学有人数众多庞大、地域分布广泛、流传时间久远的基本特征。

一、浙中王学

关于浙中王学，系指明代中后期浙江行省区域内的王门后学。

黄宗羲《明儒学案》卷十一《浙中王门学案》"小序"云："姚江（阳明）之教，自近而远，其最初学者，不过郡邑之士耳。龙场而后，四方弟子始益进焉。"说明浙中是阳明学的发祥地和最早传播地。黄宗羲在《浙中王门学案》中列徐爱、蔡宗兖、朱节、钱德洪、王畿、季本、黄绾、董沄、董穀、陆澄、顾应祥、黄宗明、张元冲、程文德、徐用检、万表、王宗沐、张元忭、胡瀚等19人为浙中王门学者；"小序"中又言范瓘、管州、范引年、夏淳、柴凤、孙应奎、闻人铨、黄骥、黄文焕、黄嘉爱、黄元釜、黄夔等12人为浙中王门弟子；又在《泰州学案》《甘泉学案》中为周汝登、陶望龄、刘塙、唐枢、蔡汝楠、许孚远等6名浙籍王门学者立传。《明儒学案》"附案"中有永康阳明学者应典、周莹、卢可久、杜惟熙等4人，以及慈溪阳明学者颜鲸1人，统计《明儒学案》，其中提及的浙江籍阳明学者达42人之多。此外，季本弟子徐渭、王畿门人袁了凡，也属于浙中王门学者。

二、江右王学（含止修学派）

江右王门，顾名思义，指阳明良知心学的江右传人，抑或指称江西籍的阳明弟子门人及后学群体。王阳明在江西境内的政治、军事、学术活动时间长达八年之久，故而在江西的门生最多，留下的学术遗产较之他处更为丰硕。无怪乎，明清之际的学术大家黄宗羲在编撰《明儒学案》之时，专辟八卷（即卷十六至卷二十三），来述评"江右王门学案"，且宣称："姚江之学，惟江右为得其传，东廓、念庵、两峰、双江其选也。再传而为塘南、思默，皆能推原阳明未尽之旨。是时，越中流弊错出，挟师说以杜学者之口，而江右独能破之，阳明之道赖以不坠。盖阳明一生精神，俱在江右，亦其感应之理宜也。"

黄宗羲《明儒学案》卷十六至卷二十三《江右王门学案》为江右王门学者立学案27个，涉及学者33人，分别是：邹守益（附：邹善、邹德涵、邹德溥、邹德泳）、欧阳德、聂豹、罗洪先、刘文敏、刘邦采、刘阳（附：刘印山、王柳川）、刘晓、刘魁、黄弘纲、何廷仁、陈九川、魏良弼、魏良政、魏良器、王时槐、邓以讚、陈嘉谟、刘元卿、万廷言、胡直、邹元标、罗大纮、宋仪望、邓元锡、章潢、冯应京。

此外，《明儒学案》卷五十三《诸儒学案下一》中的舒芬，也是南昌进贤籍的阳明门人，《传习录·下》中有不少舒芬问学阳明先生的记载。郭子章也是晚明时期的江右籍阳明学者。

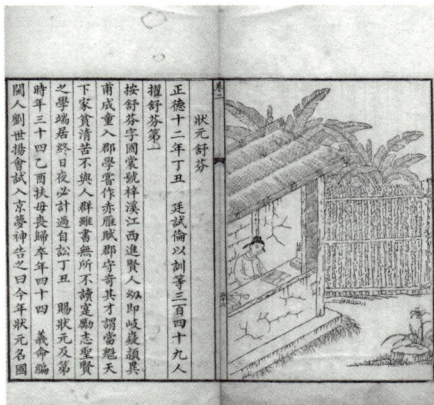

江右王门学者舒芬

"止修学派"名称源于《明儒学案》卷三十一《止修学案》，黄宗羲将其置于"粤闽王门学案"之后、"泰州学案"之前，鉴于"止修学案"案主李材系江西丰城人，同时其父李遂师从阳明，而李材系王门之"宗子"邹守益的传人，故而本

阳明先生讲学场景

书把李材所开创的"止修学派"视为"江右王学"的一个组成部分。止修学派传人有：王尹卿、陈永宁、韦纯显、朱汝桓、陆典、徐献和、涂及甫等。

三、南中王学

南中王门，主要指明代南直隶（今安徽、江苏、上海）地区的阳明门人。据《阳明先生年谱》记载，正德八年（1513）冬十月，阳明至安徽滁州督马政，地僻官闲，日与门人遨游山水间，诸生随地请正，旧学之士亦皆日来臻，于是从游之众自滁始；正德九年四月，阳明升南京鸿胪寺卿，直至十一年九月离开南都至江西。简言之，正德八年至十一年，阳明在南畿任职、讲学之时，不少才俊通过游学等方式师从阳明先生；再加上不同时期亲炙阳明的南直隶地区的王门弟子，蔚成"南中王门"。

阳明在世时，南中王门弟子有王艮（见"泰州学派"）、黄省曾、朱得之、戚贤、周冲、冯恩、程默等；阳明殁后，浙中王门钱德洪、王畿讲学于此，江右王学邹守益、欧阳德、何廷仁官于南都，从之者甚众，诸如贡安国、查铎、沈宠、萧念、萧良榦、戚补、张棨、章时鸾、程大宾、郑烛、姚汝循、殷迈、姜宝、周怡、薛应旂、唐顺之、唐鹤征、徐阶、杨豫孙等。黄宗羲《明儒学案》卷二十五至二十七专辟"南中王门学案"予以论列。此外，按地域划分，师从焦竑的晚明学者徐光启（明南直隶松江府上海县人）亦应归入"南中王学"。

四、楚中王学

楚中王门是指今湖北、湖南区域的阳明学者群体。《明儒学案》

卷二十八《楚中王门学案》卷首载："楚学之盛，惟耿天台一派，自泰州流入。当阳明在时，其信从者尚少。道林、暗斋、刘观时出自武陵，故武陵之及门，独冠全楚。观徐曰仁《同游德山诗》，王文鸣应奎、胡珊鸣玉、刘瓛德重、杨祄介诚、何凤韶汝谐、唐演汝渊、龙起霄止之，尚可考也。然道林实得阳明之传，天台之派虽盛，反多破坏良知学脉，恶可较哉！"黄宗羲这里提到的楚中王门学者有湖北黄安籍的耿定向、耿定理兄弟，已划入"泰州学派"；武陵籍门人有蒋信、冀元亨、刘观时，此外还有王应奎、胡鸣玉、刘德重、杨介诚、何汝谐、唐汝渊、龙止之等人。

五、北方王学

"北方王门"提法见于黄宗羲《明儒学案》卷二十九《北方王门学案》，指明代中后期在北方地区（山东、河南与陕西）研究和传播阳明心学的学者群体，主要有穆孔晖、张后觉、孟秋、尤时熙、孟化鲤、杨东明、南大吉等，还有王阳明早年弟子王道（后学宗程朱，脱离"王学"阵营）。今人编校整理《北方王门集》（上海古籍出版社2017年版），又增补赵维新、王以悟、张信民等为"北方王门学者"。

六、粤闽王学

粤闽王学，顾名思义，指明代中后期广东、福建籍的阳明门人弟子。黄宗羲《明儒学案》卷三十专辟"粤闽王门学案"，主要为"行人薛中离先生侃""县令周谦斋先生坦"二先生立学案，此外还有方献夫、薛尚贤、杨骥、杨仕鸣、梁焯、郑一初、马明衡等7人的小传。

　　黄宗羲认为可列入"闽中王门"的著书之学者唯有马明衡一人，《明儒学案》卷三十《粤闽王门学案》云："闽中自子莘（马明衡）以外，无著者焉。"《明史·马明衡传》云："闽中学者，率以蔡清为宗。至明衡，独受业于王守仁，闽中有王氏学，自明衡始。"于此可见马明衡在"闽中王学"中的学术领袖地位。

七、泰州学派

江苏泰州学派纪念馆

　　《明儒学案》卷三十二至三十六为《泰州学案》，因该学派创始人王艮系南直隶泰州人，故名曰"泰州学派"。主要指今江苏泰州一带的阳明学者，也包括与泰州王学所倡学术宗旨相近、有学脉传承的一批江西、四川、广东、浙江、湖北、福建、江苏籍的阳明学人。《泰州学案》所选阳明学者，即泰州王门学者有：王艮、王襞（附朱恕、韩乐吾、夏叟）、徐樾、王栋、林春、赵贞吉、罗汝芳、杨起元、耿定向、耿定理、焦竑、潘士藻、方学渐、何祥、祝世禄、周汝登、陶望龄、刘塙等21人。此外《泰州学案》"小序"录泰州学派学人颜钧、梁汝元（何心隐）、邓豁渠、方与时、程学颜、钱同文、管志道等7人。此外，李贽也是泰州学派一系的阳明学者，因其思想属"异端"，黄宗羲不为其立"学案"。从师承、学脉上讲，汤显祖（师从罗汝芳）、徐光启（师从焦竑）、袁宗道、袁宏道、袁中道等，也属"泰州学派"阳明学者。

第二节 清代阳明学概述

阳明学派在清代亦有学术传人。

明清易代之际，理学反思批判思潮兴起，不同学者基于不同立场对阳明学的态度不同：黄宗羲、万斯同、毛奇龄、张岱、沈国模、史孝咸、王朝式、韩孔当、邵廷采、全祖望、章学诚等浙东学者传承阳明学学脉，把王阳明的"五经皆史"说转型为"通经致用""言性命者必究于史"的经史之学，是为清初阳明学在阳明学策源地浙东的"传承者"；关学

修文龙冈书院阳明先生雕塑

（以李二曲、王心敬等为代表）、北学（以孙奇逢、汤斌等为代表）、颜李学派（以颜元、李塨为代表）诸学者"笃守程朱，亦不薄王守仁"，主张朱王"相剂为用"，完成了讲究"明体适用"的"实学"转化，是为清初阳明学的"同情者"；顾炎武、王夫之、朱舜水等视阳明学为"近于禅学"的"明心见性之空言"，在明亡之后以遗民身份对阳明心学予以批判；浙西学者张履祥、吕留良、陆陇其以"王学误国"为由，"由王返朱"，力辟"姚江之学"；张烈、熊赐履、朱泽沄、李光地等程朱派理学家以"以异端害正道，阳儒阴释"为由，对阳明良知说予以全盘否定，是为清初阳明学的"批判者"。总之，明清之际学术转型时期的阳明学，既有浙东学者的坚守与传承，也有以"空谈误国""阳儒阴释"为由给予的否定性批判，但批判的同时也有对阳明学"经世致用"精神的吸取，这助力了明清之际"实学思潮"的形成。

清代前中期的主流学术是乾嘉考据学，官方哲学是程朱理学，再加上清廷禁止文人结社讲学，阳明学几乎没有生存的学术土壤。乾嘉考据学中的吴派（以惠栋、江藩为代表）、皖派（以戴震为代表）、扬州派（以焦循等为代表）提倡经学的考证训诂，认定"考证之学仍皆圣贤之学，良知之学则无此学"，是为清中叶阳明学的"批判者"；官修《明史·王守仁传》称"终明之世，文臣用兵制胜，未有如守仁者"，并首次提出"阳明学"的学术命题，《钦定四库全书总目·王文成全书》"不独事功可称，其文章自足传世"的认定，足见清廷官方对王阳明及其学术较为客观中正的评价，是为清中叶阳明学的"中立者"；也正是由于官方的中立态度，清中期也有不少阳明学者，比如为陆王心学争正统的江右学者李绂、何国材，"由陆王以入净土"的彭绍升、罗有高、汪溍、薛起凤等，是为清中叶阳明学的"传承者"，但主流学术界几乎没有他们的声音。由于考据学注重考证训诂、提倡实证、不尚空谈的学风不利于心性之学的传播，故而在考据学、理学夹缝中存活的阳明学在清中叶因受到压制，处于"沉潜期"。

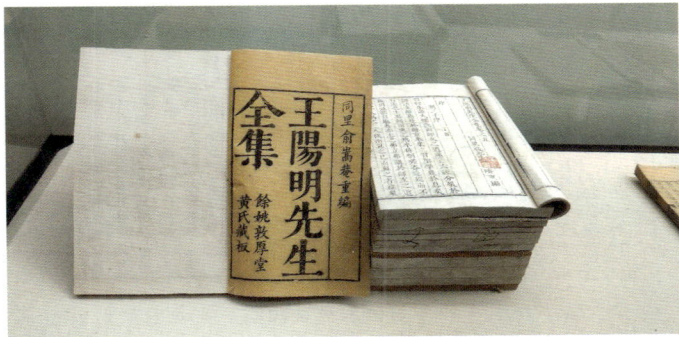

清刻本《王阳明先生全集》

面对"数千年未有之大变局"，晚清今文经学盛行、西学东渐不断深入，作为官方哲学的理学受到严重冲击，阳明学在救亡图存的时局中开始"复兴"。罗泽南、贺瑞麟、吴廷栋等理学家，延续理学家对阳明学责难的一贯立场，是为晚清阳明学的"批评者"；道光年间也有以宗稷辰、胡泉、刘光贲等为代表的阳明学传承者，是为阳明学的"传承派"；以龚自珍、魏源为代表的改革派，以曾国藩、李鸿章、张之洞等为代表的洋务派，以王韬、严复、康有为、梁启超、谭嗣同等为代表的维新派，以章太炎、刘师培、蔡元培、孙中山等为代表的革命派，基于不同的考量，不约而同地发出"今欲振中国之学风，其惟发明良知之说"的呼声，是为清代后期阳明学的"复兴者"。

晚清阳明学的复兴，有别于明代中后期"风行天下"的阳明

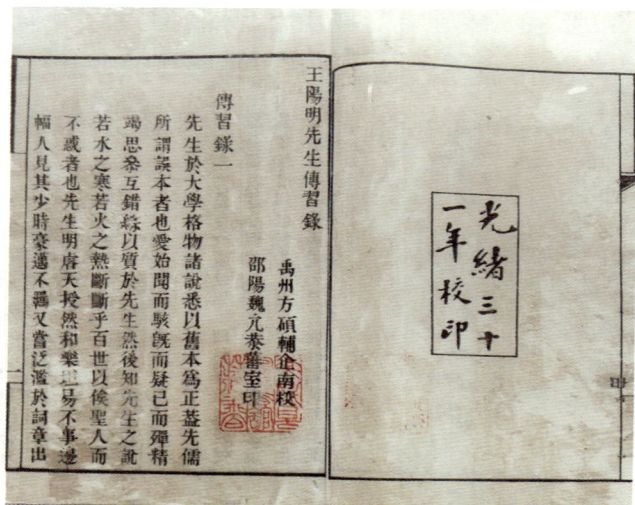

清光绪三十一年石印本《王阳明先生传习录》

学，因西学输入而杂糅有新的思想元素，比如日本阳明学及明治维新的外力刺激，突出强调阳明学的"外王事功"与"经世致用"精神，而阳明心学"反求诸心""自作主宰"的主体性与西学中的"意志自由"、心理学、唯心论等具有比附、相通之处。比如早年"究心阳明之学"的魏源，提出过"心在身中""身在心中"的身心合一命题。龚自珍主张"心力说"，认为自我创造世界一切的力量来自主观精神的"以心之力"："天地，人所造，众人自造，非圣人所造。……众人之宰，非道非极，自名曰我。"在他看来，"心力"是世界的真正动力因，"我"是世界第一原理，天地万物都是众人凭意志力创造的结果。康有为说："欲救亡无他法，但激励其心力，增长其心力。"谭嗣同在《仁学》中也提倡"心力"，并认为"心之力量虽天地不能比拟，虽天地之大可以由心成之、毁之、改造之，无不如意"。自主自立是近代中国的发展潮流，龚自珍、康有为、谭嗣同等近代思想家主张以"心力"来改造天地，即改造现实社会，这就构成了中国近代的唯意志论，其中就有阳明学尤其是泰州学派所提倡的崇尚自由、个性解放的"心学"元素。

第三节　民国阳明学概述

本书所言"民国"指 1912 年元月中华民国正式建立至 1949 年中华人民共和国成立这一段时间。举凡在这一时间段内相关学者及其公开出版发行的阳明学文献，都列入"民国阳明学"关注的内容。

在笔者看来，现代阳明学文献依据报刊、文献、论著等载体的性质，可以分为三大类。

第一类是 1912 至 1949 年公开刊印的不同版本的《王阳明全集》《王文成公全书》《传习录》《阳明文选》《王阳明年谱》等，有刊刻本、影印本、石印本、排印本、铅印本，更有新式标点本，还有《传习录》的注释本，这足以说明王阳明与阳明学在民国年间知识界、出版界的广泛影响。

第二类是 1912 至 1949 年出版的专家学者研究王阳明与阳明学的著作，主要有谢无量的《阳明学派》、余重耀的《阳明先生传纂：附阳明弟子传纂》、孙毓修的《王阳明》、胡越的《王阳明》、太虚

民国二年影印本《王文成公全书》

的《论王阳明》、张绵周的《陆王哲学》、胡哲敷的《陆王哲学辨微》、钱穆的《王守仁》、王勉三的《王阳明生活》、唐文治的《阳明学术发微》、宋佩韦的《王阳明与明理学》、陶行知的《教学做合一讨论集》、贾丰臻的《阳明学》、嵇文甫的《左派王学》、宋云彬的《王阳明》、欧阳伯惠的《王阳明学说类编》、王企仁的《阳明学大纲》、梁启超的《王阳明知行合一之教》、陈建夫的《王阳明的学说及其事功》、马宗荣的《王阳明及其思想》、贺麟的《近代唯心论简释》《五十年来的中国哲学》、王禹卿的《王阳明之生平及其学说》、嵇文甫的《晚明思想史论》、胡秋原的《王阳明诞生五百年（1472—1528）》、陈健夫的《王阳明学说及其事功》、游有维编订、江谦选集的《阳明致良知学》等。由此，我们可以得知，民国时期的阳明学属性不同于明清时期儒家学统、道统，即信仰意义的阳明学，而是进入现代学术视域中的学术研究意义的阳明学，研究主题主要涉及王阳明的生平事迹、学术范畴（"知行合一""致良知"）、思想特质，兼及阳明学派的绍述。与此同时，传统儒家意义上的阳明学接榫西方哲学"新心学"的学术体系也在建构之中，这在贺麟的《近代唯心论简释》《五十年来的中国哲学》中有充分的体现。

　　第三类是 1912 至 1949 年报刊上公开发表的阳明学论文以及与王阳明与阳明学有关的讯息汇编。为便于了解更多讯息，本书还收录了 1903 至 1911 年报刊上刊载的阳明学论文。王阳明的生平事略在辛亥革命过程中也发挥着一定作用，这体现在 1911 年第 8 期《军中白话宣讲书》上的两篇文稿《明季大战术家兼大教育家王阳明先生事略》《大战术家兼大教育家王阳明行政管理》。通览 1912 至 1949 年在报刊上公开发表的阳明学论文以及与王阳明及阳明学有关的讯息，我们可以获知关于民国阳明学的诸多特质以及民国阳明学的丰富内涵。

　　首先，王阳明画像、王阳明先生像赞以及王阳明的书法作品、诗歌、经典名句等，经常在不同期刊上予以刊登。比如 1913 年第 6 期的《教育研究（上海）》、1924 年第 1 期的《华国》、1936 年第 7 期的《国学论衡》、1937 年第 3 期的《国本》均刊登有《王阳明先生像》，1916 年第 2、3 期的《广仓学演说报》上刊载有《王阳明训子歌》《王阳明先生咏良知四首示诸生》，1923 年第 2 期的《杭州青年》上刊登王阳明的格言"种树必培其本，种德必培其心"，1935 年第 2 期的《卫理》上选录《王阳明诗（十一时诗随父游金山而作）》，1926 年第 2 期的《西北汇刊》上刊登王阳明格言《与朋友论学》，1937 年第 8 期的《重大校刊》上选录王阳明诗歌《示宪儿》，1943 年《孔学》创刊号上刊登《王阳明之白话诗》三种。

　　其次，全国各地的王阳明遗迹，比如余姚龙山祭忠台、余姚龙泉山王阳明先生讲学处、绍兴王阳明先生祠堂、王阳明墓、贵州修文龙场驿王阳明先生祠堂、贵阳扶风山王阳明先生祠，时常以咏史诗歌、散文游记的形式在报刊上被介绍。1937年第3期的《国本》上刊登了《王阳明墓》的照片。

再次，不少日本阳明学者的论文，经翻译后在中国的期刊上予以刊登。日本阳明学大家中江藤树的画像在《教育世界》1907年第166期上刊登。邱开骏译日本阳明学者井上哲次郎的《日本阳明学派之哲学》在1915年第2、3期以及1916年第4期的《宗圣汇志》杂志上公开发表。此外，1918年至1919年，《安徽教育月刊》上刊出章浑翻译井上哲次郎的《日本阳明学派之哲学（丙）》。高濑武次郎的《王阳明性说剖释》刊登在《新中国》1919年第6期，高濑武次郎的《王阳明与斐希脱》刊登在《东方杂志》1928年第8期，忽滑谷快天的《王阳明学问之素养与禅学》连载于《南瀛佛教会会报》1928年第2至5期。1928年第16期的《国立第一中山大学语言历史学研究所周刊》上刊登蒋经三的《日本研究阳明学说书目介绍》。这也说明，日本明治维新以来发生的"阳明学热"对民国时期的"阳明学热"具有反哺的助推作用。

民国期间的阳明学研究主题主要涉及王阳明的生平事迹、教育思想、政治思想、哲学思想以及对阳明学核心命题"良知""致良知""诚意""知行合一""四句教"的阐释，同时，王阳明的比较研究也是学界关注的一个话题。更为重要的是，王阳明作为16世纪东方的哲学、军事大家的深远影响以及阳明学经世致用的理论性格在民国"救亡图存"的特殊时期也格外受到重视，这在李燕民的《兴王学以救时（致独立周报记者）》（载《独立周报》1912年第5期），薛桂轮的《论今日提倡王学足以救国及其提倡之法》（载《国学丛刊》1914年第1期），何章城的《研究阳明学说之管见》（载《沪江大学月刊》1926年第1期），刘晒南的《阳明学说足以救国说》（载《五九》1926年第12期），陈世英的《由阳明学说谈到中国民族的精神教育》（载《遗族校刊》1935第4、5期），唐文治的《阳明学为今时救国之本论》（载《学术世界》1935年第3期、《国专月刊》1936年第5期、《大夏半月刊》1939年第1期、《辰光》1939年第3期），素澂的《王阳明学说在今日之价值》（载《道德月刊》1936年第6期）等文章中均有体现。

1940至1941年间，浙江山阴人王心湛在上海法租界发起成立了阳明学社，还创办了《阳明学》杂志（一作《阳明学月刊》），共发行8期（1940年2期，1941年6期），刊文百余篇（含王阳明诗文选）。《阳明学》创刊号上有文《阳明学社源起序》，并刊有《阳明学社简章》《本社成立通启》等。王心湛本人的《阳明学讲义》先在《阳明学》杂志上连载，又在1941年第6期的《阳明学》上重刊，1941年由海地法师刊印。在创刊出版《阳明学》杂志伊始，王心湛就致函时在四川乐山复兴书院讲学的马一浮，希望他能为《阳明学》赐稿。马一浮未能就阳明学撰文，但赋诗一首《寄题王心湛〈阳明学〉》，并转告另一高足王培德："阳明学亦当从躬行体验入，而（王）心湛乃以杂志导之。恐后生唯务口说、堕标榜，故因其来信，颇与箴砭。"王心湛把马一浮的赠诗刊登在《阳明学》上，同时有《蠲师寄题学刊敬次原韵奉和》《再和前韵》刊登在《阳明学》1941年第3期上。

由于国民党官方哲学中的阳明学元素，像孙文学说中的"知难行易"、蒋介石提倡"力行哲学"，再加上"新生活运动"的提倡，也有研究阳明学与当时政治哲学关系的论文。例如，张振的《孙文学说与阳明学说：孙文学说申论之第五章》（载《革命军人》1928年第5期），张九如的《论总理总裁阳明学说之异同：代中宣部批示李钟汉》（载《中央周刊》1941年第35期），李本生的《孙文学说与阳明学说》（载《时代公论》1947年第10期），刘建民的《总理遗教：孙文学说与阳明学说》（载《政工周报》1941年第4期）。

王阳明与阳明学在民国时期是高校校园、教室讲堂上的一个热议话题。比如，1922年梁漱溟在北京高等师范学校的公开讲演评述民国时期也是现代意义上具有学术研究性质的谢无量《阳明学派》（上海中华书局1915年版）一书，而梁漱溟的演讲稿被各大报刊转载，先是，1923年《新漓潮》的创刊号刊登梁漱溟《评谢著阳明学派（在北京高师讲演稿）》一文，1923年第1、2期的《六中汇刊》再刊登梁漱溟的《评谢著阳明学派》，1924年第2期的《国文学会丛刊》同时刊登汪震的《读〈评谢著阳明学派〉》，1927年第440至453期的《来复》连载梁漱溟的《评谢著阳明学派（民国十一年在北京高等师范讲演）》，这是足以说明梁漱溟在北京高等师范学校的公开讲演的传播力度是前所未有。1924至1925年，马叙伦在北京大学哲学系开设"王阳明哲学"的课程，这在《北京大学日刊》1924年第1492、1570、1571、1782、1784期的"本校布告"中均有发布。此外，1924年第1380、1381、1382期的《北京大学日刊》上也刊载了吴康的《阳明学说述要》。1926年底，梁启超在北京学术讲演会及在清华大学以《王阳明知行合一之教》为题进行了多场演讲，演讲稿在报刊上连载。1926年12月20日至1927年2月12日的北京《晨报·副刊》连载了《王阳明知行合一之教》的全文。1927年第1、2期的《国学论丛》，1927年第13、14期的《国际公报》，1927年第1、2期的《山东教育月刊》也分别刊载了《王阳明知行合一之教》。1936年第3期的《江苏学生》刊登了阮真的一篇《阳明学说》讲座稿。1936年，浙江大学景昌极教授在浙江大学"浙江学术讲座"上以"王阳明学说"为题进行演讲，详见1936年第98、100期的《国立浙江大学日刊》。抗日战争时期，王阳明的生平事迹是教育大学生的案例，1938年11月1日浙江大学校长竺可桢在广西宜山开学式上的致辞就是《王阳明先生与大学生的典范》（载《国立浙江大学校刊》1938年复刊第1至3期、《浙大学生》1941年复刊第2期）。

民国时期关于阳明后学的研究，主要集中在对李贽等"王学左派"的人物研究上，比如1916年第3、4期的《进步杂志》刊载吴虞的《明李卓吾别传》，1932年第1期的《金陵学报》刊登黄云眉的《李卓吾事实辨正》，1934年第2期的《河南大学学报》刊登嵇文甫的《李卓吾与左派王学》，1935年第18期的《福建文化·上集》中刊载日本学者铃木虎雄的《李卓吾年谱》和朱维之的《李卓吾的性格》《李卓吾思想》《李卓吾与新文学》等一系列论文。"李贽研究热"的缘由是作为"异端""儒教叛徒""左派之尤"的李贽思想具有反封建的思想解放精神、自由主体意识，契合民国时期的学术风格与时代精神。

值得关注的是，民国末期报刊二刊登的钱穆的《说良知四句教与三教合一》（载《思想与时代》1944年第37期）、《阳明良知学述评》（载《学原》1945年第8期）、《略论王学流变》（载《思想与时代》1947年第43期），唐君毅的《泛论阳明学之分流》（载《学原》1948年第1期），牟宗三的《王阳明致良知教》（载《历史与文化》1947年第3期、《理想历史文化》1948年第1期），开启了20世纪港台新儒家的道德形上学或曰西方康德哲学意义视域下阳明学研究范式。哲学史家任继愈发表的阳明学论文《宋明理学家的教育哲学：

从朱子到王阳明》（载《读书通讯》1947年第133期），历史学家吴泽发表的《李卓吾哲学思想的批判》载（《新中华半月刊复刊》1949年第13期），则拉开了中华人民共和国基于马克思主义哲学属性的王阳明与阳明后学研究的序幕。

第三章

浙江的阳明文化遗迹

根据钱德洪等编《阳明先生年谱》，我们可以推算出，王阳明一生57年的活动轨迹，遍布黄河流域、长江流域和珠江流域。他在浙江生活了26年（余姚16年、绍兴8年、杭州2年）；寓居北京16年；贬谪贵州，在修文、贵阳讲学2年；审囚江北进而游历安徽九华山、任职滁州时间共2年；在江苏扬州逗留、南京任职3年；在江西赣州、南昌平乱有7年；在广西平乱、广州讲学有1年。这些省域存留至今的阳明文化遗迹，主要包括与阳明有关的古遗址、古建筑（阳明故居、阳明墓、阳明祠）、书法摩崖、碑刻、画像、塑像，以及后世为纪念王阳明而以"阳明"命名的建筑、学校、街道等。限于篇幅，本书仅对浙江省域的阳明文化遗迹予以介绍。

第一节　余姚的阳明文化遗迹

　　见于文献记载的余姚历史，从虞、舜开始，先后有"舜耕历山""禹藏秘图"之说。春秋时期，余姚属越国；战国中期，余姚成为楚国辖地；秦时置余姚县，至今已有2200多年建县历史。余姚城素为县治所在，古城由南、北两城组成，北城始建于东汉建安五年（200），南城筑于明嘉靖年间，双城合璧，别具一格。姚江穿城而过，是余姚的"母亲江"。直至今日，余姚城区内原有的里巷格局、街道尺度、河网水系仍有相当部分保存完好，并与成片的民居构成了较完整的古城区风貌。

　　余姚历史文化名人辈出，有"东南最名邑""文献名邦"之美誉，梁启超曾说："余姚区区一邑，自明中叶迄清中叶，二百年间，硕儒辈出，学风沾被全国及海东。"王阳明是其中的佼佼者。从明成化八年（1472）在瑞云楼出生到成化十七年到京师求学，王阳明在余姚度过了童年；成化二十年王阳明生母郑氏病卒，其返乡葬母并守丧；弘治元年（1488），王阳明从余姚出发至南昌迎娶夫人诸氏，弘治二年底因祖父病卒从南昌回余姚；从弘治三年至弘治五年，王阳明在余姚攻读举业，中举后至京师参加会试；因第二次参加会试不中，于弘治九年至弘治十一年回籍余姚继续备考；弘治十五年，王阳明因病返乡，直至弘治十七年返回京师兵部任职，其间他在杭州、余姚、绍兴、苏州等地奔波；正德二年（1507）冬，王华致仕后迁家绍兴光相坊，之后，王阳明多在绍兴生活；正德八年六月，王阳明与弟子徐爱等有四明山白水冲、梁弄、汪巷等地之游；正德十六年九月、嘉靖四年（1525）九月，王阳明两次归余姚省祖茔，并讲学于龙泉山中天阁。以上所述，便是王阳明在余姚16年的生活、求学、游学、讲学的主要经历，余山姚水之间留下了极为丰富的阳明文化遗迹。

一、秘图山与王氏宗祠

今人诸焕灿《阳明先生年谱引证》考证，王阳明为姚江秘图山王氏十世孙。王阳明九世祖王季在两宋之际由上虞达溪（今余姚大岚镇隐地龙潭村一带）迁居余姚城内秘图山北一带定居，繁衍生息，王季系"姚江秘图山派王氏始祖"。清乾隆三十九年（1774），王谋文编"德逸堂"《姚江王氏宗谱·重修王氏家庙碑记》记："质庵公（王季）自达溪迁余姚之秘图山，八传至海日公（王华）。"王阳明父亲王华、祖父王伦、三世祖王杰，四世祖王与准、五世祖王彦达（号秘图渔隐）、六世祖王纲、七

王氏迁姚三世祖士元公造文成公七代遗像

世祖王士元、八世祖王俊以及九世祖王季，均居住在秘图山王氏宗祠附近。

明弘治四年（1491），20 岁的王阳明寓居余姚秘图山王氏居所，攻读举业之书。"男子二十冠而字"，王阳明当在王华、诸让等父辈主持下在秘图山王氏宗祠行冠礼，字伯安。

秘图山山体今尚存，附近有"秘图山路"。1949 年以后，"秘图山王氏宗祠"改建为柴行街小学，原宗祠屋宇被拆建、改造、迁移，现已不存；学校亦多次改名，现为"阳明小学"。姚江秘图山王氏宗祠今不存，遗址上建有阳明小学。

二、余姚王氏先祖墓

据今人诸焕灿考证，余姚境内王阳明先祖墓地有三处：禾山、竹山（伯山）、穴湖山。

禾山，是王阳明六世祖王纲墓所在地。该山位处余姚西北方向，前后两峰，俗称前禾山与后禾山。《光绪余姚县志·冢墓》载："参议王纲墓在禾山。"又据《王文成公全书·世德记·王性常先生传》载：王阳明六世祖王纲被海寇杀害于广东增城，其子王彦达以羊革裹尸，负之归余姚、葬禾山。今天的禾山，大部分被夷为农田，王纲墓具体位置亦难寻。

竹山（伯山），是王阳明五世祖王彦达、四世祖王与准、三世祖王世英等三兄弟，以及王华之弟王粲墓所在地。据《四明上箬王氏宗谱》卷三载：王彦达墓在竹山大樟树下；王彦达之子王与准墓在竹山；王与准之子王世英、王世杰、王世昌墓在竹山；王粲墓在竹山祖堂前。因是新建伯王阳明祖墓所在，故又称"伯山"。《光绪余姚县志·山川》载："伯山，在凤山东南，初亦名竹山，后以新建伯祖墓所在，改名。"竹山位于今阳明街道丰山前村之南侧，近年来由于城市改造与开发建设，竹山被挖并成为一处建筑用地。竹山王阳明先祖墓亦不存。

穴湖山，是王阳明祖父王伦墓所在地。杨一清《海日先生墓志铭》载：王华葬王伦于穴湖山，"遂庐墓"下。穴湖山至今尚存，由于文献中缺王伦墓址位置的详细记载，王伦墓尚未被确认。王阳明父亲王华、母亲郑氏，初殡于绍兴城南的石泉山，因水患改葬于天柱峰之阳。

正德十六年（1521）九月，王阳明归余姚省祖茔；嘉靖四年（1525）六月，王阳明《寄伯敬弟手札》有云："穴湖及竹山祖坟，雨晴后可往一视。"禾山、竹山、穴湖山的王氏先祖墓，是余姚阳明文化遗迹的一部分。

三、瑞云楼（余姚王守仁故居）

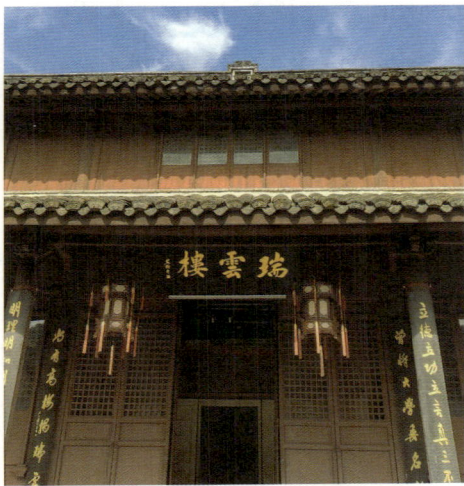

王阳明出生地：余姚瑞云楼

明成化八年（1472）九月，王阳明诞生于余姚北城一处由其祖父租赁于莫氏的木楼。因阳明出生时，祖母岑氏梦"神人衣绯玉云中鼓吹，送儿授岑"，乡人传其梦，指阳明出生楼曰"瑞云楼"。王阳明最初名"云"，也在瑞云楼度过了童年，后又在返乡祭祖、探亲期

间，寻访自己出生处——瑞云楼。《阳明先生年谱》载，正德十六
年（1521）九月，王阳明归余姚省祖茔，"访瑞云楼，指藏胎衣地，
收泪久之，盖痛母生不及养，祖母死不及殓也"。王阳明《题倪小
野清晖楼》诗也有"三十年来同出处，清晖楼对瑞云楼"句。另
外，弘治九年（1496）十二月，钱德洪也出生于王阳明昔日出生的
瑞云楼，因为此时的王华在京师任职，王阳明寓居京师，莫氏楼则
先是被钱德洪父钱蒙租住，而后在钱德洪中进士后又被钱氏购置。
钱德洪撰《后瑞云楼记》、罗洪先撰《瑞云楼遗址记》，对王阳明、
钱德洪与瑞云楼关系有描述。

　　在550多年的历史中，瑞云楼经过多次改建、扩建，主体格局
未有大的改变。清乾隆年间，瑞云楼毁于火。擅长建造桥梁的乡
人、新晋"国保"通济桥督造者叶樊，将该地块整体性购入，建造
了叶氏寿山堂。出于对王阳明的崇敬，叶氏族人在瑞云楼遗址上建
了一排平屋，供奉阳明先生的牌位。今瑞云楼内保存有一块由瑞云
楼遗迹挖掘出土的"古瑞云楼"木匾，上款为"光绪御制"、下款
署名为"先天客"。

　　20世纪80年代末至今，余姚市政府持续投入资金，对王阳明
故居进行保护性修缮。1996年，余姚市投入100万元，参照文献
《瑞云楼记》等所述，利用余姚明代建筑"燕怀里洪宅"的原材料
在遗址上重建了瑞云楼，并在楼内布置《王阳明史迹陈列》。2005
年，余姚市拨款8000余万元，对王阳明故居（除瑞云楼、大厅外）
的88户居民进行整体搬迁，修缮门厅、轿厅、后罩屋、东西花厅
等建筑，复原历史场景，完善有关陈列。2006年5月，余姚王守仁
故居与绍兴的王守仁墓，被国务院合并公布为第六批全国重点文物
保护单位。2007年4月27日，王阳明故居正式对外开放。目前，

王阳明故居总占地面积7000余平方米,建筑面积3500平方米。建筑风格为典型的硬山造,装饰素雅。四周筑有高大的马头墙围护,大小庭院错落其间。粉墙、黛瓦、马头墙、青石墁地,构成故居的独特风情,堪称浙东地区书香门第宅院的典型代表。

王守仁故居前的阳明文化广场,立有一尊铜制王阳明先生像,迁建有一座"新建伯"牌坊。

四、状元牌坊

成化十七年(1481)也就是王阳明10岁那年,王阳明父亲王华中"明成化辛丑科"状元。为纪念王华中状元,在余姚旧称"邬家道地"(今余姚阳明西路67弄3—10号)处建有"状元"牌坊。20世纪60年代毁圮。

五、会魁牌坊

纪念王阳明的"会魁"牌坊

弘治十二年(1499),王阳明第三次参加会试,举南宫第二人。同时,系礼经房"会魁"。为此,余姚乡人在瑞云楼的东南方(今余姚阳明街道智慧桥路)建有两柱重檐的"会魁"石牌坊。坊间横梁上刻有花草浮雕图案,横额为上下两块,上块刻楷书"会魁"二字,下块刻"己未科第二名王守仁"。1964年"会魁"牌坊被拆毁,仅有图片存世。

六、新建伯牌坊

正德十六年（1521）十一月，朝廷下诏《册新建伯王守仁制》，追论王阳明江西平宸濠功："封王阳明新建伯，奉天翊卫推诚宣力守正文臣，特进光禄大夫柱国，还兼南京兵部尚书，照旧参赞机务。三代并妻一体追封，给予诰券，子孙世袭。"嘉靖十六年（1537）十二月，由巡按浙江监察御史周汝员、巡按浙江侍御史张景发起，绍兴知府汤绍恩、同知□□、通判周东惟，余姚县知县顾随芳、县丞金韶、主簿李光义、典史欧阳景、儒学教谕王球、训导许道等官员捐建"新建伯"牌坊于余姚北城秘图山后柴行街（今阳明东路其中一段）王氏宗祠门前（今阳明小学校园西南侧地块）。落款"大明嘉靖十六年岁次丁酉十二月吉旦立"。牌坊为四柱三门重檐牌楼式建筑，牌坊间上下横梁雕刻各种浮雕与透雕结合的花卉

余姚王阳明故居前的"新建伯"牌坊

及动物图案，横额为上下两块，上块正面刻"新建伯"三字，下块刻"特进光禄大夫柱国新建伯兼兵部尚书都察院左都御史王守仁"。背面上块横额刻"柱国"两字，下块刻"弘治己未科进士王守仁"。

"新建伯"牌坊整体存在了440多年，1965年1月被拆毁，只有"新建伯"三字横匾断为两截，被嵌入柴行街小学（今阳明小学）围墙内，后被运至余姚市文物保护管理所保存。2006年王阳明故居广场前重建"新建伯"牌坊时，将"新建伯"三字横匾原件重置于牌坊上。

七、理学旧居

"理学旧居"位于余姚北城宪卿第弄内七号，坐北朝南，东西两院紧密相连，前后各为两进，庭院两侧各有翼屋，硬山重檐平房。房屋主人是"姚城名儒"陆恒。《光绪余姚县志·列传八》载："陆恒，字有常，号拙庵……幼号神童，倡道学，邑王华、谢迁、黄珣并推为社长，以弘治九年选贡，授福清训导，荐知广东石城县。"陆恒对程朱理学有专门研究，与王阳明之父王华为友，弘治九年（1496）之前在余姚以授徒为业。成化十五年（1479）左右，受王华举荐，同年，王阳明师从陆恒；弘治三年至弘治五年，时在余姚习举业的王阳明或许再度师从陆恒。弘治十二年，王阳明中进士后在外任职，回余姚探亲时，亦拜会业师陆恒，并为其居所题写了"理学旧居"的横匾。"理学旧居"四字系行楷，笔迹瘦高，苍劲古朴。1995年，陆恒故居在余姚旧城改造中被拆，"理学旧居"的王阳明书法匾额由余姚市文物保护管理所藏存。

八、龙泉山

　　龙泉山是余姚市中心的一座的山丘，高 67.4 米，方圆约 2 公里，又名"灵绪山""屿山"。传说，远古时这里是一片汪洋，龙泉山是露出水面的一个岛屿，这是"屿山"的由来。山

余姚龙泉山

上有一石井，即使天旱少雨，仍常年不枯，井水清盈，且水面常呈现两条游龙波纹，如双龙戏水，故称"龙泉"。大约从东晋时起，山亦因此泉而改名为"龙泉山"，亦称"龙山"。

　　北宋时，龙泉井声名远播，苏东坡赞扬道，"龙泉石井甘胜乳"。时任鄞县县令的王安石，应余姚县令谢景初邀请，多次登临龙泉山，题《石井》诗："山腰石井千年润，海眼泉无一日干。天下苍生待霖雨，不知龙向此中蟠。"南宋初，高宗赵构为躲避金兵逃经余姚时亦登龙泉山，饮龙泉之水，感到甘甜爽口，返回临安（今杭州）后，高宗还曾专程派人来余姚，取此泉之水饮用。

　　古代的龙泉山，古柏森森，苍松入云，先后建有龙泉寺、严子陵祠、二王（王华、王阳明）祠、文昌阁等十多座乡贤专祠和寺院。1949 年以后，当地政府在山上绿化植被、砌坎铺路、建亭挖池，将古迹一一修葺。1957 年开辟为龙山公园，复建祭忠台、余姚四先贤故里碑、中天阁（阳明先生讲学处）、龙泉井；新建子陵

亭、阳明亭、舜水亭、梨洲亭、滑寿亭，山中腰西坡设有园中园，园内建有天风楼，古色古香，别有风姿，并有苗圃、盆景园等。1982年，日中文化交流协会和日本朱舜水纪念会还在西山坡舜水亭前建立了朱舜水纪念碑，以纪念这位中日文化交流的使者。

王阳明之父王华年轻时曾在余姚龙泉山中刻苦攻读，人称"龙山先生""龙山公"，著有《龙山稿》。因龙泉山古名"绪山"，王阳明晚年弟子钱德洪以"绪山"为号。龙泉山是王阳明一生眷恋的地方，王阳明出生地瑞云楼就在龙泉山北麓，秘图山王氏居住地也在龙泉山东北方向，他又曾读书于龙泉寺。弘治九年（1496）十一月，王阳明归余姚，结诗社于龙泉山（"龙山"），与致仕方伯魏瀚等社友对弈联诗，赋诗《雨霁游龙山次五松韵》《次魏五松荷亭晚兴二首》等。正德元年（1506），王阳明在京师赋诗《忆龙泉山》。正德十三年四月，在南赣平乱的王阳明有《与诸弟书》云："求退乞休之疏去已旬余，归与诸弟相乐有日矣。为我扫松阴之石，开竹下之径，俟我于舜江之浒。且告绝顶诸老衲，龙泉山主来矣。"这里，王阳明以"龙泉山主"自况。正德十六年、嘉靖四年（1525）年，归省余姚的王阳明两度讲学于山腰的中天阁，后世在龙泉山上营建"二王祠""阳明故里碑""阳明亭"等，龙泉山成为一处重要的阳明文化遗迹集聚地。

九、龙泉寺

龙泉寺是余姚最著名的一处佛教胜地，坐北朝南，背靠龙泉山，面临姚江，自南至北沿中轴线依次为山门、前殿、垂花门、正殿、观音阁。正殿东西两侧各有配殿，整组建筑自龙泉山脚顺山坡逐渐增高。据《光绪余姚县志·典祀》载，龙泉寺于东晋咸康二年

（336）建，唐会昌二年（842）废，唐大中五年（851）重建，南宋建炎年间被毁。宋高宗为躲避金兵追踪，途经余姚登龙泉山，后赐金重建龙泉寺。嗣后历经毁坏并重建，目前所存寺庙建筑为光绪元年（1875）重建。

王阳明《忆龙泉山》诗中有"我爱龙泉寺，寺僧颇疏野"句，其晚年在余姚讲学的中天阁也位于龙泉寺中。1997年3月，龙泉寺由余姚市人民政府公布为余姚市市级文物保护单位。

十、中天阁（阳明先生讲学处）

位于龙泉山腰的中天阁初建于五代，取唐代诗人方干《登龙泉山绝顶》诗"中天气爽星河近，下界时丰雷雨均"句，名之为"中天阁"。中天阁东侧有一常年不枯的石井，因水面常呈现游龙波纹，称之为"龙泉"。

明正德年间，中天阁由余姚诸生钱德洪等辟为讲堂。正德十六年（1521）九月，王阳明归余姚祭扫祖茔期间，被钱德洪、夏淳、范引年、诸阳、柴凤等七十四人迎请到中天阁，他们拜阳明为师，阳明也向他们宣讲良知心学要义。嘉靖四年（1525）九月，王阳明归余姚祭扫祖茔期间，开讲会于中天阁，是为"龙山讲会"。

阳明先生讲学处

王阳明还为门生订立学规《中天阁勉诸生》，规定以每月的初一、初八、十五、廿三日为友朋聚讲会期，并亲自书壁。嘉靖七年（1528）九月，远在两广的王阳明致书函于钱德洪、王畿，询问余姚龙泉山寺中天阁讲会即龙山会事宜。

现存五开间两层楼的中天阁为清光绪年间建筑，悬挂着黄炳垕撰写的楹联"中天光日月，历代感风云"。正厅有一副明神宗的御笔楹联"智水消心火，仁风扫世尘"，同时悬挂一轴王阳明先生的画像，广额高颧，清癯严肃，削腮络须，眼神沉思，太阳穴上左三右四共七颗黑痣，系王阳明的本来神貌。1981年6月，中天阁"王阳明先生讲学处"被列为余姚市市级文物保护单位；2005年3月，被浙江省人民政府公布为省级文物保护单位。

十一、祭忠台

"祭忠台"刻石

祭忠台位于龙泉山巅，原是一块极大的山崖活岩，上可围坐四十余人。明代初年，江西安福人刘球在少年时曾避难隐居余姚，与余姚人成器结成好友。永乐十九年（1421）刘球中进士，为人正直，官至翰林侍讲。正统年间，太监王振专横乱政，朝政昏暗，边防战事又频繁不息，为此，刘球多次上疏，结果触犯了王振，被逮下诏狱并含冤而死。成器在余姚得知刘球被太监陷害致死的消息，当即写下《祭忠文》《祭忠诗》，率同志多人，提鸡携酒登上龙泉山这块山岩上，望北遥祭好友刘球。《万历绍兴府志》卷九《古迹志一》载："余姚祭忠台，在龙泉山绝顶，台即岩石也。正统间，宦官王振用事，翰林侍讲刘球疏之，死诏狱。姚人成器与刘素绝知面，夜率同志设鸡酒祭之，后人因名其陈俎之石，曰祭忠台。石傍刻三大字，为王新建守仁书。"王阳明所书"祭忠台"三字以及"阳明山人书"的落款，为正德十六年（1521）九月或嘉靖四年（1525）九月其归余姚省祖茔期间所书并刻石。

　　"文化大革命"期间，原"祭忠台"岩体被炸毁；1984年，余姚市利用被炸后残存的一块山石根据王阳明手迹重修重刻"祭忠台"，并在残存山岩遗址上建造了纪念王阳明的"阳明亭"。

十二、二王（王华、王阳明）祠

　　龙泉山二王祠位处中天阁上方，祭忠台之下，以祭祀王阳明及其父亲王华。王华祠在东侧，又称"海日祠"；王阳明祠在西侧，以徐爱、钱德洪配享，春秋祭祀。

　　《阳明先生年谱》"嘉靖十七年（1538）条"记："巡按浙江监察御史傅凤翔建阳明祠于龙山。"由于余姚诸生之请，"阳明祠"最早建立，而后有

二王祠中的阳明先生塑像

"海日祠"也就是"王华祠"。《光绪余姚县志·龙山书院》载:"龙泉山又一邑之望……最上为文成祠(阳明先生祠),诸生岁时习礼其间。"《光绪余姚县志·典祀》载:"海日祠在新建伯祠东,祀文成父、尚书王华。咸丰十一年毁,同治初,龙山书院拨资建复。阳明先生祠,初拟建于龙泉山,未有定址,以公尝讲学于龙泉寺之中天阁,嘉靖十三年乃寓主其所,以祀之。十四年,提学徐阶因为建祠,有司春秋祭,以门人徐爱、钱德洪配享。国朝顺治八年,知县胥庭清重修。"清顺治年间,余姚知县胥庭清重修"二王祠",格局显崇。据王尔禄《重修阳明先生祠记》载,祠堂明间正中额枋上高悬"只是良知""其道光明"两块匾额,两侧楹柱上挂联,联曰"千重铁壁,非舍死弃生,决不能草草透过;一点珠明,到山穷水尽,乃忽觉头头现前"。咸丰十一年(1861),太平军败退撤离余姚时,焚毁中天阁的同时,亦焚毁了王华祠、王阳明祠。同治初,龙山书院拨款重修王华祠、王阳明祠。20世纪30年代,王华祠、王阳明祠又被火焚毁。1927年,北伐战争胜利,承蔡元培推介,堵福诜两任余姚县长,他建议王阳明、王华两祠合建为"二王祠",指派史士瑜、邵子传董其事,酌募经费三千元,加建平屋一幢七间,四周筑围墙,南辟正门,由马一浮题"二王祠"匾额,各方多赠匾额,祠貌焕然一新。抗日战争爆发后,浙东各县先后陷敌,余姚惨遭蹂躏,龙泉山上的祠宇多毁。时由余姚县知名人士姜枝先出面,以修复"二王祠"名义,向旅沪姚籍人士募得款项,以备重修"二王祠",此款后被送往四明山移作了他用,"二王祠"未能修复。

据今余姚学者诸焕灿考证,在今中天阁纵轴线上的正北山坡上,有一块可排列五间房屋的平地,这应是当年的"二王祠"祠基。如今,"二王祠"祠基尚存,遗憾未能复建。

十三、明先贤王阳明故里碑

龙泉山南坡有"四先贤故里碑"，用以纪念余姚众多先贤中最为著名的四位精英——汉代高士严子陵、明代心学大师王阳明、中日文化交流先驱朱舜水和明末清初思想家黄梨洲。"明先贤王阳明故里碑"亭额是"真三不朽"，赞颂王阳明立德、立言、立功，光耀史册。联句是"曾将《大学》垂名教，尚有高楼揭瑞云"，大意是，他推崇《大学》而有

余姚"明先贤王阳明故里"碑

致良知学说，丰富了儒家学说；他的诞生处瑞云楼，至今尚存，令人敬仰。

严子陵、王阳明两故里碑建于乾隆十九年（1754）始建于姚江岸边，后因风化，王阳明故里碑于道光十二年（1832）重建，严子陵故里碑于道光二十一年重建。朱舜水、黄梨洲两故里碑建于清末。四碑原置于余姚县城西郊姚江边的"接官亭"处，抗日战争时期迁至余姚旧县衙内的荷花池畔，1949年以后移至龙泉山南坡。在"文化大革命"时期，明先贤王阳明故里碑等被毁。1981年，四碑按原状修复，并被列为余姚市文物保护单位。如今，余姚"四先贤故里碑"为宁波市文物保护单位。

十四、姚江（通济桥、舜江楼）

姚江，又称舜江、余姚江，发源于余姚大岚镇夏家岭龙角山。龙泉山南麓有自西向东穿越余姚城中心的姚江流过，形成了"龙山舜水"一大景观。姚江是余姚的"母亲河"，也是浙东大运河的一段。始建于北宋庆历年间，享有"浙东第一桥"美誉的全国重点文物保护单位——通济桥，就横卧在姚江上。通济桥历经五毁五建，目前的桥梁是清雍正年间重建的。

通济桥的对面，是始建于元代的舜江楼。舜江楼俗称"鼓楼"，建于5米高的城墙上，这段城墙是目前余姚仅存的一段古城墙，弥足珍贵。

余姚通济桥

王阳明对家乡的姚江、舜江念念不忘，其《送行时雨赋》的落款是"刑部主事姚江王守仁书"，在《与诸弟书》中有"俟我于舜江之浒"的语句。王阳明通过著书讲学立说而创建的阳明学派也因王阳明是姚江

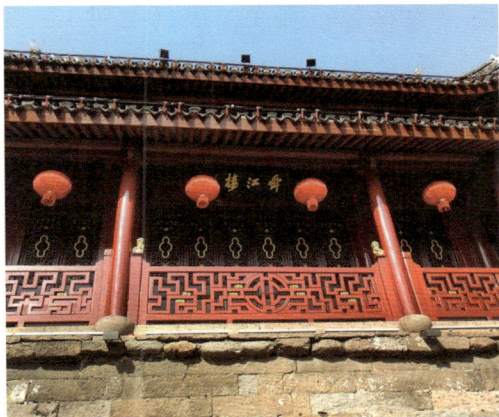

余姚舜江楼

穿城而过的余姚人，而被后人称为"姚江学派"。黄宗羲《明儒学案》卷十为"姚江学案"，《浙中王门学案》序言："姚江之教，自近而远，其最初学者，不过都邑之士耳。"《明儒学案》中也有"姚江之学，先生（娄谅）为发端也""姚江之学，惟江右为得其传"的论述。而"阳明学"也有"姚江学"的称谓，清代学者王曾永撰《类辑姚江学脉》，罗泽南著《姚江学辨》。

十五、姚江书院

明崇祯十二年（1639）九月，余姚人沈国模、管宗圣、史孝咸、史孝复等笃志光大阳明"良知"学说，在余姚城南二里之半霖沈氏宅创立义学，此即"姚江书院"的前身。义学中堂悬挂孔子像，后为楼，奉王阳明像，以徐爱、钱德洪配享。清顺治十六年（1659）重修后，额名"姚江书院"，成为明清之际浙东传播阳明心学的主要场所。清康熙中期，姚江书院还印刻《阳明王子全集》。正如清代余姚学者邵廷采所说："姚江讲学之

盛，前称徐（爱）、钱（德洪），后称沈（国模）、史（孝咸）焉。"

沈国模、史孝咸、韩孔当、邵元长、俞长民、史标、徐景范、邵廷采等先后主持姚江书院。康熙二十八年（1689），80 高龄的黄宗羲会讲于姚江书院。康熙三十三年，邵廷采主讲姚江书院，他以为书院离县城较远，学子求学不便，遂于康熙四十一年把书院迁入余姚南城南溟门内。迁建后的姚江书院坐北朝南，前楹则奉阳明先生为栗主，以乡贤徐爱、钱德洪等配享。邵廷采撰有《姚江书院志略》，是研究姚江书院及阳明后学在余姚的传承的重要文献。

清乾隆二十四年（1759），余姚知县刘长城把中天阁改建为龙山书院，把姚江书院改作义学，但其中始终供奉王阳明肖像。清光绪元年（1875），姚江书院中堂重建。1992 年，姚江书院被拆。近年来，余姚市人民政府决定在武胜门历史文化街区重建姚江书院。

十六、"抑抑堂""遗墨"匾额

作为书法家的王阳明极喜留题墨迹，今余姚所存墨迹题刻也甚多。秘图山王氏宗祠东侧的"抑抑堂""遗墨"匾额，南城徐家祠堂的"徐氏宗祠"，还有写给父亲王华的书函原迹，以及《客座私祝》《寓赣州上海日翁书》墨迹等均收藏于余姚市文物保护管理所。余姚市文物保护管理所也藏有明代、清代的王阳明画像，以及"王氏迁姚三世祖士元公迄文成公七代遗像"照片。

另外，今余姚市书画院副院长计文渊亦收藏有王阳明书法手迹及拓片若干，比如王阳明的《思归轩赋》，详见其主编的《王阳明法书集》（西泠印社出版社 1996 年版）、《王阳明法书文献集》（浙

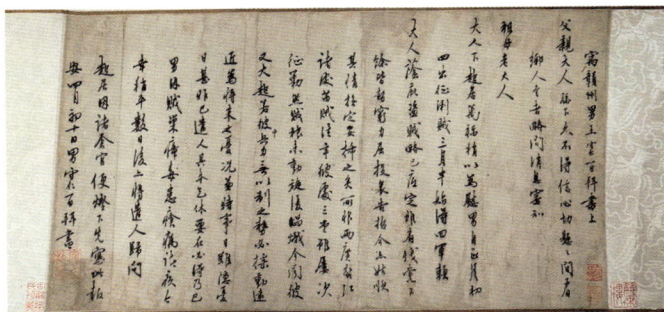

王阳明书《寓赣州上海日翁书》

江人民美术出版社 2023 年版）。

为纪念王阳明，近代以来，余姚城区曾称作"阳明区"和"阳明镇"。余姚城内的南北向主街道，在 1929 年因火灾后重建，即由"虞宦街"易名为"新建路"，以纪念被封爵为"新建伯"的王阳明。1947 年，余姚创办了第一所现代医院，名为"阳明医院"。1992 年，余姚人民路改名为"阳明东路"和"阳明西路"。余姚亦有阳明街道、阳明社区，阳明小学、阳明中学。余姚名人馆里有王阳明塑像。

王阳明书《思归轩赋》

十七、白水冲

白水冲在余姚梁弄镇南五里的云根山与石屋山之间，瀑布边有潺湲洞，又名"白水宫"。洞旁飞流自天而降，高十余丈，声如鸣雷，冲击兀石，蔚为壮观。正德八年（1513）六月，王阳明与弟子徐爱、王世瑞等人有四明山之行。

阳明一行先是在永乐寺（位于今余姚市丈亭镇）集结，然后从上虞入四明山，至白水宫观白水冲瀑布，王阳明赋诗《四明观白水（二首）》，王世瑞赋诗其后，徐爱有《游白水宫殿次王世瑞韵》。

十八、家传词翰

王阳明的"家传词翰"题额，在今余姚市梁弄镇黄氏家门楼内侧。正德八年（1513）六月，王阳明、徐爱等人一行入四明山览胜，在梁弄作短暂停留，歇脚于门生黄骥家。在此期间，王阳明为黄氏亲题"家传词翰"四字。黄骥之父黄肃（字敬夫，号静庵）与王华、王阳明父子皆有交往。弘治十二年（1499），刑部员外郎黄肃擢广西按察佥事，王阳明作文《送黄敬夫先生金宪广西序》，称黄肃为"吾邑之英"。《光绪余姚县志·黄肃传》载："黄肃，字敬夫，成化十四年进士，官至湖广兵备副使。上疏乞休，家居二十年，淡然若无位者，卒年八十六。墓在梁弄登明桥西南车畈，王守仁题墓碑。子骥学于王守仁，有往复书。"王阳明为梁弄黄家亲题的"家传词翰"，以题额形式保存至今。

十九、汪巷村

正德八年（1513）六月，王阳明、徐爱等一行人入四明山，在梁弄汪巷村寻访汪克章。汪克章参加弘治十四年（1501）浙江乡试中举，与徐爱同为正德三年进士。此次王阳明一行的四明山之行，汪克章也加入了。

二十、隐地龙潭村、龙溪村（王阳明祖居地）

隐地龙潭村，位于余姚市大岚镇四明山脉西北角的半山腰上，由隐地和龙潭两个村合并而成，全村村民皆姓王，均为王氏后裔。王阳明有祖坟在隐地村，正德八年（1513）六月他来此，祭祀了先祖，并写下《伯三公像赞》。

隐地村王氏宗祠

隐地村有始建于南宋时期的王氏宗祠，后遭数次毁坏及重建，今存的王氏宗祠为中式传统结构，庄严肃穆，古朴典雅，距今已有数百年历史。隐地村的王氏后裔珍藏着两套"王氏宗谱"，一套是刊刻于清光绪十五年的《虞南达溪王氏宗谱》（10册）；另一套是成稿于民国时期的《达溪王氏宗谱》（10册），谱中有"暨阳教授迁居姚江，阳明其十一世孙也"的文字记载。隐地村还建成了"王阳明祖居地纪念馆"，位于隐地大会堂及文化礼堂的中央处，村中还建造了阳明文化墙和阳明文化长廊。

从隐地村旁匝道沿着曲折险峻的山路继续往山谷里走，就是黑龙潭、青龙潭、白龙潭，也就是龙溪之源"三龙潭"。

正德八年（1513）六月的四明山之行中，王阳明与徐爱、蔡宗

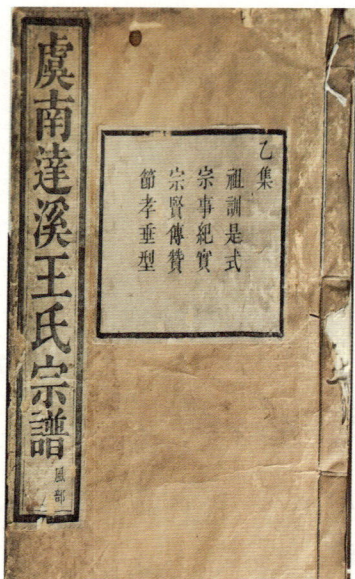

隐地村王氏后裔家藏《虞南达溪王氏宗谱》

充、朱节、许璋、王琥（王世瑞）、汪克章一行，又行至隐地龙潭村等王阳明祖居地。在此，王阳明与王氏远族会面，并有了日后归隐定居于此的想法。又寻姐溪之源（"三龙潭"），王阳明改"姐溪"为"龙溪"，王世瑞赋诗，徐爱赋《龙溪次世瑞韵》。徐爱亦有《游雪窦因得龙溪诸山记》。今龙潭村口，有今人计文渊书写的"龙溪"刻石。

除余姚市域之外，位于今宁波地域的阳明文化遗迹，主要与正德八年（1513）六月王阳明、徐爱等人的四明山之行有关。四明山，又名"句余山"，位于浙江省宁波市余姚市四明山镇，横跨宁波的余姚、海曙、奉化，连接绍兴的嵊州、上虞。四明山的大俞山峰顶有个"四窗岩"，日月星光可透过四个石窗洞照射进去，故称"四明山"，它也是道教洞天福地之第九洞天"四明山洞"所在地。

二十一、杖锡寺、四明山心

今宁波市海曙区章水镇杖锡村有一"杖锡寺"。据明代《杖锡寺碑》载，该寺建于唐代龙纪元年（889），吴越王钱镠给它赐额题名，杖锡寺因此稍有名气。后，宋仁宗也给寺院题"延胜"两字，使杖锡寺声名鹊起。明洪武十五年（1382），始名"杖锡寺"。明末清初，黄宗羲曾率"世忠营"500人驻扎于此，参加抗清，后黄宗羲外出时部下因兵饷不足而扰民，寺遂被民毁。黄宗羲撰《四明山志》卷二《伽蓝》列"杖锡寺"为四明山第一寺。杖锡寺几经兴废，到20世纪50年代初，仅存山门、大雄宝殿和斋房三进房子，最后毁于"文化大革命"期间。杖锡寺旧址在今杖锡村之鹿窠自然村。如今，杖锡禅寺易地重建，规模大不如前。

　　黄宗羲《四明山志》中曾多次记载摩崖石刻，尤其是杖锡寺附近的摩崖石刻，一共有九块之多，其中最著名的要数杖锡寺右旁的巨石摩崖"四明山心"。该石俗称"屏风岩"，高4.5米，阔1.95米，厚3.2米，"四明山心"每字字径为0.66米×0.57米，字间距离为0.1米。关于该摩崖石刻的镌刻时代，历来说法不一，明代诗人沈明臣《四明山游记》曰"《志》谓出汉人手，诚然"，黄宗羲也说"乃汉隶也"。但今人研究认为是宋时镌刻。

　　正德八年（1513）六月，王阳明、徐爱、汪克章等人行至"四明山心"并观摩此一"汉隶"石刻，同时也在杖锡寺留宿。王阳明赋诗《杖锡道中用张宪使韵》《又用曰仁韵》《书杖锡寺》等，徐爱则有《至杖锡有怀诸友》《夜宿杖锡》《寺因侵诛因复次叔宪韵识感》《梦怀王世瑞朱守中次前韵》等诗篇。

"四明山心"摩崖石刻

二十二、雪窦山（雪窦寺）、徐凫岩、三隐潭、石笋峰、千丈岩、妙高峰（妙高台）

雪窦山位于宁波市奉化区溪口镇西北，为四明山支脉的最高峰，海拔800米，有"海上蓬莱，陆上天台"之美誉。它是一座具有悠久历史和深厚文化积淀的佛教名山，位于山心的雪窦寺创于晋代、兴于唐朝、盛于宋朝，至今已有1700余年历史。山因北宋仁宗皇帝赵祯梦中到此一游而得名"应梦名山"，南宋理宗皇帝赵昀追书"应梦名山"。明朝时，雪窦寺位列"天下禅宗十刹五院"之一，在佛教史上居于重要地位。

雪窦山以雪窦寺为中心，东有五雷、桫椤、东翠诸峰；西有屏风山；南有天马、翠峦；西南有象鼻峰、石笋峰、乳峰；中间是一片广阔的平地。阡陌纵横，有千丈岩飞瀑、妙高台、徐凫岩峭壁、商量岗林海、三隐潭瀑布等自然与历史人文景观。

徐凫岩，位于雪窦寺西、徐凫岩村附近，岩顶海拔476米。崖石有巨石外突，传说为仙人骑凫徐徐升天处，故名。崖顶涧间，有古朴洞桥横跨，涧水自蹄躇岭林间潺潺流来，渐而湍急澎湃，过桥后飞流直下，声震山谷。徐凫岩瀑布落差116米，无岩石阻断，一流至底。绝壁下部，水帘与岩壁相隔成一宽绰空间，置身其间，如坐轻罗帐中，细沫溅面，趣不胜述。瀑下有潭，烟云弥漫，令人沉醉。水自潭流出，汇成溪流，沿谷底逶迤而去。

三隐潭，是雪窦山中三折瀑布组成的景观。因为隐匿山谷，又有三处潭坑，所以叫"三隐潭"，从上到下分别是上隐潭、中隐潭、下隐潭。

石笋峰，是下隐潭附近的一块石笋形状巨石，高20余米。峰在潭上，潭在峰底，半遮半现。整个下隐潭犹如一座水上广厦，瀑布横倾潭外，仰视如彩霞横空，绚丽多彩。

千丈岩，在雪窦寺前，崇岩壁立，高千仞，故名千丈岩。有水流自千丈岩顶泻下成瀑，喷薄如雪崩。瀑高186米，飞珠溅玉，五彩纷呈，蔚为壮观。

妙高峰，又名妙高台、天柱峰，位于千丈岩西侧，背靠大山，中间凸起，三面峭壁，下临深渊，地势险峻。

明正德八年（1513）六月，王阳明、徐爱、汪克章等人的四明山之行，离开杖锡寺之后，寻"四窗岩"不果，辗转至雪窦山，至徐凫岩，观三隐潭、石笋峰；至雪窦寺，上千丈岩，登妙高峰，访玉泉庵，望台州方向的天姥山、天台山华顶。此时，王阳明赋诗《诣雪窦寺用方干韵》《游雪窦（三首）》《登妙高台观石笋峰》，徐爱作《题雪窦》《巚雪窦道中漫兴》。王阳明、徐爱原打算从奉化取道去赤城（台州天台山），适久旱，山田尽龟裂，惨然不乐，王阳明的天台之行中止。下山后，王阳明、徐爱至奉化大埠，买舟泛江，于七月初二日归余姚。

对于此次四明山游学，徐爱《游雪窦因得龙溪诸山记》一文记录甚详，其中载有王阳明对四明山诸景的评述："夫永乐诸山，可备游观者也。四明，可居者也。龙溪，可以避地者也，然而近隘矣。杖锡者，可以隐德也，然而几绝矣。"游四明山期间，王阳明与徐爱等人多有赋诗唱酬，曰"归越诗"。

二十三、天一阁藏明刻本《弘治十二年会试录》

明刻本《弘治十二年会试录》是宁波天一阁馆藏的珍贵科举文献，这册会试录详细记载了弘治十二年（1499）礼部会试的考官与

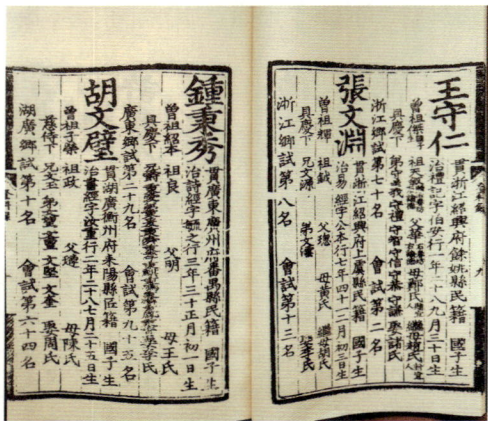

《弘治十二年进士登科录·王守仁》

中试举人的名单、籍贯等信息。《弘治十二年进士登科录·王守仁》："贯浙江绍兴府余姚县，民籍。国子生，治《礼记》。字伯安。行一。年二十八。九月三十日生。曾祖杰，国子生。祖天叙，赠右春坊右谕德。父华，右春坊右谕德。母郑氏，赠宜人。继母赵氏，封宜人。具庆下。弟守义、守礼、守智、守信、守恭、守谦。娶诸氏。浙江乡试第七十名，会试第二名。"这科，王阳明中第二名，本经考《礼记》，所以他的程文刻在《礼记》题后。《礼记》选刻两篇文字，其中有王阳明的《会试卷·礼记》，还有他的《会试卷·论》。在王阳明的考卷下，有李东阳、程敏政、林廷玉、刘春等多名考官的批语。

第二节　绍兴的阳明文化遗迹

　　明代的余姚属于绍兴府，1949 年余姚划到宁波市，成为宁波市下辖的县级市。这里所说的绍兴的阳明文化遗迹，主要是指这些遗迹属于今天的绍兴行政区划，但这不足以说明今天的绍兴是"阳明故里"。关于王阳明与绍兴之间的关联，主要体现在以下几方面。

一是弘治十年至弘治十一年间（1497—1498），王阳明游绍兴兰亭、会稽山、秦望山。二是弘治十五年秋冬之时，王阳明筑室会稽山阳明洞，修炼道教导引术，进而以"阳明山人"自号，弘治十七年春夏之际仍在阳明洞附近逗留。三是正德二年（1507）冬，王华致仕后，"常思山阴山水佳丽，又为先世故居，复自姚徙越城之光相坊居之"；杨一清《海日先生墓志铭》云"其（王阳明）父南京吏部尚书王公（王华）致仕，居会稽"。四是正德十一年冬，王阳明从南京前往赣州平乱途中，归省至越地，向祖母岑氏、父王华辞别。五是正德十六年八月，王阳明从江西南昌归来，至越地省亲；再加上嘉靖元年（1522）二月王华病卒，王阳明丁忧家居；嘉靖二年十一月在越城绍兴新建伯府第，而后在越地讲学，直至嘉靖六年九月初八日前往广西戡乱。六是嘉靖七年十一月，王阳明病逝于江西南安青龙铺之后，灵柩于嘉靖八年二月至越地，并于同年十一月十一日下葬于绍兴洪溪。王阳明在绍兴实际居住生活时间8年多，并在会稽山阳明洞天、兰亭、秦望山、若耶溪、鉴湖、云门寺、浮峰、天柱峰、府山（稽山书院）、伯府第（天泉桥、碧霞池）、光相桥、大禹陵、香炉峰、南镇、阳明书院等地留下了众多的文化遗迹。后人修建的王阳明墓、阳明先生祠等也是绍兴阳明文化的重要组成部分。

一、兰亭

兰亭，地处绍兴城西南25里的兰渚山下，东晋永和九年（353）三月初三日，王羲之、谢安等同游于此并在此雅集，留下著名的《兰亭序》,兰亭因此而出名。兰亭地方不大,但景色非常雅致,鹅池碑、兰亭碑、曲水流觞、御碑亭是这里的主要景观。钱德洪在《阳明先生年谱》开篇中说王阳明的先祖,"出晋光禄大夫览之裔,本琅琊人,至曾孙右将军羲之,徙居山阴"。其实,王阳明并非王羲之的直系后裔,对此,今人诸焕灿等有辨正,王阳明与王羲之之间只有宗亲关系。

明弘治十年(1497),第二次参加会试不中的王阳明,与南京行人司行人秦文,同游兰亭,并赋诗《兰亭次秦行人韵》,其中有"十里红尘踏浅沙,兰亭何处是吾家?茂林有竹啼残鸟,曲水无觞见落花"云云。秦文系浙江临海人,弘治五年同王阳明一起参加浙江乡试,中解元,弘治六年中进士。弘治十六年春,王阳明赋诗《寻春》,其中有"吾侪是处皆行乐,何必兰亭说旧游"句。阳明晚年居越期间,曾与董沄一起"探禹穴,登炉峰,陟秦望,寻兰亭之遗迹,徜徉于云门、若耶、鉴湖、剡曲"。而阳明的墓地所在——洪溪"去越城三十里,入兰亭五里,(阳明)先生所亲择也"。这也说明,晚年在越地生活的阳明,曾到兰亭附近为自己选择墓葬之穴。

二、会稽山

会稽山,亦称茅山、亩山、防山、镇山、覆釜山、宛委山,位于绍兴北部平原南部,跨越今绍兴市上虞区、柯桥区、越城区、新昌县,以及诸暨市、嵊州市等地,主峰香炉峰在嵊州市西北,距绍兴市区6千米,以大禹陵最为著名。会稽山文化积淀深厚,是中国历代帝王加封祭祀的著名镇山之一。上古治水英雄大禹,一生行迹中的四件大事——封禅、娶亲、计功、归葬都发生在会稽山。春秋战国时期，会稽山一直是越国军事的腹地堡垒。秦始皇统一中国后，不久就不远千里，上会稽，祭大禹。汉以后，这里成为佛道圣地，传说葛玄在此炼丹成仙，山中的阳明洞天为"道家第十一洞天"，香炉峰则为佛教圣地。

会稽山也是王阳明向往的修道、讲学场所。弘治十五年（1502）九月，王阳明从刑部主事任上以病请辞，然后至会稽山阳明洞天修道；弘治十六年冬，阳明"自会稽上天目，东观于震泽"（《豫轩都先生八十受封序》）。阳明《来雨山雪图赋》中有"昔年大雪会稽山，我时放迹游其间"句，说明王阳明在某年冬日大雪中畅游会稽山。《传习录》中王阳明《答聂文蔚书（一）》有云："会稽素号山水之区，深林长谷，信步皆是，寒暑晦明，无时不宜，安居饱食，尘嚣无扰，良朋四集，道义日新，优哉游哉，天地之间宁复有乐于是者！"也就是说，晚年在越地讲学期间，王阳明经常与门人讲学于会稽山间，其《从吾道人记（乙酉）》云："嘉靖甲申春，萝石来游会稽，闻阳明子方与其徒讲学山中，以杖肩其瓢笠诗卷来访。"魏良器在《祭阳明先生文》中，也回忆其本人于嘉靖元年至嘉靖四年（1522—1525）同业师王阳明在会稽山中的游学、讲学场景："壬癸甲乙之岁，坐春风于会稽，先生携某于阳明之麓，放舟于若耶之溪，徘徊晨夕，以砭其愚而指其迷。"

三、龙瑞宫、葛仙炼丹岩、禹穴、阳明洞天

会稽山中的龙瑞宫、葛仙炼丹岩、禹穴、阳明洞天，或许为同一处地方。

龙瑞宫曾是越地历史上最负盛名的道观。唐神龙元年（705）置怀仙馆，开元二年（714）改称"龙瑞宫"。现存遗址，其间的巨

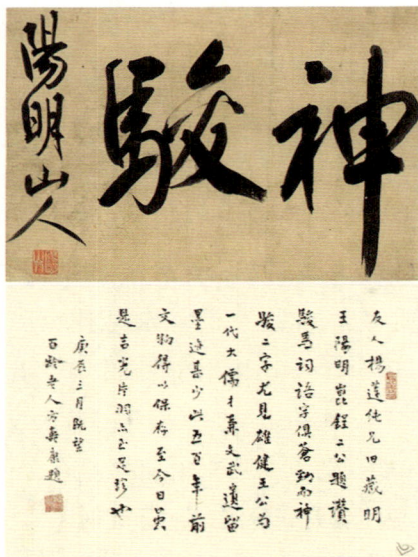

落款"阳明山人"的王阳明书法作品

石是"飞来石",石顶不规则，南侧内收如削，高4米，平宽9.8米。世传此石从安息飞来，上有索痕三条。后来因晋葛仙翁（葛玄）炼丹于此，又称"葛仙炼丹岩"，岩石上有唐宋以来题记近30帧，其中唐代诗人贺知章的《龙瑞宫记》详细叙述了龙瑞宫的历史沿革和界止，全文字迹尚清晰可辨。龙瑞宫摩崖刻石已于1963年被列为浙江省重点文物保护单位。

会稽山的"禹穴"，也就是"阳明洞天"，又称"会稽山洞"，虽名为洞，实为一群山环抱的山谷。相传黄帝曾建侯神馆于此，后为"道教三十六洞天"中的第十一洞天。又相传大禹在这里得黄帝"金简玉字书"，识山河体势，穷百川之理，终于平治洪水；治水完毕，大禹将书藏于洞中，仅有一线缝隙。自司马迁"上会稽，探禹穴"以后，来此寻访"禹穴"甚至隐居的名人不少。

弘治十五年（1502）秋冬之时，王阳明筑室于会稽山阳明洞天，究极仙经秘旨，静坐行导引术，为"静入窈冥，静观内照"的长生久视之道，久能预知，进而以"阳明山人"自号。钱德洪编《阳明先生年谱》说："（阳明）先生尝筑阳明洞，洞距越城东南二十里，学者咸称阳明先生云。"弘治十七年春夏之际，王阳明仍在阳明洞附近逗留，四月初一日，友人来访会稽山阳明洞，王阳明书扇面《别友诗》赠之，今有墨迹传世，落款："□年来访予阳明洞天，其归也，赋首尾韵，以见别意。弘治甲子四月朔，阳明山人王守仁书。"这里，王阳明以"阳明山人"为别号。正德九年（1514）初，王阳明赋诗《送守中至龙盘山中》，其中有"何年稳闭阳明洞，榾柮山炉煮石羹"句。在南赣时，王阳明作《送德声叔父归姚并序》，有"何时却返阳明洞，萝月松风扫石眠"云云。正德十年在南都的王阳明赋诗《书扇面寄馆宾》，思念越地的阳明洞，而有"何年归去阳明洞，独棹扁舟鉴里行"的诗句。钱德洪记阳明语录："尝有数友随（阳明）先生游阳明洞，偶途中行歌。先生回至洞坐定，徐曰：'我辈举止，少要有骇异人处，便是曲成万物之心矣。'德洪深自省惕。又曰：'当此暑烈，行走多汗，脱帻就凉，岂不快适！但此一念放去便不是。'"这是王阳明晚年在越地阳明洞天同弟子讲学论道场景的再现。嘉靖二年（1523）春，阳明弟子邹守益来绍兴拜会王阳明，与同门郭庆、魏良器、王钊等同游阳明洞天，邹守益赋诗《同郭善夫魏师颜宿阳明洞》。王阳明临终前，在《与何性之书》中有"纵未能遂归田之愿，亦必得一还阳明洞，与诸友一面而别"的语句，这足以说明"阳明洞"在阳明本人心目中的分量。

另外，王阳明在贵州龙场、江西龙南、广西平果期间，都曾寻依照会稽山"阳明洞天"的样式，寻觅且分别题记"阳明洞天""阳明小洞天""阳明别洞"，并有诗歌吟唱，于此可见他对会稽山"阳明洞

王阳明书"阳明洞天"摩崖石刻

天"的眷恋。

四、大禹陵

会稽山大禹陵，相传是夏禹的陵墓。夏禹是上古时代一位伟大的治水英雄，是中国第一个王朝——夏朝的开国之君，被后人尊为"立国之祖"。大禹陵背负会稽山，面对亭山，前临"禹池"。池岸建青石牌坊一座，由通道入内，有1979年重建的大禹陵碑亭一座，飞檐翘角，矗立通道尽头，内立明代绍兴知府——王阳明弟子南大吉在嘉靖三年（1524）所丹书并刻立的"大禹陵"三字巨碑一块。

大禹陵碑南侧为禹祠，祠外北侧有"禹穴"碑。祠内有"禹穴辩"碑，碑文为考证大禹葬地的文章。祠内有前殿、后殿、放生池、曲廊和禹井亭等建筑，为大禹后裔宗族祭祀的场所。从大禹陵碑亭北侧顺碑廊而下即为禹庙，为历代帝王、官府和百姓祭祀大禹的地方。禹庙始建于南朝梁大同十一年（545），为我国江南少有的大型古建筑群。从大禹陵下，进东辕门，自南而北的建筑依次为照壁、岣嵝碑亭、棂星门、午门、祭厅、享殿（禹王殿）。出禹王殿东门向上，可探"窆石亭"。亭内置有一石，名为"窆石"，"窆"为下葬之意，相传此石是大禹下葬时所用的工具，形若秤砣，顶有穿孔，是禹庙的镇庙之宝，已被妥善保护。

1996年，大禹陵被国务院公布为全国重点文物保护单位。

因大禹陵、大禹庙距离"阳明洞天"不远，晚年在越地讲学期间，王阳明也曾与弟子同谒禹庙，邹守益《余姚心渔钱翁墓表》记载："（邹守）益尝侍先师（阳明先生）谒大禹庙，尘几萧然。及南镇祠，则牲肥酒旨，香火煌煌。因叹俗志趣向之乖，先师笑曰：'古今学术何以异于是？'于时，同游欢然有省。"这里，王阳明以大禹庙的冷清与南镇祠的热闹，来反衬"古今学术"之异，也即"为己之学"不易。

五、南镇

"四镇"是传统中国山岳崇拜的表现，指山东东镇沂山、浙江南镇会稽山、陕西西镇吴山、辽宁北镇医巫闾山。会稽山为"南镇"，隋开皇十四年（594），建"南镇殿"（俗称"南镇庙"）于会稽山之阴。唐开元十四年（726）封四镇为"公"，会稽南镇曰"永兴公"。宋、元则分别加封南镇为"永济王"和"昭德顺应王"。明初，诏去前代封号，只称"会稽山之神"。清康熙帝曾十一次遣官致祭，并亲题"秀带岩壑"匾额。乾隆帝也曾十四次遣官致祭，并题写"表甸南疆"匾额一方。四镇，国定春秋两祭，而东南两镇以春祭为主。南镇春祭定于农历的三月初六日，照例由省、府两级地方主要官员主祭，山阴、会稽两县令陪祭。

绍兴民间相传，农历三月初六日是奉祭南镇会稽山神之日，古人认为会稽山神是一方平安所系，所以，乡民、会稽山香客、游客接踵而至，日以万计，而且对祭山神非常虔诚。据记载，绍兴各地的庙会不下数十个，而规模之大、市面之盛首推南镇庙会。由于时代的变迁，原南镇庙已成遗址，南镇庙会也成为历史记载，民间已逐渐淡忘南镇历史及南镇庙会。南镇庙历史上曾经有过许多有价值的文物，比如徐渭题刻的"深秀"古字碑等。今天的"南镇庙"（亦作"南镇殿"）为近年来民间自发修建，离原址不远，但规模较小。与越地民众生活息息相关的"南镇庙会"于2006年7月被列入第一批绍兴市非物质文化遗产名录。

如前所说，南镇指称会稽山，南镇庙是古代政府官员祭祀"会稽山之神"的场所。弘治十六年（1503）八月，因自这年入夏以来，亢阳为虐，连续四月，绍兴不雨，应绍兴太守佟珍之请，王阳明由杭州西湖至会稽山南镇庙同绍兴太守一道祈雨，并先后成《答佟太守求雨书》《南镇祷雨文》，其中有"一二日内，仆（王阳明）亦将祷于南镇，以助执事（佟珍）之诚""惟神秉灵毓秀，作镇于南，实与五岳分服而治。维是扬州之域，咸赖神休，以生以养。凡其疾疫灾眚之不时，雨旸寒暑之弗若，无有远近，莫不引颈企足，惟神是望"云云。八月十五日，大雨洽旬，禾苗复颖。

南镇一带，风光秀美，人文底蕴深厚，也是王阳明与门人们的赏春踏青之地。著名的"南镇观花"或"岩中观花"故事就发生在这里，后也成为理解王阳明"心即理也""心外无物"等思想的最

绍兴南镇会稽山

重要事例。《传习录·下》"钱德洪录"载："先生游南镇，一友指岩中花树问曰：'天下无心外之物，如此花树，在深山中自开自落，于我心亦何相关？'先生曰：'你未看此花时，此花与汝心同归于寂。你来看此花时，则此花颜色一时明白起来。便知此花不在你的心外。'"王阳明晚年在越地讲学期间，各地前来学子甚多，以至城内居所无法容纳，南镇庙及南镇周边也成为阳明弟子下榻游学之地，钱德洪《刻文录叙说》载："南镇、禹穴、阳明洞诸山，远近古刹，徙足所到，无非同志游寓之地。"

六、香炉峰

香炉峰，海拔354米，位于大禹陵的西方，因峰顶岩石状如香炉而得名。唐代诗人白居易有"峰峭佛香炉"之诗句。每逢云雨天气，山顶雨雾迷蒙，烟霭缭绕，如香炉的青烟，有"炉峰烟雨"之称，为"越中十二胜景"之一，南宋状元王十朋又有"香炉自烟"的名句。沿着石阶，曲折盘行，直上山脊，经青翠亭等，可达峰顶。香炉峰旧有庵，倚岩而筑，名南天竺，现已重建。山脊线石壁上，有近现代题刻七处，摩崖中字数最多的是"般若波罗蜜多心经"。

因香炉峰近大禹陵、阳明洞，晚年在越地讲学的王阳明多次携弟子登临，随机讲学，并赋诗唱和其间。在《书扇赠从吾》中，王阳明对董沄有"炉峰秋月望君来"的临别赠语。嘉靖四年（1525）秋八月二十三日，阳明与董沄偕登香炉峰，赋诗《登香炉峰次萝石韵》《观从吾登炉峰绝顶戏赠》。嘉靖五年三月，王阳明同门人董沄、王正之、王惟中、朱得之诸友登香炉峰。朱得之《稽山承语》、王畿《报恩卧佛寺德行住持序》文也记录了王阳明与众门人登香炉峰的场景。

七、鉴湖

鉴湖位于绍兴城西南，俗话说"鉴湖八百里"，湖上桥堤相连，渔舟时现，青山隐隐，绿水迢迢。王羲之诗云："山阴道上行，如在镜中游。"鉴湖不仅有独特的自然风光，还有许多名胜古迹为之增色。湖东岸有东汉时期会稽郡太守马臻之墓，他发动民众兴修水利，却得罪了豪绅，被诬告致死，后来会稽百姓设法把他的遗骸运

王阳明传世画作

回，安葬于鉴湖之畔，建墓立庙，永久祭扫。墓前有石坊一座，碑上刻有："敕封利济王东汉会稽郡太守马公之墓。"唐中叶之后，鉴湖逐渐淤积。北宋中期以后，豪家在湖上建筑堤堰，筑湖垦田，湖面面积大大减少。到元代仅少数特别低洼处还保留潴水，鉴湖已经名存实亡。今零星散布的芝塘湖、百家湖、鉴湖、百塔湖、洋牌湖等都是古鉴湖的残迹。

鉴湖一带是典型的江南水乡风光，王阳明一生也是多次畅游鉴湖。弘治十六年（1503）初春，王阳明在越地鉴湖踏春，寻访山阴本觉寺、牛峰寺，赋诗《本觉寺》《游牛峰寺（四首）》。在《来两山雪图赋》中，

阳明言："鉴湖万顷寒蒙蒙，双袖拂开湖上云，照我须眉忽然皓白成衰翁。手掬湖水洗双眼，回看群山万朵玉芙蓉。"正德元年（1506）秋冬之际，或因宦官当道、朝政混乱，王阳明萌发隐遁之心，赋《忆鉴湖友》等"京师诗"。

正德十年（1515）秋，在南京任职的王阳明赋诗《书扇面寄馆宾》，思念越地的鉴湖、阳明洞。王阳明在南赣征战期间，有诗歌《天成素有志于学兹得告东归林居静养其所就可知矣临别以此纸索赠》，其中有"垂竿鉴湖云，结庐浮峰树"句。阳明晚年弟子季本，曾载酒与阳明游于鉴湖之滨，记："予尝载酒从阳明先师游于鉴湖之滨，时黄石龙（绾）亦与焉。"王阳明与董沄也多有鉴湖之游，阳明去世，董沄《哭阳明夫子》诗歌中有"鉴湖看戴笠，曲水命浮觞"句。

八、若耶溪

若耶溪，今名平水江，是绍兴境内一条著名的溪流，相传若耶溪有七十二支流，自平水而北，会三十六溪之水，流经龙舌，汇于禹陵，然后又分为两股，一支西折经稽山桥注入镜湖，一脉继续北向出三江闸入海，全长百里。

若耶溪源头在若耶山，山下有一深潭，据说就是郦道元《水经注》中的"樵岘麻潭"。富有诗情画意的若耶溪，使历代的文人雅士流连忘返。唐代孟浩然的"白首垂钓翁，新装浣纱女"，李白的"若耶溪畔采莲女，笑隔荷花共人语"，丘为的"一川草长绿，四时那得辨"等诗句，都生动地描绘了若耶溪两岸的美丽风光。此外，唐代的崔颢元、刘长卿，宋代的王安石、苏东坡、陆游，明代的刘基、王阳明、徐渭、王思任、刘宗周等文人学士，也都泛舟若耶，留下了许多丽词佳文。

弘治十七年（1504）四月十五日，王阳明在若耶溪为内兄诸用冕赴南都参加秋试送行，赋《若耶溪送内兄诸用冕赴南都（并序）》，其中有"若耶溪上雨初歇，若耶溪边船欲发"句，序文曰："内兄诸用冕惟奇，负艺，不平于公道者久矣。今年将赴南都试，予别之耶溪之上，固知其高捷北辕，不久当会于都下，然而缱绻之情自有不容已也。越山农邹鲁英为写耶溪别意，予因诗以送之，属冗不及长歌。俟其对榻垣南草堂，尚当为君和《鹿鸣》之歌也。弘治甲子又四月望，阳明山人王守仁书于西清轩。垣南草堂，予都下寓舍也。"此诗有王阳明手迹传世。

王阳明在嘉靖四年（1525）所成《从吾道人记》中，记录了自己与董沄在若耶溪畅游的场景："与之探禹穴，登炉峰，陟秦望，寻兰亭之遗迹，徜徉于云门、若耶、鉴湖、剡曲。"魏良器在阳明去世之后的《祭文》中有"壬癸甲乙之岁，坐春风于会稽，（阳明）先生携某（魏良器）于阳明之麓，放舟于若耶之溪，徘徊晨夕，以砭其愚而指其迷"的追忆。可见，若耶溪也是王阳明与弟子讲学论道的地点之一。

九、秦望山、云门寺

秦望山，又名刻石山，因秦始皇登临望海而成为越中名山，海拔 543.6 米。在今绍兴诸暨市枫桥镇乐山村东北部，与今绍兴市柯桥区平水镇平江村西南毗邻，是会稽山脉的名山，土名"燕子岩头"，"自诸暨入会稽，此山最高"。秦望山与龙头岗、鹅鼻山（也叫"峨嵋山""峨眉山"或"娥避山"）、石屋山相连，是会稽山法华、兰渚、香炉、云门、宛委等众山的最高峰。古往今来，众多骚人墨客，登临秦望并留下金声玉振。

　　云门寺，地处今绍兴市柯桥区平水镇平江村，始建于东晋义熙三年（407）。据史书记载，云门寺本为中书令王献之的旧宅，传说王献之曾舍宅为寺。

　　云门寺一直是文人墨客的游历之地，六朝宋时，谢康乐与从弟谢惠连曾泛舟若耶溪，对诗于王子敬山亭。南朝时，何胤曾"居若耶山云门寺"（《嘉泰会稽志》卷十四）；僧洪偃曾驻足于此，写有《云门寺》诗。唐朝诗人孟浩然、白居易、李白、杜甫、崔颢、元稹、刘长卿、韦应物、王维、贺知章等皆寻访过若耶、云门，并有诗歌。杜甫在给友人画中题诗时发出"貌得山僧似童子，若耶溪，云门寺，吾独胡为在泥滓，青鞋布袜从此始"的感慨。宋代的文豪范仲淹、陆游、苏东坡、王安石、辛弃疾等也曾临云门寺，陆游在多处诗中提及云门，撰有云门《寿圣院记》；辛弃疾任浙东刺史时，曾从云门后登秦望山。元明之际，刘基曾在云门居住多日，留有大量诗文，诸如《游云门记》《自云峰深居过普济清远楼记》《发普济过明觉寺至深居记》《深居精舍记》《活水源记》等。明代徐渭、陈洪绶、董其昌、张元忭、刘宗周亦游若耶溪而来云门寺。

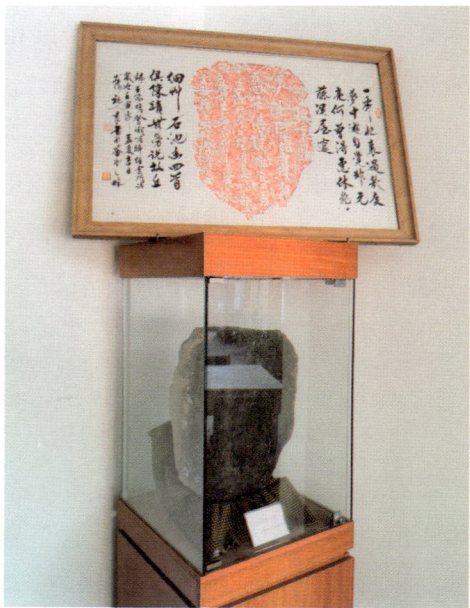

云门寺藏王阳明诗碑

阳明后学张元忭撰《云门志略》五卷，其中有王阳明《登峨嵋（眉）归经云门》诗。

今云门寺藏明代王阳明诗碑残石《登峨嵋（眉）归经云门》。据该寺清慧主持介绍，石刻是前些年整理寺院后殿地面时所出，现为不规则残块，残存尺寸宽35厘米、高53厘米，石面风化严重，前诗后跋，文字几不可辨，经拓片后比对字迹为："……年忙里过……何曾得惠休乱……幽回首俱陈迹无劳……"左面题记落款漫漶不清，几不可识读："由□过此旁用壁弓王文桥韵可……历求其所□非□之风陀□……立族世□□□癸亥二月廿八二日。"

弘治十一年（1498）春，王阳明游登秦望山、云门山、峨嵋（眉）山、梅山，赋诗《登秦望山用壁间韵》（王阳明所次之韵诗为陆游《醉书秦望山石壁》）、《登峨嵋（眉）归经云门》、《（梅山）本觉寺》。正德七年（1512）夏，陆相、高台、王翰（时任绍兴府通判）登绍兴秦望山，陆相、高台分别赋诗《登秦望次阳明韵》。嘉靖三年（1524）十月二十一日，王阳明登秦望山，宿云门寺，赋诗《嘉靖甲申冬二十一日再登秦望自弘治戊午登后二十七年矣将下适董萝石与二三子来复坐久之暮归同宿云门僧舍》。这是自弘治十一年后，王阳明再登秦望山、宿云门寺之作。

十、浮峰

浮峰，在今绍兴市柯桥区的杨汛桥，也叫牛头山、牛峰，山上产浮石，入水则浮，王阳明为其改名"浮峰"，是越中胜景之一。牛头山上有寺，曰"牛峰寺"，这里是王阳明告病归越和晚年居越期间与弟子、友人结社赋诗的场所，称"浮峰诗社"。

弘治十六年（1503）九月左右，王阳明游牛头山牛峰寺，赋诗

《游牛峰寺四首（牛峰今改名浮峰）》。正德八年（1513）十月初，归省越地后赴滁州上任的王阳明，行至浮峰寺会友；而后，在滁州又有诗篇《寄浮峰诗社》。嘉靖二年（1523）正月，邹守益从江西安福出发至京师复职途中，转到绍兴拜会王阳明，停留月余；二月，邹守益离去，王阳明、蔡宗兖、王世瑞（王琥）等送别于浮峰，邹守益赋诗《侍阳明先生及蔡希渊王世瑞登浮峰书别》等。阳明则和诗《夜宿浮峰次谦之韵》《再游浮峰次韵》等。通行本《传习录·下》"钱德洪录"载："癸未（嘉靖二年）春，邹谦之来越问学，居数日，先生送别于浮峰。"同年十一月，王阳明至萧山西兴渡口，迎致仕刑部尚书林俊来访，夜宿浮峰寺。

十一、陈溪石笋山

明正德八年（1513）六月中旬，王阳明、徐爱等一行有四明山之行。其间，他们来到上虞陈溪，观"石笋双峰"。王阳明赋诗《咏钓台石笋》，有"云根奇怪起双峰，惯历风霜几万冬"句。另，王阳明一行也到陈溪乡虹溪村，寻访王氏先祖，并为虹桥村题匾"龙山旧家"。

十二、稽山书院

稽山书院位于今绍兴市越城区府山（卧龙山）西岗。北宋宝元二年至康定元年（1039—1040），范仲淹知越州，于州治创建稽山书院，聘新昌石待旦主持书院，四方受业者甚众。南宋乾道六年（1170），朱熹提举浙东常平茶盐事，曾于此讲学敷政。岁久湮废，明正德年间山阴知县张焕移建故址之西。嘉靖三年（1524），绍兴知府、阳明门人南大吉及山阴县令吴瀛拓书院，增建"明德堂"

"尊经阁"。南大吉试八邑诸生,选其优者升于书院,月给廪饩。王阳明于此讲学,阐述"致良知"之学,并撰《稽山书院尊经阁记》,有云:"越城旧有稽山书院,在卧龙西冈,荒废久矣。郡守渭南南君大吉既敷政于民,则慨然悼末学之支离,将进之以圣贤之道。于是使山阴令吴君瀛拓书院而一新之,又为'尊经'之阁于其后。"

为纪念南大吉(号瑞泉),稽山书院后易名为"瑞泉精舍"。万历七年(1579),奉例毁书院,遂为吴氏所佃,尚书吴兑持之不遽毁。万历十年,知府萧良干修复,易名"朱文公祠",又于瑞泉精舍旧址建"仕学所"。清康熙十年(1671),里人虞敬道、柴世盛重修。书院后毁塌,今遗址尚存,有待复建。

十三、光相坊、光相桥

光相坊、光相桥位于绍兴府山阴县西北隅,系王华在绍兴居所所在地。正德二年(1507)冬,王华致仕后,即由余姚迁居绍兴。

绍兴光相桥

《姚江王氏宗谱·赠吏部尚书龙山先生传》载:"逆瑾窃柄,士大夫争奔走其门,(王华)先生独不往,瑾衔之,出为南京吏部尚书,推寻礼部旧事,勒令致仕,即归,卜居山阴光相桥。"

光相坊附近或有"光相寺",为王阳明晚年在越地讲学期间容纳门人的场所之一。《传习录·下》"钱德洪录":"癸未年(嘉靖二年)以后,环先生而居者比屋,如天妃、光相诸刹,每当一室,常合食者数十人。"钱德洪《刻文录叙说》记载有钱德洪"觅光相僧房,闭门凝神净虑"的静坐入道场景。

十四、伯府第(天泉桥、碧霞池)

伯府第是王阳明晚年在绍兴城内"朝京坊"兴建的住宅,位于今绍兴市越城区上大路。据清乾隆三十九年(1774)王谋文编"德逸堂"《姚江王氏宗谱·重修王氏家庙碑记》记:"质庵公(王季)自达溪迁余姚之秘图山,八传至海日公(王华)冢宰致仕,爱会稽山水,卜筑山阴;迨文成公(王阳明)用平濠功爵锡躬圭,建里第于朝京坊,遂立家庙于其东。"

正德十六年(1521)十一月,王阳明因平定宁王朱宸濠谋叛之功,被封为"新建伯"。嘉靖二年(1523)冬,占地十六亩五十间的新建伯府第在府城"朝京坊"落成。黄佐应梁焯之招,会王阳明于绍兴,逗留七天,就下榻在新建的伯府第中。黄佐《庸言》卷九:"癸未(嘉靖二年)冬,予(黄佐)册封道杭,会同窗梁日孚,谓'阳明仰子'。予即往绍兴见之。公(王阳明)方宅忧,拓旧仓地,筑楼房五十间,而居其中。留余七日,食息与俱。"

据今人杨德俊考证,四合院建筑的伯府第,有前厅、后厅,无两厢,西面建有"天泉楼",是阳明讲学的场所。后院有一宽约15

米、长约40米、高近6米的观星台。伯府第南大门有一人工挖掘的湖，被称为"碧霞池"，阳明称之为"第十一洞天之碧霞池"；其上有一座廊桥，名为"天泉桥"，也是王阳明与门人讲学论道的一处重要场地。

嘉靖三年（1524）中秋，月白如昼，王阳明命侍者设席于碧霞池上，宴百余门人于天泉桥。王阳明赋诗《月夜二首与诸生歌于天泉桥》。九月，王阳明赋诗《碧霞池夜坐》："一雨秋凉入夜新，池边孤月倍精神。潜鱼水底传心诀，栖鸟枝头说道真。莫谓天机非嗜欲，须知万物是吾身。无端礼乐纷纷议，谁与青天扫宿尘？"其中，有王阳明对"大礼议"的看法，即斥之为"非常典"。

嘉靖四年（1525）八月十五日，董沄在绍兴新建伯府第问学于王阳明，因病宿于天泉楼，赋诗《乙酉中秋薛中离言旋适余病起以诗留之》。王阳明又有诗作《天泉楼夜坐和萝石韵》。暮秋，应董沄之请，阳明还为其作文《从吾道人记》，落款"阳明山人王守仁书于第十一洞天之碧霞池上"。同年十月，余姚孙应奎至绍兴拜会王阳明，阳明"引至天泉楼，授经文至'致知格物'而止。示之曰：'学问宗旨全在此四字'"。

嘉靖五年（1526），王阳明有诗作《寄题玉芝庵（丙戌）》："尘途骏马劳千里，月树鹪鹩足一枝。身既了时心亦了，不须多羡碧霞池。"诗句中有"碧霞池"。

嘉靖六年（1527）九月初七日夜，钱德洪、王畿就师门教法之分歧（钱德洪主"四有说"、王畿主"四无说"），在天泉桥上求教于阳明，史称"天泉问答"或"天泉证道"。阳明借此确定晚年教人定本的"四句教"："无善无恶心之体，有善有恶意之动，知善知恶是良知，为善去恶是格物。"钱德洪《阳明先生年谱》、通行本《传习录·下》"钱德洪录"中有关于"四句教"的文本记载。"天泉证道"是王阳明对其以"致良

绍兴王阳明故居遗址

知"为核心的思想体系所作的最后总结，因此也被作为阳明良知心学成熟的标志。

　　万历二十九年（1601）八月中秋夜，阳明学者周海门同五十余人聚会于绍兴新建伯府第碧霞池之天泉桥。《东越证学录·越中会语》："辛丑中秋之夜，……诸友迎先生（周海门），凡五十余人，宴于碧霞池之天泉桥。酒数行，先生曰：此桥乃阳明夫子证道处也。"同时，周海门赋诗《中秋大会天泉桥》。

　　清康熙五十三年（1714），山阴人章大来寻访伯府第，见其残破状，甚是伤感，赋诗《过王文成公故居》："我行伯府中，延眺来悲吟。前楹既已颓，后墅亦复倾。缅怀天泉桥，遗迹莽埃尘。渌池萍藻合，残碣蛛丝萦。平生学道侣，感慨泪沾襟。桓桓文成公，勋在旂常铭。何人记功宗，侯伯转纷争。主鬯竟谁延，堂构良苦辛。呜呼明运圮，宫殿委荒榛。江表多烽燧，行营半鬼磷。何况故侯第，松柏摧为薪。已矣勿复言，空庭起夕阴。"这是对康熙年间绍兴王阳明故居的描述。

今绍兴伯府第经地下考古后复建，易名为"绍兴王阳明故居"，并新建有"王阳明纪念馆"。

绍兴王阳明纪念馆

十五、阳明书院、阳明先生祠

《王文成公全书》本《阳明先生年谱》载：嘉靖四年十月，阳明弟子又在"越城西郭门内、光相桥之东"即新建伯府第旁筹建了阳明书院。后十二年丁酉即嘉靖十六年（1537），巡按浙江监察御史、阳明门人周汝员建祠于楼前，匾曰："阳明先生祠。"

十六、阳明墓

嘉靖七年（1528）十一月二十九日午时，王阳明因肺痨病卒于自江西南安返乡途中。嘉靖八年（1529）十一月十一日，千余人会葬王阳明于绍兴城外洪溪（今绍兴柯桥兰亭镇花街村鲜虾山），墓穴由门人李珙等筑治。

　　清乾隆三十八年（1773），阳明后裔王谋文在阳明墓道恭摹勒石乾隆御笔的"名世真才"，自称"七世孙山西汾州府介休县知县臣王谋文恭摹勒石"。

　　1987年由浙江省社会科学院协调、绍兴县人民政府拨款、日本友人亦募捐资助整修的王阳明墓，由墓道、平台、墓穴、墓碑、祭桌等组成，坐北朝南，背依山岗，顺依山势，逐级升高，视野开阔。自甬道至墓顶全长80米，宽30米，用花岗石砌筑，规模按照原样，垂带、纹饰一如古制。碑文"明王阳明先生之墓"八个大字，系当代书法家沈定庵题书。中设青石平台，便于远眺凭吊，墓旁有合抱古松数十棵，增添肃穆气氛；墓身左右林木葱茏，四季常青。1989年4月清明节，"中国绍兴县重修王阳明墓揭碑仪式"举

绍兴阳明墓

行，中外学者及余姚当地千余人参加。2006年5月，绍兴的"王守仁墓"同余姚的"王守仁故居"，被国务院合并公布为第六批全国重点文物保护单位。

2023年10月31日在绍兴召开的"2023阳明心学大会"发布了"绍兴阳明文化十景"，包括洞天修道、浮峰探幽、若耶吟咏、云门静定、香炉唱和、陈溪游学、南镇观花、稽山论道、天泉证道、兰亭仰圣。

第三节　杭州的阳明文化遗迹

杭州是浙江的政治、经济、文化中心，也是王阳明从余姚、绍兴离家外出以及从外地返家的必经之地。钱塘江（西兴渡口）、浙东运河、京杭大运河的水路，是王阳明外出、返乡的必经之道；西湖边的净慈寺、圣果寺、虎跑寺等，更是王阳明的归隐之地。

据不完全统计，王阳明一生中前后路经杭州（钱塘）23次：①成化十七年（1481），10岁的王阳明在祖父王伦的陪同下从余姚渡江至杭州，沿大运河至京师父亲王华官邸寓居。②成化二十年，生母郑氏病卒，返乡葬母途中，路经杭州。③成化二十一年，从余姚再至京师父亲官邸，路经杭州。④成化二十三年或弘治元年（1488），从京师返乡参加县试、府试，路经杭州。⑤弘治二年（1489），王阳明从余姚启程至南昌迎娶夫人诸氏，经过杭州。⑥弘治二年十二月，偕夫人从南昌归余姚，再次路经杭州。⑦弘治五年秋，王阳明至杭州参加浙江乡试。⑧弘治五年冬，北上京师参加来年春试，路经杭州。⑨弘治九年九月，第二次参加会试不中，返乡余姚寓居，在杭州中转。⑩弘治十一年底，从余姚或绍兴启程，赴京参加来年春试，途经杭州，沿大运河乘船北上。⑪弘治十五年秋，从京师以病乞归乡，途经杭州。⑫弘治十六年二月至九月，来杭州西湖习禅养疴。⑬弘治十六年冬，王阳明自会稽上天目山，至湖州，又至姑苏（苏州）游玩，翌年春从苏州返回越地，在杭州中转，或在杭州逗留。⑭弘治十七年六月，王阳明从家乡启程至山东主考乡试，路经杭州。⑮正德二年（1507）正月，贬谪至贵州龙场途中，沿京杭大运河南下，至杭州。⑯正德二年冬，王华由南京吏部尚书致仕归乡，王阳明陪同至余姚；正德三年正月初一，启程经杭州辗转至贵州。⑰正德七年十二月，从京师吏部升任南京太仆寺卿，与徐爱同舟归省至越，路经杭州。⑱正德八年十月，从越地至滁州上任南京太仆寺卿，经杭州。⑲正德十一年十月，因从南京赴南赣任巡抚，归省至越，途经杭州。⑳正德十一年十一月，启程至赣州上任，又再次经过杭州。㉑正德十四年十月，在平定宁藩叛乱之后，押解宁王朱宸濠至杭州，交给太监张永。㉒正德十六年八月，因江西平乱功，升任南京兵部尚书，便道归省，经杭州。㉓嘉靖六年（1527）九月，从越地启程至广西平乱，经杭州；翌年十一月，王阳明病卒于江西，嘉靖八年春，灵柩经杭州运抵绍兴。

其中，弘治五年（1492）秋，王阳明来杭州参加浙江乡试，逗留半月左右；弘治十六年二月至九月，在西湖习禅养疴；正德二年（1507）三月至十一月，在贬谪贵州龙场途中避居西湖圣果寺等处；正德十四年十月，押解宁王朱宸濠途中，在西湖净慈寺，以病静养。

总之，王阳明在杭州西湖暂居时间总共长达2年之久。路经或寓居杭州期间，王阳明也留下了大量的行迹。

一、浙东运河（西兴渡口）

浙东运河主要航线西起钱塘江南岸，经杭州市西兴镇到萧山，东南到钱清过绍兴城经东鉴湖至曹娥江，过曹娥江东经上虞丰惠旧县城到通明坝而与姚江汇合，全长约125千米，此段为人工运河。之后，经余姚、宁波汇合奉化江后称为"甬江"，东流至镇海入海，以天然河道为主。浙东运河全长约200千米。

西兴渡，在萧山西北，本名固陵。相传春秋时越范蠡于此筑城，六朝时为西陵戍，五代吴越改名"西兴"。毫无疑问，西起钱塘江南岸，经杭州市西兴镇到萧山的浙东运河，是王阳明前后20余次从余姚、绍兴启程，出入杭州的必经水道，而西兴渡口，也是王阳明必经之地。

二、钱塘江、富春江

钱塘江，古称"浙"，全名"浙江"，又名"折江""之江""罗刹江"。浙江富阳段称为富春江，浙江下游杭州段称为钱塘江。"钱塘江"之名最早见于《山海经》，因流经古钱塘县（今杭州）而得名。

钱塘江是王阳明及其门人、友人经杭州到余姚、绍兴，或从绍兴、余姚出发至京师、南都、江西、贵州、两广的必经之路。在《平山书院记（癸亥）》文中，王阳明有"钱塘波涛之汹怪，西湖山水之秀丽，天下之言名胜者无过焉"云云。在《若耶溪送友诗并序》中，王阳明有"飞帆夜渡钱塘月"的诗句。嘉靖二年（1523）十一月，王阳明从绍兴至萧山恭迎林俊渡江来访，《阳明先生年谱》云："见素林公自都御史致政归，道钱塘，渡江来访，先生趋迎于萧山，宿浮峰寺。"《阳明先生年谱》"正德二年条"载，"夏，（阳明）先生至钱塘，（刘）瑾遣人随侦。先生度不免，乃托言投江以脱之。因附商船游舟山，偶遇飓风大作，一日夜至闽界。……因取间道，由武夷而归。时龙山公（王华）官南京吏部尚书，从鄱阳往省。十二月返钱塘，赴龙场驿"。这里说，王阳明在贬谪贵州途中在杭州遭刘瑾迫害，不得已跳进钱塘江而脱逃至舟山，再至福建武夷山。尽管这是王阳明刻意制造的假象，但也足以说明，钱塘江是王阳明在杭州的重要行迹地之一。

另外，富春江也是王阳明诗歌中时常出现的场景，比如《移居胜（圣）果寺二首》有"富春咫尺烟涛外，时倚层霞望钓台"句，《寄张东所次前韵》有"子陵终向富春归"云云。

三、京杭大运河（杭州段）

京杭大运河，又称京杭运河，是中国也是世界上最长的古代运河，运河北起北京，南至杭州，流经天津、河北、山东、江苏和浙江四省一市，沟通海河、黄河、淮河、长江和钱塘江五大水系，全长1794千米。2014年6月22日，由京杭运河、隋唐运河、浙东运河3段组成的中国大运河，被列入世界遗产名录。

王阳明从余姚、绍兴启程至北京、南都求学或任职，在杭州武林门码头乘船北上。

四、北新关

北新关，俗称大关，位于京杭大运河南端，是浙江省内最重要的钞关，于明景泰元年（1450）设立，系明代七大钞关之一，今仅存遗址。正德二年（1507）春，王阳明贬谪途中，沿京杭大运河南下，在北新关与胞弟相见，赋诗《赴谪次北新关喜见诸弟》，有"扁舟风雨泊江关，兄弟相看梦寐间"云云。

五、西湖

西湖，位于杭州城西，三面环山，湖中被孤山、白堤、苏堤、杨公堤分隔，按面积大小分别为外西湖、西里湖、北里湖、小南湖及岳湖等5片水面。苏堤、白堤越过湖面，小瀛洲、湖心亭、阮公墩3个人工小岛鼎立于外西湖湖心，夕照山的雷峰塔与宝石山的保俶塔隔湖相映，由此形成了"一山、二塔、三岛、三堤、五湖"的基本格局。

"予有西湖梦，西湖亦梦予。"王阳明一生与西湖结下了不解之缘，西湖的山水见证了王阳明少年、中年、晚年由凡而圣的学术历程与坎坷不平的人生遭遇。王阳明一生23次经过杭州，在西湖及其周边寺庙静养时间长达2年。

弘治十六年（1503）春，王阳明从绍兴移疾杭州西湖。赋诗《寻春》。夏，王阳明赋诗《西湖》《西湖醉中漫书（二首）》，应杭州太守杨孟瑛之请，作《平山书院记》。秋，在西湖桂花盛开之时，王阳明深夜归寓所，赋诗《夜归》。在杭州期间，又有《无题诗》《夜雨山翁家偶书》，与浙江右布政使毕亨之间也有诗歌唱和，赋诗《次韵毕方伯写怀之作》。是年秋，王阳明离开西湖到绍兴、余姚。

弘治十八年（1505）正月，龙霓由刑部员外郎出任浙江按察佥事，李梦阳、边贡、何景明、顾璘、陈沂、王韦、刘淮、陈钦、李熙、刘麟、杭淮、范渊、谢承举等28人以文会形式为其饯行，王阳明赋古体诗《西湖》以赠行；同时，阳明还为龙霓《鸿泥集》作序，成《鸿泥集序》。

正德元年（1506）秋冬之际，或因宦官当道、朝政混乱，在京师的王阳明萌发隐遁之心，赋诗《寄西湖友》，其中有"予有西湖梦，西湖亦梦予"的名句。

正德二年（1507）三月至十一月，王阳明在贬谪贵州龙场途中避居西湖。邹守益《王阳明先生图谱》："正德二年丁卯春，先生以被罪，未敢归家，留寓钱塘胜（圣）果寺养病。"春，徐爱以其父徐玺之命，至杭州，正式向王阳明行弟子礼。徐爱《同志考序》："自尊师阳明先生闻道后几年，某于丁卯（正德二年）春，始得以家君命执弟子礼焉。于时门下亦莫有予先者也。继而是秋，山阴蔡希颜、朱守中来学，乡之兴起者始多，而先生且赴谪所矣。"王阳明、徐爱师徒二人间多有诗歌唱和。

秋，王阳明弟王守文来杭州参加浙江乡试，不果。徐爱、朱节、蔡宗兖同举乡贡，朱节、蔡宗兖正式亲炙王阳明。八月中下旬，王阳明佯狂避世，托言投江南遁、游海入山，赋"游海诗"若干种（《游海诗卷》），成《绝命辞》（《告终辞》），实则沿钱塘江、富春江、桐江、兰江、衢江南下，潜入福建武夷山中。九月，王阳明自武夷山返回，至南昌，间道鄱阳湖，沿长江水道至南京省父。王阳明也有可能由衢江、兰江、桐江、富春江、钱塘江至杭州，再沿运河北上至南京。还有一种可能，王阳明并未至南都，而是在杭州等候从南都致仕归来的王华，再一同回余姚。是年底，王阳明因赴谪龙场，在杭州作《别三子序》以赠之；又作《示徐曰仁应试》文。十二月，王阳明安顿好王华及祖母岑太夫人。翌年初，他离开余姚到杭州，经江西、湖南，往贵州龙场。

正德十四年（1519）十月初九日，王阳明押解宁王朱宸濠至杭州，签发公移《案行浙江按察司交割逆犯暂留养病》，把朱宸濠等要犯交太监张永，自己以病留西湖净慈寺休养，《宿净寺四首》诗"序"云："十月至杭，王师遣人追宸濠，复还江西。是日遂谢病退居西湖。"十月十一日，王阳明在杭州签发公移《牌行副使陈槐督解逆犯》，稍后又签发公移《案仰江西布按二司豫备官军粮草》《咨整理兵马兵部侍郎王接济官军粮草》。十月中旬，王阳明由杭州出发，沿运河途经无锡赴京口（镇江），拟赴行在所维扬（扬州）迎驾并觐见武宗。从杭州至镇江途中，王阳明赋诗《即事漫述四首》。

六、净慈寺

杭州有"东南佛国"之称，西湖周边有净慈寺、虎跑寺、圣果寺、昭庆寺、天竺寺、灵隐寺等著名庙宇，这些地方成为王阳明的归隐、静养场地。

净慈寺在南屏山慧日峰下，为五代吴越国钱弘俶为高僧永明禅师所建，原名"永明禅院"；南宋时改称"净慈寺"，并建造了五百罗汉堂。寺屡毁屡建，因为寺内钟声洪亮，"南屏晚钟"成为"西湖十景"之一。现在的寺宇、山门、钟楼、后殿、运木古井和济公殿都是20世纪80年代重建的。

弘治十六年（1503）春，王阳明从绍兴移疾杭州西湖，曾寓居于南屏山下的净慈寺。正德二年（1507）三月至十一月，在贬谪贵州龙场途中，其曾以病避居净慈寺，赋诗《南屏》《卧病净慈写怀》

等，其弟子徐爱来杭州寻访后有《南屏次韵》诗。正德十四年十月初九日，王阳明签发公移《案行浙江按察司交割逆犯暂留养病》，把押解的宁王朱宸濠等要犯交给太监张永，自己以病留西湖净慈寺休养，赋诗《宿净寺四首》，稍后离开净慈寺，至镇江恭候"御驾亲征"的正德帝，不果，遂返回江西。

七、虎跑寺

虎跑定慧寺，原称"大慈定慧禅寺"，俗称"虎跑寺"，位于杭州西南大慈山。

弘治十六年（1503）春，王阳明从绍兴移疾杭州西湖，往来于净慈寺、虎跑、圣水、圣（胜）果、宝界、灵隐诸佛刹。在虎跑寺，王阳明用"爱亲本性"点化闭关坐禅三年的寺僧，使之返乡侍母。

八、圣（胜）果寺

圣果寺，又名"胜果寺"，原称"崇圣寺"，位于杭州凤凰山上，始建于唐乾宁间。南宋王朝南迁至临安，这里被划作殿司衙。后被毁，明洪武年间重建。此地虽迭经变幻，但存留的古物颇多，有西方三圣浮雕、十八罗汉造像，宋高宗赵构手书"忠实"两字题刻，还有凤凰池、放光岩以及月岩等名胜。

由于环境僻静，圣果寺是王阳明隐居杭州西湖期间留宿时间最多的寺庙。弘治十六年（1503）春，王阳明移疾西湖，就曾寓居于此并赋诗《胜（圣）果寺》。七月，朱应登来杭州寻访王阳明，同游圣果寺、越王台，朱应登赋诗《由圣果寺中峰登越王台次韵王阳明》。秋日，在圣果寺，又有《无题诗》一首。

正德二年（1507）三月至十一月，王阳明在贬谪贵州龙场途中避居西湖圣果寺等处。邹守益《王阳明先生图谱》："正德二年丁卯春，先生以被罪，未敢归家，留寓钱塘胜（圣）果寺养病。"夏，王阳明至圣果寺避暑，赋诗《移居胜（圣）果寺（二首）》；徐爱有《胜（圣）果次韵》。王阳明与圣果寺僧释雪江之间亦有诗歌唱和，释雪江赋诗《次阳明先生谪官龙场所作原韵》。江西学人夏良胜至圣果寺寻访王阳明，同登中峰，夏良胜赋诗《和阳明山人二首》；别去之后，夏良胜又有诗作《得阳明先生教归赋白马三章章四句》。与此同时，余姚学子陆幹（陆深弟）、孙惟烈来寻访王阳明，陆幹赋诗《游胜（圣）果寺次王阳明韵（是日孙惟烈同游）》。王阳明门人蔡我斋（蔡宗兖）在圣果寺也有次韵之作，而后，陆澄之子陆时雍也来此寻访王阳明、蔡我斋诗作，而有两首次韵诗。陆时雍的诗刻著录于《武林访碑录》，今存，位于圣果寺松涛阁遗址。

九、圣水寺

圣水寺，在杭州城吴山西南方面的云居山上。宋代佛印创建云居寺，元代中峰创建圣水寺，后两者合而为一，号"云居圣水寺"。现寺已不存。

弘治十六年（1503）春，王阳明移疾杭州西湖，赋诗《圣水寺》。

十、昭庆寺

昭庆寺，全称"大昭庆律寺"，位于宝石山东麓，南傍西湖。始建于五代后晋天福元年（936），由吴越王钱元瓘创建，初名菩提院。宋真宗天禧初年，菩提院改名为"昭庆"，真宗赐额为"大昭庆律寺"。北宋以后，昭庆寺命运多舛，兴毁不断。1929年因火灾付之一炬。1949年以后历经一系列的拆除和改造，如今成为杭州市青少年活动中心，只剩下原来大雄宝殿的一个空壳。

弘治十六年（1503），王阳明在西湖隐居，开化学者吾谨寻访王阳明，在昭庆寺同论儒佛道三教异同及心性之学。"钱塘门外古昭庆"，有文献表明，王阳明的大弟子钱德洪在致仕后寓居杭州西湖"钱王祠"附近，还在昭庆寺举办阳明学讲会，赋诗《昭庆寺讲会示诸生》："忆别溪山二十年，诸君音问亦萧然。自惭真诀传先觉，赖有斯文属后贤。岩阁虚无含晚翠，云峰突兀倚遥天。湖南万树茅堂静，好共新凉理断编。"

十一、灵隐寺

灵隐寺又称"云林寺"，坐落于西湖西面的灵隐山麓，环境清幽，是杭州最早的名刹。弘治十六年（1503），王阳明移疾西湖，寻访灵隐寺。

十二、天竺寺

天竺寺，时称"天竺三寺"，有上天竺寺、中天竺寺、下天竺寺，均系杭州古代名刹。"天竺三寺"历史相近，地域毗近，教观相同，声名一度盖过灵隐寺。正德十四年（1519）十月，王阳明谢病退居西湖期间，曾至上天竺讲寺，赋诗《夜宿白云堂》。

十三、于谦墓、于谦祠

于谦墓位于西湖三台山下，始建于明天顺三年（1459）。位于于谦墓左前侧的于谦祠建于明弘治三年（1490）。墓、祠建成后，历代均有修缮。

正德二年（1507）三月至十一月，在贬谪贵州龙场途中，王阳明隐居西湖期间，曾至三台山凭吊于谦墓、于谦祠，作有《于公祠享堂柱铭》《于肃愍公像赞》。

十四、塔山

弘治十六年（1503），王阳明从绍兴移疾杭州西湖。八月，天台学者夏镒途经杭州寻访王阳明，二人同游塔山，夏镒赋诗《与王伯安夜登塔山》《次伯安韵》。诗中"塔山"，即在杭州西湖周边。

十五、万松岭、万松书院

万松岭，西起湖岸，东抵江干，早先为杭州城墙所经，因而也是杭州城区与山林的交界。万松书院，曾名"太和书院""敷文书院"，位于凤凰山万松岭，始建于明弘治十一年（1498）。正德十六年（1521），巡按御史唐凤仪等人主持了万松书院历史上第一次重大维修：增建石坊两座，整修加固原有建筑，扩建学生斋舍。重修后，书院规模宏大，一时成为杭州最大的书院。嘉靖四年（1525），在侍御潘景哲的倡导下，万松书院扩建楼居斋舍共36楹，添置祭田若干，又完备祭祀器具等，招收省内外优秀学子逾百名。其后，万松书院因由官员创办，又深受阳明心学影响，遭受统治者的沉重打击。嘉靖三十三年，杭州知府孙孟在废墟中重建万松书院，恢复明伦堂等主体建筑，并增建居仁、由义两斋。明万历年间，阁臣张居正废毁天下书院。幸而在大学士徐阶的支持下，浙江巡抚谢师启、提学金事乔因以"万松书院祀先圣，不当概毁"为由，再三乞请，终使万松书院逃过一劫，并为此改称为"先贤祠"，虽名亡而实存。崇祯五年至六年（1632—1633）间，万松书院终于在战乱中被毁。清代复建为敷文书院，齐召南等大学者曾在此讲学，袁枚也曾在此就读。康熙、乾隆两帝南巡时，分别赐额"浙水敷文""湖山萃秀"。近代维新派主张改革教育、救亡图存，认为书院教育已不适应社会发展需要，万松书院也由此结束了作为教育场所的历史使命。

1999年起，杭州市政府决定依据史料记载和留存遗迹，按照修旧如旧的原则，在遗址上按明式旧制重建万松书院，并于2002年10月向游人开放。书院主体建筑包括仰圣门、明道堂、大成殿、毓秀阁等。其中，毓秀阁原为接待各地访问学者的处所，现辟有"梁祝书房"。明道堂为书院讲堂，陈设展示中国历代科举文化。大成殿为祭祀孔子处，设有"孔子行教图"壁画。现万松书院遗址尚存有"万世师表"四字牌坊一座、"至圣先师孔子像"石碑等旧物以及众多的摩崖石刻。

万松书院所在的万松岭（万松山）是王阳明的隐居、游学处之一。弘治十六年（1503）立秋日，在西湖隐居的王阳明在万松山上赋诗《山中立秋日偶书》。稍后在万松山圣果寺，又作《无题诗》一首。正德二年（1507）夏，在西湖逗留养病的王阳明至杭州万松山中峰等地避暑。嘉靖二年（1523）春，王阳明弟子邹守益去绍兴寻访阳明后回杭州，游万松书院。嘉靖四年，巡按御史潘仿（字景哲，河南洛阳人，正德六年进士）、万潮拓建杭州万松书院，请王阳明作《万松书院记》。嘉靖六年九月，王阳明从绍兴启程至广西平乱，当在钱德洪、王畿陪同下寻访万松书院。

为纪念王阳明作《万松书院记》文，今复建的万松书院中，有一处王阳明与童子讲学的石雕像。

万松书院"王阳明与童子讲学"雕像

十六、玉皇山、天真山、天真精舍

玉皇山，唐代名"玉柱山"，相传五代时吴越国钱王曾迎明州（今宁波）阿育王寺的舍利置放于此山，改名"育王山"，宋后称"龙山""临龙山""玉龙山""龙华山"。因山上建有天真寺，故又名"天真山"。明代时创建福皇观，供奉玉皇大帝，故称"玉皇山"。

正德三年（1508）贬谪贵州龙场途中，王阳明在西湖养病，曾游历天真山。嘉靖六年（1527）九月，王阳明从绍兴启程至广西平乱，渡钱塘至杭州后，偕王畿、钱德洪同游杭州天真山。登天真山时，阳明喜曰："吾二十年前游此，久念不及，悔未一登而去。"阳明发现这里江湖汇聚，非常符合他心中日后归隐之所的条件。而后，王阳明经衢州（西安），诸生于雨中出候，阳明赋诗《西安雨中诸生出候因寄德洪汝中并示书院诸生》《德洪汝中方卜书院盛称天真之奇并寄及之》，其中有"天真泉石秀，新有鹿门期""文明原有象，卜筑岂无缘"句。这是说，钱德洪、王畿打算在天真山建天真书院，日后供阳明在此讲学。遗憾的是，翌年（1528）十一月，阳明病逝于返乡途中。

嘉靖九年（1530）五月，因顾虑阳明卒后同门聚散无常，薛侃建天真精舍于天真山，祀阳明先生。同门董沄、刘侯、孙应奎、程尚宁、范引年、柴凤等董其事，邹守益、方献夫、欧阳德等前后相役，斋庑庖湢具备，可居诸生百余人。是年秋，精舍建成，薛侃有《书院成请钱德洪兄》，请钱德洪执事并常居其中。薛侃有《天真精舍勒石》："嘉靖庚寅秋，天真精舍成。中为祠堂，后为文明阁，为载书室，又为望海亭，左为嘉会堂，左前为游艺所、传经楼，右为明德堂，为日新馆，余为斋舍。周以石垣，界则东止净明，西界天龙，北暨天真，南抵龟田路。是举也，成夫子遗志，四方同志，协而成之，勒之于石，俾世守者稽焉。"天真精舍的每年祭期为春秋二仲月仲丁日，四方同志如期陈礼仪，悬钟磬，歌诗，侑食。祭毕，讲会终月。总之，天真精舍（天真书院）为阳明门人王臣、薛侃、钱德洪等为纪念先师阳明先生所建，兼有祭祀、集会讲学的功能。

2008年，西湖综合保护工程之一的"玉皇山南整治工程"启动，得此契机，天真精舍遗址的《勒石文》碑刻得以重见天日。正是凭借这块石碑以及上面的内容，天真书院在天真山的确切位置得以确认，"望海亭""天真亭"等也得以复建。2013年12月，"天真精舍遗址"被列为杭州市市级文物保护单位。

十七、凤凰山、月岩

凤凰山，古称凤山，在杭州城区的西南面，主峰海拔178米，北近西湖，南接江滨，形若飞凤，故名。隋唐在此肇建州治。五代吴越国将杭州设为国都，筑子城。南宋在凤凰山麓建造皇城，东起凤山门，西至凤凰山西麓，南起笤帚湾，北至万松岭，方圆4.5公里。到了明代，凤凰山应该已属荒郊城外，然而，仍有不少文人雅士比如王阳明、方豪，陆续来此怀古，至今，这里仍保留着一些重要的摩崖题刻，如宋高宗赵构榜题"忠实"、王大通题"凤山"等。

月岩位于凤凰山顶，"石片如云，拔地高数丈，将巅有一窍，径有余"，在南宋时被纳入皇家御苑。月岩由一组岩石构成，处在一片玲珑的石林中，石壁峭立，挺拔俊秀，岩峰簇拥成林。其中一块岩石拔地而起，高六七米，在岩石顶端有一个通透的天然孔窍，孔径的大小左右约34厘米，上下约45厘米，略呈一个圆形，称为"月窦"。每当中秋月圆，清朗的月光穿月岩圆洞而过，在岩顶幻化成又一轮明月，因此这里是当时与"平湖秋月""三潭印月"齐名的杭城三大赏月胜地。月岩上还可见"高大光明""光影中天""无影相""垂莲石""怪石堆云矗太空，女娲炼出广寒宫"等大量题刻，字径都大至一尺左右，字体浑厚有力。

嘉靖六年（1527）九月，王阳明从绍兴启程至广西平乱，渡钱塘至杭州后，偕王畿、钱德洪同游凤凰山、寻月岩。在月岩，与巡按浙江监察御史王璜（字廷实，号大伾，正德十六年进士）相会，王阳明赋诗《秋日饮月岩新构别王侍御》。特别要留意的是，王阳明的月岩诗刻，今已被发现。

十八、将台山、南宋御校场

将台山，位于凤凰山与玉皇山之间。排衙石周边有约30亩的平地，即是将台山的山顶。将台山也被称为"秦望山"，传秦始皇曾登临此山眺望过钱塘江。吴越时期，这里曾是钱镠讲习武事的地方。北宋徽宗宣和年间，方腊起义，传说方腊攻打杭州时，他的妹妹百花公主，曾率起义军在将台山顶安营扎寨，调兵遣将，其西面耸起的一处小山头就是百花公主的"点将台"，而"将台山"的名称也由此而来。

南宋时期，将台山是殿前司营亲军（御林军）驻扎护卫皇城的营盘所在，此处既有地势之优，又近傍皇城，可以说是御林军驻扎的完美之地。同时，这里也是南宋时期皇室演练兵马的地方，宋高宗、孝宗、光宗三位皇帝都曾在此登台检阅过军队。宋孝宗常常带着后宫妃嫔及宦臣们到将台山习武、射箭并检阅兵将。因此，民间就把将台山俗称为"御教场"，也叫"女教场"。明朝时期，将台山上的御教场因开阔可任人四顾，而被称为"四顾坪"，成为登高赏景之地。

嘉靖六年（1527）九月，王阳明前往广西平乱，渡钱塘至杭州后，偕王畿、钱德洪同游凤凰山、寻月岩的同时，还驻足于凤凰山的将台山，登高赏景；又寻找南宋御教场遗址，有诗作《御校场》。

十九、严滩、严子陵钓台

富春江上游，有一段水深波平的水域，周围风景秀丽，有人称呼这里为"严子滩""严子濑"，或者"子陵滩""子陵濑"，也有人称呼此地为"七里滩""七里濑"。

严子陵钓台，位于桐庐县城南15千米的富春江之北岸的宫春山上，因东汉高士严子陵（余姚人）拒绝光武帝刘秀之召，拒封"谏议大夫"之官位而来此地隐居垂钓闻名古今。历代不少文化名人如李白、范仲淹、孟浩然、苏轼、陆游、李清照、朱熹、张浚、康有为、郁达夫等均来过钓台，并留下不少诗文佳作。范仲淹出知睦州，所撰《严先生祠堂记》文"云山苍苍，江水泱泱；先生之风，山高水长"之名句流传至今。

王阳明一贯视同乡先贤严子陵为心目中的"至人"。王阳明至少有两次"过钓台"，但是始终"弗及登"。

第一次是正德十四年（1519）九月，平定宁王朱宸濠之乱，随后押送朱宸濠赴杭州，顺流而下经过严子陵钓台。第二次是嘉靖六年（1527）九月二十二日，过桐庐富春江，王阳明在桐庐知县沈元材的陪同下抵达严滩（钓台），建德知县杨思臣亦来。阳明赋诗《复过钓台》，诗"跋"曰："右正德己卯献俘行在，过钓台而弗及登。今兹复来，又以兵革之役，兼肺病足疮，徒顾瞻怅望而已。书此付桐庐尹沈元材刻置亭壁，聊以纪经行岁月云耳。嘉靖丁亥九月廿二日书，时从行进士钱德洪、王汝中、建德尹杨思臣及元材，凡四人。"出于身体原因，加之下雨天，台阶湿滑，这一次他也只是经过，并没有登上钓台。

在严滩，王畿与王阳明之间有论"有无合一""工夫本体合一"的"岩滩问答"。通行本《传习录·下》载："先生起行征思田，德洪与汝中追送严滩，汝中举佛家实相幻相之说。先生曰：'有心俱是实，无心俱是幻；无心俱是实，有心俱是幻。'汝中曰：'有心俱是实，无心俱是幻，是本体上说工夫。无心俱是实，有心俱是幻，是工夫上说本体。'先生然其言。洪于是时尚未了达，数年用功，始信本体工夫合一。"事后，王畿、钱德洪与阳明拜别。"严滩问答"与"天泉证道"齐名，成为阳明心学的总结性概述。

第四节　衢州的阳明文化遗迹

"几度西安道"，衢州素有"四省通衢、五路总头"之称，是浙、闽、赣、皖四省边际交通枢纽，也是王阳明从浙江前往江西（南昌、赣州）、贵州（贵阳龙场）、广西（南宁）的必经之路。根据钱德洪编述的《阳明先生年谱》，结合相关地方史志资料的搜集爬疏，笔者认为，王阳明生前有10次过境衢州的经历。

一是明弘治元年（1488）七月，17岁的王阳明从余姚出发，沿钱塘江水路至衢州府（龙游县、西安县、常山县），再经常玉古道至江西南昌，迎娶夫人诸氏。

二是弘治二年（1489）十二月，得知祖父王伦病急，加上岳父诸让之父诸浩病卒于家乡余姚，王阳明携夫人诸氏陪同岳父诸让从江西南昌返乡，路经衢州。途中，王阳明乘舟至广信府码头，登岸安顿歇息，在南岸离江不足百米的娄家巷，谒访一代名儒娄谅（1422—1491）。娄谅语以宋儒"格物"之学，谓"圣人必可学而至"。对此，王阳明深有感悟，也正如黄宗羲所说："姚江（王阳明）之学，（娄谅）先生为发端也。"

三是正德二年（1507）八月，36岁的王阳明因得罪宦官刘瑾由兵部主事被贬谪为贵州龙场驿丞，在杭州逗留之后，佯狂避世，托言投江南遁、游海入山。今人束景南的《王阳明年谱长编》指出，王阳明实则沿钱塘江、富春江、桐江、东阳江、新安江南下，至衢州，经常玉古道，过分水岭，潜入福建武夷山中，并赋诗《泛海》《武夷次壁间韵》等。

四是正德二年（1507）九月，王阳明自武夷山原路经常玉古道返回（一说间道鄱阳湖）至南京省父（王华时任南京吏部尚书，同年九月十一日致仕），携父返乡余姚，再从余姚迁家至绍兴山阴。此次路经衢州，王阳明应同年、衢州知府张维新之邀，入衢州府城，并谒访大中祥符禅寺（今遗址不存，但立碑标识）。清嘉庆《西安县志》收录了王阳明所作七律《大中祥符禅寺》诗一首：“漂泊新从海上至，偶经江寺聊一游。老僧见客频问姓，行子避人还掉头。山水于吾成痼疾，险夷过眼真蜉蝣。为报同年张郡伯，烟江此去鲤鱼舟。”诗中所提及的张郡伯就是弘治十二年（1499）与王阳明同中进士的陕西华亭县人张维新，其于正德元年（1506）任衢州知府。之后，王阳明经龙游，游舍利塔并赋诗《舍利寺》：“经行舍利寺，登眺几徘徊。峡转滩声急，雨晴江雾开。颠危知往事，漂泊长诗才。一段沧州兴，沙鸥莫浪猜。”据此可见阳明心学与佛学之间的诸多关联。

五是正德三年（1508）正月，37岁的王阳明离开余姚到杭州，与家仆王祥、王贵等三人，经江西、湖南，赴谪贵州龙场。正月十日至十四日，过境衢州府（龙游、西安、常山）。十四日，在衢州常山县草萍驿（今衢州常山白石镇草坪村），王阳明收到丁忧在家的老友林俊（1452—1527，字待用，号见素，福建莆田人）寄来的一封信，深为挚友情愫所感动；因林俊先前在草萍驿壁间题诗，当

常山县草萍驿

即在草萍驿次其韵而作诗《草萍驿次林见素韵奉寄》："山行风雪瘦能当，会喜江花照野航。本与宦途成懒散，颇因诗景受闲忙。乡心草色春同远，客鬓松梢晚更苍。料得烟霞终有分，未须连夜梦溪堂。"此后，晚年时期的林俊过境常山，在常山县籍友人樊莹（1434—1508），字廷璧，号澄江，追赠太子少保，谥清简）过世16年后，有悼诗《赠宫保刑部尚书》："水水山山道路长，故游一瓣仅谁香。食肠皓首平生蘖，葬骨青冈旧咏棠。宿草西风悬老泪，华星东阁系幽光。却怜石马经行外，阅尽人间有许忙。"诗"序"云："清简公，予旧也，物化十有六年矣，过常山致香吊悼以是诗。"既道出了世事无常，也寄托着对常山县友人的思念。

　　六是正德五年（1510）秋冬之际，39岁的王阳明以江西庐陵知县身份入觐赴京，约十月份从南昌、广信府转道进入衢州，经杭州沿着大运河沿线北上。也有一种可能，王阳明是从南昌到鄱阳湖，沿长江水道顺流而下，过九江、安庆到南京、镇江，再沿京杭大运河北上，并未经常玉古道进入衢州。

七是正德十一年（1516）十二月，45岁的王阳明以都察院右佥都御史身份，巡抚南、赣、汀、漳等"八府一州"。从南京至绍兴省亲后，到杭州，沿钱塘江、富春江、衢江，约十二月二十日左右至衢州，经常玉古道（草萍驿），然后到江西信州，又经水路至赣州。

八是正德十四年（1519），余姚乡人孙燧被宁藩朱宸濠杀害，48岁的王阳明在起兵平定宁藩叛乱之后，于九月十一日从南昌出发向南下亲征的正德皇帝献俘，二十六日至广信。十月初九日至杭州，以朱宸濠等要犯交张永，又以病留西湖净慈寺。据此推断，王阳明路经衢州（常山、西安、龙游）的时间大致是九月二十九日至十月初三日之间。在常山草萍驿，王阳明赋诗《书草萍驿二首次壁间韵》："一战功成未足奇，亲征消息尚堪危。边烽西北方传警，民力东南已尽疲。万里秋风嘶甲马，千山斜日度旌旗。小臣何尔驱驰急，欲请回銮罢六师。千里风尘一剑当，万山秋色送归航。堂垂双白虚频疏，门已三过有底忙。羽檄西来秋黯黯，关河北望夜苍苍。自嗟力尽螳螂臂，此日回天在庙堂。"诗"序"云："九月献俘北上，驻草萍，时已暮。忽传王师已及徐淮，遂乘夜速发。次壁间韵，纪之二首。"也就是说，押解朱宸濠经江西玉山县至常山县草萍驿是在傍晚时分，因正德皇帝所率大军已至徐州，为及时制止"亲征"，王阳明并未夜宿草萍驿，而是直奔常山县城，再经水道至衢州府，然后再到杭州。王阳明此次《书草萍驿二首次壁间韵》中的第二首诗所用韵脚，依旧是林俊的《草萍驿》诗。

九是正德十六年（1521）六月，50岁的王阳明因平定宁王叛乱之军功升南京兵部尚书，遂从南昌出发，应内诏北上赴京。后因受阻，上疏乞便道归省，八月至绍兴。据此推断，王阳明此次路经衢州的时间是七月中下旬。

十是嘉靖六年（1527）九月，王阳明受命出任总督两广兼巡抚，前往广西平叛思田之乱。其自越中出发，渡钱塘，于九月二十四日左右抵达衢州。在淅淅沥沥的秋雨暮色中，衢州籍阳明门人栾惠、王玑等数十人与阳明先生有亲密接触，他希望衢州学子日后到杭州天真书院向钱德洪、王畿求证"致良知""四句教"的儒家修证功夫法门。王阳明赋诗《西安雨中，诸生出候，因寄德洪、汝中，并示书院诸生》："几度西安道，江声暮雨时。机关鸥鸟破，踪迹水云疑。仗钺非吾事，传经愧尔师。天真泉石秀，新有鹿门期。"《德洪、汝中方卜筑书院，盛称天真之奇，并寄及之》："不踏天真路，依稀二十年。石门深竹径，苍峡泻云泉。泮壁环胥海，龟畴见宋田。文明原有象，卜筑岂无缘？"王阳明在衢州逗留两天后，于九月二十六日过常山。此次在常山县，王阳明还与寓居常山的开化友人方豪见了面，方豪陪王阳明游览了常山城西胜景——西峰。

方豪有《西高峰》诗："南高北高吾得游，西高空在三衢州。万家烟火足下起，一望洲渚天边浮。至人做事太奇绝，诸客执袂皆风流。老僧亦解供笔砚，尘缘拂罢猩猿愁。"同时，王阳明赋诗《常山县留别方思道》（亦作《方思道送西峰》）相赠："西峰隐真境，微境临通衢。行役空屡屡，过眼被尘迷。青林外延望，中阒何由窥？方子岩廊器，兼已云霞姿；每逢泉石处，必刻棠陵诗。兹山秀常玉，之子囊中锥。群峰灏秋气，乔木含凉吹。此行非佳钺，谁为发幽奇？奈何眷清赏，局促牵至期。悠悠伤绝学，之子亦如斯。为君指周道，直往勿复疑！"诗歌之中盛赞了方豪的才干与诗情，同时也希望方豪能继承以"致良知"为宗旨的"绝学"。在常山县境内，王阳明还赋诗《长生》："长生徒有慕，苦乏大药资。名山遍探历，悠悠鬓生丝。微躯一系念，去道日远而。中岁忽有觉，九还乃在兹。非炉亦非鼎，何《坎》复何《离》。本无终始究，宁有死生期？彼哉游方士，诡辞反增疑。纷然诸老翁，自传困多歧。乾坤由我在，安用他求为？千圣皆过影，良知乃吾师。"《长生》诗体现了王阳明对道教的理解，"良知乃吾师"则道出了阳明心学的主体性。在常山与方豪别后，王阳明经草萍驿，进入江西玉山，再至两广。

嘉靖七年（1528）十一月，王阳明病逝于江西南安府大余县，给衢州籍门人、时任南安府推官的周积留下了"此心光明，亦复何言"的临终遗言。嘉靖八年正月，丧发南昌。正月初十日，阳明灵枢过玉山，弟守俭、守文，门人栾惠、徐霈、王修易（疑通行本《传习录·下》中"黄修易"）、黄洪、李琪、范引年、柴凤等迎榇于常山县境的草萍驿，凭棺而哭者数百人。正月十二日左右，阳明灵枢至西安（衢州城），钱德洪、王畿与王玑、应典等议定每年纪念先师阳明之会期。二月初四日，阳明灵枢至越。

如今，衢州存留下来的阳明文化遗迹主要有：常山县白石镇草坪村的草萍驿，常山县城郊的西峰，衢州城内的大中祥符寺遗址，阳明弟子邹守益曾讲学过的衢州孔氏南宗家庙，阳明弟子、衢州知府李遂等曾宣讲阳明良知心学的衢麓讲舍遗址，还有龙游县内的舍利塔。

第四章

阳明学的海外传播

王阳明的良知心学将宋明儒学的发展推向了顶峰，同时王阳明的卓越事功和学术思想在东亚儒家文化圈中传播，产生了较大的学术影响并形成了独具特色的日本阳明学、朝鲜阳明学。现当代，日本、韩国均成立有阳明学会，并有不少学者从事阳明学的研究与传承。

自18世纪甚至更早以来，王阳明就一直是欧洲和北美学术界的研究对象。但早期的阳明学研究，却被20世纪60至70年代所发表的诸多英文著作所掩盖，从而变得模糊不清。追溯欧美学术界"发现王阳明"的这一早期历史，可以让我们看到更加广阔的中西方思想交流史。当代欧美汉学界、哲学界有不少专业学者从事阳明学文献的英译与阳明学著作理论的阐释研究，也有一定数量的阳明学研究成果。

第一节　阳明学在日本的传播

兴盛于明朝中后期的阳明学对当时的中国产生了巨大影响，东渐日本后与幕府统治下的社会背景相结合形成了独具特色的日本阳明学。日本的阳明学派是江户时代信奉王阳明学说的儒学者集团。它的代表人物有中江藤树、熊泽蕃山、佐藤一斋、大盐平八郎等，他们开始大多是朱子学者，在研究朱子学过程中，产生怀疑乃至批判，转而钻研王阳明学说，成为阳明学的崇拜者和宣传者。

一、阳明学文献传播至日本

阳明学传至日本有一个过程。这里，我们提供几个案例作为线索。

（一）王阳明的《送日本正使了庵和尚归国序》《答朱汝德用韵》

明正德八年（1513）五月既望，王阳明前往宁波鄞江畔的嘉宾堂，会晤即将归国的日本临济宗僧人了庵桂悟（1425—1514），作《送日本正使了庵和尚归国序》，今日本有王阳明手书传世。余姚学者计文渊对此书法真迹表示怀疑。

正德九年（1514），滁州籍学子朱勋（字汝德）师从王阳明。

是年暮春，朱勋将有"蓬瀛"之行，也就是渡海到日本，二人之间有诗歌唱和，王阳明作《答朱汝德用韵》："东去蓬瀛合有津，若为风雨动经旬。同来海岸登舟在，俱是尘寰欲渡人。弱水洪涛非世险，长年三老定谁真。青鸾眇眇无消息，怅望烟花又暮春。"如果朱勋渡海至日本成功，就是王阳明弟子到日本的一个案例。

（二）《传习录》传至日本并有和刻本

明万历三十年（1602）夏，北直隶冀州知县杨嘉猷于冀州校刊《传习录》三卷、附《咏学诗》一卷、附刻《示徐曰仁应试》《谕俗四条》《客座私祝》，共四册，今日本静嘉堂文库、东京都立日比谷图书馆有藏。杨嘉猷邀请焦竑撰《刻传习录序》（落款"万历壬寅春闰二月，后学琅琊焦竑题"），并亲撰《重刻传习录小引》（落款"后学荆山杨嘉猷谨识"）；协助杨嘉猷"重校《传习录》姓氏"为"冀州儒学学正彭天魁、训导杜邦泰、王华民、张元亨，举人郭盘石，选贡张可大，生员白源深、许有声、李初芳"；杨嘉猷冀州门生张可大、白源深、许有声撰《重刻传习录跋》，三人的落款分别为"治下选贡张可大顿首跋""万历壬寅仲夏，门生白源深顿首谨跋""真定府儒学生员许有声谨跋"。

清顺治七年（1650），也就是日本庆安三年，杨嘉猷本《传习录》《王阳明先生文录抄》《阳明

《标注传习录》书影

先生咏学诗》流传至日本，进而
有和刻本的《传习录》《王阳明
先生文录抄》《阳明先生咏学
诗》。杨嘉猷本《传习录》也成
为江户时期三轮执斋《标注传习
录》、佐藤一斋《传习录栏外书》
的底本。

　　清康熙五十一年（1712）系
日本正德二年，三轮希贤（三轮
执斋）标注《传习录》三卷、
《传习附录》一卷完成校勘，并
撰《新刻传习录成告王先生文》。

　　光绪二十三年（1897）即日
本明治三十年，日本学者佐藤坦

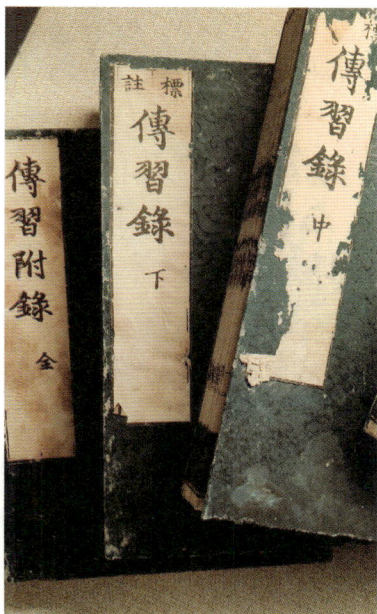

《标注传习录》书影

（佐藤一斋）以三轮执斋本《标注传习录》为底本，刊刻《传习录》
三卷附《栏外书》（简称"《传习录》栏外书"），"序"文曰："余
于此《录》，就三轮执斋刻本读之，岁月已久，朱绿漫然。今改抄
之。时天保纪元腊月也。""跋"文曰："天保元年庚寅腊月廿六日，
江都佐藤坦大道书于爱日楼南轩。"光绪二十九年（1903）为日本
明治三十六年，日本学者佐藤一斋《传习录栏外书》三卷由启新书
院刊刻。

（三）几部和刻本的阳明学文献

1. 《阳明先生则言》

　　日本庆安五年（1652），明人吴兴钱中选校正的《阳明先生则
言》在日本刊刻。

2. 《王阳明文粹》

日本村濑诲辅、村濑季德选次《明六大家文粹·王阳明文粹》，由日本浪速书林、冈田群玉堂刊刻。日本文政十一年（1828），浪华嵩山堂再刊日本村濑诲辅（石斋）编《王阳明文粹》四卷，并有"序"。

3. 《古本大学》《大学古本傍释》

今有日本京都风月庄左卫门刊刻的《古本大学》；佐藤坦补《大学古本傍释》，作为"启新书院丛书"之一种刊刻。

4. 《王学提纲》

日本文久元年（1861），日本京都书林、川胜鸿宝堂刊刻安艺吉村辑录的《王学提纲》全两册。

5. 《王阳明奏议选》

日本明治辛未四年（1871），日本学者桑原忱编、高木毅校《王阳明奏议选》四卷，由京摄书林、三书房刊刻。桑原忱撰《王阳明奏议选序》，高木毅撰"跋"文。

6. 《王阳明先生诗钞》

日本明治十三年（1880），日本冢原某评点，长坂熊一郎刊刻

《三阳明先生诗钞》书影

《王阳明先生诗钞》二卷，落款"明治庚辰第四月，六十六翁松本万年书于番町止敬塾松风清处"的"绪言"，以为"学者读此等之诗，玩味稍久，则庶几乎得于心而忘言也"。

7. 《王阳明诗集》

日本明治四十三年（1910），日本学者近藤元粹点《王阳明诗集》四卷，由大阪青木嵩山堂刊刻，落款"明治四十三年春三月，南州外史近藤元粹识"的"绪言"，以为"伯安……其文则议论宏赡、辞藻温丽，卓然自成一家之言。诗亦往往出新意奇语而格调清淡闲肆可喜者，不为少矣"。

《王阳明诗集》书影

8. 《王阳明出身靖乱录》

冯梦龙《王阳明出身靖乱录》一书依据钱德洪所撰《阳明先生

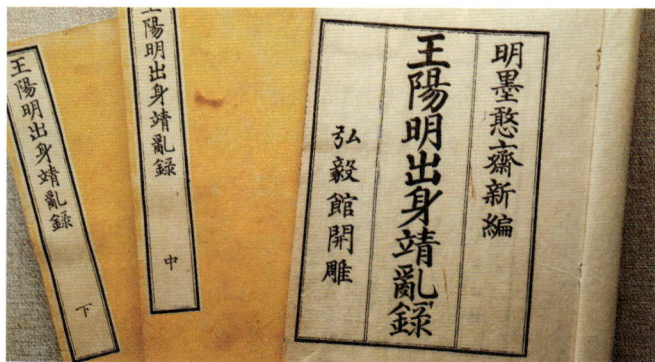

《王阳明出身靖乱录》书影

年谱》，以王阳明的出生、靖乱、传道授学为线索，生动形象地塑造了王阳明文武双全、心系国民的圣贤形象。该书不拘于章回小说的一般形式，内容虚实结合，极具想象力，可谓是最具文学性的王阳明传记小说。书中情节虽经艺术加工，但并未脱离史实轨道，非一般文学作品可比。和刻本《王阳明出身靖乱录》分上、中、下三卷，内封题有"明墨憨斋新编""弘毅馆开雕"字样，并附有大量对人物、事件评述的眉批，字形端正，刊刻精良。

二、日本江户幕府时期的阳明学

12世纪末，日本开始了长达六百多年的幕府时代，镰仓幕府、室町幕府相继执政。1603年至1868年是江户幕府时期，相当于中国的明末、清代中前期。江户时代，来自中国的阳明学文献、阳明学思想传播至日本，深深地影响17世纪初期的中江藤树和熊泽蕃山。

在江户幕府时期，尽管日本官方的正统学说是朱子学，但王阳明的文献、思想也渐为人所知，并被中井履轩、贝原益轩等朱子学者用来补救朱子学"知而不行"之空疏。中江藤树是日本阳明学的开创者，熊泽蕃山进一步发挥和深化了藤树学说。其后，北村雪山、细井广泽、三宅石庵、三重松庵等众多学者也倾心于阳明学。对阳明学在日本广泛传播起到重大作用的则是三轮执斋、佐藤一斋、大盐中斋。

三轮执斋作为江户中期阳明学的中流砥柱，采取了折中调和的态度，在朱子学的包围下，为阳明学进行辩护；佐藤一斋"阳朱阴王"，使日本阳明学由民间、蕃学一跃成为幕府之学，在社会各阶层的影响也日益扩大；大盐中斋辞官归家后，在家塾洗心洞潜心从事讲学著述，信仰与推崇阳明学。王阳明著作在日本的刊刻与注解，是传播阳明学的重要手段，三轮执斋、佐藤一斋、大盐中斋在这方面贡献最多。大盐中斋于日本正德二年完成的《标注传习录》是日本最早刊刻的阳明学文献。佐藤一斋、大盐中斋分别刊刻了王阳明《大学古本傍释》《古本大学旁注》，佐藤一斋编著有《传习录栏外书》。

三、日本明治、大正时期的阳明学研究

日本明治时期为 1868 至 1912 年，相当于清朝同治、光绪、宣统年间。日本大正时期是 1912 至 1926 年，相当于中国的北洋军阀时期。

（一）日本明治、大正时期的阳明学运动

19 世纪中后期的幕末维新之际，阳明学影响了明治维新志士的行动与思想，春日潜庵、梁川星岩、吉田松阴、横井小楠、东泽泻、西乡隆盛、高杉春风等幕末勤王志士不是阳明学者就是倾慕阳明学者的人。

阳明学"知行合一""致良知"精神被日本知识界奉为明治维新的精神动力。吉田松阴在狱中读《孟子》《传习录》与日本幕末阳明学者大盐中斋的《洗心洞札记》时，即高度颂扬陆象山、王阳明思想，因此松阴讲学的松下村塾所孕育的维新功臣，皆带有阳明学思想的影子。所以，三岛由纪夫说："不能无视阳明学而谈明治维新。"章太炎认为："日本维新，亦由王学为其先导。"梁启超视吉田松阴为明治维新之"首功""原动力""主动力之第一人"。

在明治后期与大正初年期间，日本出现了吉本襄、东敬治、石崎东国等人所主持的三种极力提倡阳明学与日本国粹主义的"阳明

"洗心"刻石

学"期刊：一是，1896 年 7 月 5 日由吉本襄为主，铁华书院发刊的《阳明学》，终刊于 1900 年 5 月 20 日。二是，1906 年由东敬治主持由东京明善学

社发刊的《王学杂志》，1908 年改为《阳明学》，出刊至 1914 年。三是，1907 年 6 月石崎东国创设"洗心洞学会"，1908 年 12 月改为"大阪阳明学会"，1913 年 3 月发行《阳明》小册子，1916 年发行《阳明》，1918 年 1 月改为《阳明主义》续刊。

明治维新后，由于吉田松阴、横井小楠、西乡隆盛、高杉晋作等维新人士都不同程度受到"心即理""知行合一""致良知"等阳明学核心思想影响，阳明文献在日本大量印行，阳明学也在日本广泛传播。所以，高濑武次郎说："日本阳明学之特色，在其有活动的事业家，乃至维新诸豪杰震天动地之伟业，殆无一不由于王学所赐予。"如上文所罗列，明治、大正时代的阳明学文献有村濑海辅选编的《王阳明文粹》、近藤元粹选评的《王阳明诗集》、东泽泻编著的《传习录参考》和《阳明先生年谱》。

另外，19 世纪末 20 世纪初主张维新变法的中国知识分子，如康有为、梁启超、谭嗣同等人受到日本明治、大正时期的阳明学热潮的影响，开始重新评价阳明学在中国思想界的地位。孙中山认为，明治维新受到王阳明"知行合一"哲学的影响。蒋介石惊讶于阳明学对日本人的影响，也以阳明学作为他的革命哲学。他们又把"阳明学"从日本带回中国，带动中国知识分子重视阳明学的精神。

（二）日本明治、大正时期关于江户时期"日本阳明学派"的研究

日本明治至大正时期，有大量的王阳明传记与学说思想的研究。比如三宅雪岭的《王阳明》（哲学书院 1895 年版），杉原夷山的《阳明学神髓》（大学馆 1899 年版）、《阳明学实践躬行录》（大学馆 1909 年版）、《阳明学精神修养谈》（大学馆 1909 年版），白河次郎的《王阳明》（博文馆 1900 年版），东敬治的《传习录讲义》（松山堂 1906、1907 年版），忽滑谷快天的《达摩与阳明》（丙午出版社 1908 年版）、《阳明学要义》（昭文堂 1911 年版），亘理章三郎的《王阳明》（丙午出版社 1911 年版），大木九造的《阳明学说管见》（怀德书院 1911 年版），安冈正笃的《王阳明研究》（明德出版社 1922 年版）。

特别值得注意的是，清光绪二十九年（1903），日本东宫侍讲文学博士三岛毅的学生清宫宗亲随驻清朝的武官、教师等人赴贵州修文县，探访阳明洞拜谒先贤，并在"阳明小洞天"大字旁刻字留

日本人在贵州修文阳明洞题刻的"阳明小洞天"

念。三岛毅闻讯，赋《龙冈观月》诗"忆昔阳明讲学堂，震天动地活机藏。龙冈山上一轮月，仰见良知千古光"，并于光绪三十年（1904）八月刻诗竖碑于扶风山阳明祠。

这里，我们主要对日本明治、大正时期关于江户阳明学，也就是"日本阳明学派"的研究予以概述。

1. 高濑武次郎的《日本之阳明学》

1898年，日本近代著名哲学家高濑武次郎出版了关于日本阳明学的第一部专著《日本之阳明学》。该书"序论"部分对陆象山、王阳明生平予以简要论述后，对"心即理""知行合一""致良知"等阳明学核心范畴予以简述，进而以"祖述者"对阳明后学予以粗线条勾勒，引出"日本之王学者"，即对日本阳明学的来龙去脉进行了全面阐述，认为"大凡阳明学，犹如含有二种元素。一曰事业性的，一曰枯禅性的。得枯禅性元素的，则足以亡国；得事业性元素的，则可以兴国。然彼我两国之王学者，各得其一"。《日本之阳明学》"本论"部分对中江藤树到西乡隆盛的34位日本阳明学者进行了系统的勾画，并对他们的著作和思想作了详细的阐述。井上哲次郎在此书"序言"中指出，阳明学作为在东洋兴起的一种哲学，其理论虽不能说很深远，但在实践方面是非常伟大的。他认为，日本德川时代的儒学有朱子学派、古学派、阳明学派和折中学派，其中阳明学派的人数虽然不多，但皆非迂腐之徒，或致力于内心的省察，或致力于事功。日本阳明学派比起中国阳明学派更具有活泼的精神，而且其实践完成的事迹，也足令中国的阳明学者瞠目结舌。

高濑武次郎因研究阳明学广为世人所知，相关的阳明学著作还有《王阳明详传》《阳明主义的修养》《阳明学阶梯：精神教育》《阳明学新论》《阳明学丛话》等。

2. 井上哲次郎的《日本阳明学派之哲学》

1900年，井上哲次郎出版了《日本阳明学派之哲学》，全书分"中江藤树及藤树学派""藤树、蕃山之后的阳明学派""大盐中斋及中斋学派""中斋之后的阳明学派"4篇，主要从事迹、著书、学风、学说、批判、门人后学等多个方面，论述了20多位日本阳明学人物，其体例、内容比高濑武次郎的《日本之阳明学》合理和详细得多。其附录中还列出了日本阳明学派的传承系统以及日本阳明学者的生卒年表。书的"结论"部分指出，阳明学简易，直截了当，符合日本人的内心世界，日本化的阳明学具有与神道合一的倾向，进一步说就是体现了以国家为本的精神，日本阳明学者虽理论上有所欠缺，但他们的实践足以代替理论著作。同时，他也指出了阳明学的弱点，王学偏于主观，轻视客观事实。要实行道德，既需要主观的工夫，也需要客观性的知识。

井上哲次郎的《日本阳明学派之哲学》影响很大，其对于日本阳明学者人物的选取、阳明学资料的整理、日本阳明学者思想以及整个日本阳明学特征的论述都具有奠基性的作用。《日本阳明学派之哲学》是迄今为止日本阳明学最权威的著作，为日本阳明学在日本学术界争得了正式的话语权。该书对

《日本阳明学派之哲学》书影

中国学者的影响非常深远，如戊戌变法失败后逃亡日本的梁启超的日本阳明学修养和知识见闻基本上来源于该书，张君劢的《中日阳明学比较》以该书为知识源泉，朱谦之的《日本的古学派及阳明学》虽然运用马克思主义阶级斗争的方法分析阳明学与日本社会，但在体系以及一些基本理论方面吸收了井上哲次郎的观点。朝鲜阳明学者郑寅普在《阳明学演论》一书中提出的确定阳明学者的第三条标准就是"行为是否符合阳明学的精神"，这显然也是受到了井上的影响。时至今日，对于一般性的读者而言，《日本阳明学派之哲学》仍是我们了解日本阳明学的入门读物。

四、二战后日本学界关于中国阳明学的研究

明治维新之后，日本很快就走上了侵略扩张的道路，发动中日甲午战争、日俄战争。1926 年至 1989 年，为日本的昭和时代。昭和初期，日本政府致力于侵略扩张，入侵中国、偷袭美国的珍珠港，参与第二次世界大战，直至 1945 年被同盟国击败后宣布投降。二战后的日本通过政体改革、发展经济，一举成为世界第二经济大国。1989 年日本进入平成时代，直至 2019 年进入令和年代。

二战前期至二战后期，日本的阳明学研究一直在延续。昭和初期，杉原夷山著有《王阳明》（近代文芸社 1933 年版），武内义雄出版《朱子·阳明》（岩波书店 1936 年版），保田清著有《王阳明》（弘文堂书房 1942 年版），山本正一也有《王阳明》（中文馆书店 1943 年版）。

1972 年为战后日本阳明学研究的高峰时期，因为这一年是王阳明诞辰 500 周年，为纪念这一重要年份，日本学界、商界举办了

各种纪念活动。1974年，由宇野哲人、安冈正笃监修，荒木见悟、山下龙二、冈田武彦、山井涌编纂的十二卷本《阳明学大系》，外加别卷《传习录诸注集成》完成出版。其中，"中国阳明学"部分包括《阳明学入门》一卷、《王阳明》两卷、《阳明门下》三卷、《陆象山》一卷；"日本阳明学"部分包括《日本阳明学》三卷、《幕末维新阳明学者书简集》一卷、《阳明学便览》一卷。《阳明学大系》的出版，不仅将日本的阳明学研究与传播再度推向高潮，而且对国际阳明学的研究与传播也产生了深远影响。

这里，我们仅对二战后日本学界研究中国阳明学的代表性学者的研究成果予以简介。

（一）岛田虔次的《中国近代思维的挫折》《朱子学与阳明学》

日本著名的中国思想史研究专家岛田虔次在《中国近代思维的挫折》一书中，以极其宽广的视野措绘出从王阳明过泰州学派到李卓吾的所谓"王学左派"的思想展开，再现了当时社会与思想运动的活泼气息，并指出这个时期已经出现了近代市民意识的萌芽。关于阳明后学，岛田虔次区分为"左派"与"右派"王学，"左派"王学指王龙溪与泰州学派，带有近代个人主义色彩的激进学说；"右派"王学重视修证，倾近朱子学的保守学说。

《中国近代思维的挫折》出版后，山下龙二先后发表书评《岛田虔次〈中国近代思维的挫折〉》《明末反儒学思想的源流》，对岛田虔次的部分论点进行批判。随后，岛田虔次撰《王学左派论批判之批判》文进行反驳，而山下龙二再有《读岛田之批判》。在这场学术论辩中，山下龙二对岛田虔次主张的"王学左派"，尤其是李贽的合理主义、人欲肯定、自我意识等的"近代性"提出了质疑。

《朱子学与阳明学》书影

《朱子学与阳明学》是岛田虔次将自己的阳明学论文与著作中经过论证的主要观点浓缩、总结、概括出来的一部著作。该书上起宋儒，下迄李卓吾，追溯了理学发展的内在逻辑，认为阳明学是对朱子学从外（王）向内（圣）的必然发展，肯定理学思想的基盘是"中国一般人民的生活意识"，而非佛教的翻版，肯定了儒学作为"有"之哲学的价值，同时对"理""气"内涵和工夫论的相关问题进行了解析。

（二）山下龙二的《阳明学研究：成立篇》《阳明学研究：展开篇》

日本名古屋大学山下龙二的阳明学研究主要著作有《阳明学研究：成立篇》《阳明学研究：展开篇》，其概览性地论述日本儒学及阳明学的研究。其中，《阳明学研究：展开篇》第六章《王文成公全书的成立》，根据《四库全书总目提要》全面梳理了从《传习录》到《阳明先生文录》的成书以及《王文成公全书》的成书过程，是战后日本第一篇从文献学角度总括性地研究王阳明文献的论著。

（三）楠本正继的《宋明时代儒学思想之研究》

楠本正继是江户儒学暗斋学派传人楠本端山的后人，著有《宋明时代儒学思想之研究》。此书分"宋学"和"明学"两大部分。"宋学部分"从新儒学的产生讲到宋学后期朱熹集宋学之大成，完整地论述了宋学的发生发展过程，展现了完整的朱子学风貌。"明学"部分从宋代的陆象山心学开始，论述了阳明心学的渊源。此书还论述了以前很少有人研究的元代儒学，认为元代儒学大致按照陆学的方向发展而来，衔接明学。楠本正继根据前期、中期、后期的时代划分，完整地论述了阳明学的发展过程和思想全貌。

（四）冈田武彦的《王阳明与明末儒学》

楠本正继最著名的两位弟子是冈田武彦和荒木见悟。

冈田武彦的学术代表作是《王阳明与明末儒学》，这可以视为楠本正继《宋明时代儒学思想之研究》的续篇，也是冈田武彦的博士学位论文，文章对王阳明及其门人以及与其同时代的湛若水的思想进行了研究。他将王门分成"三派"，而不是采用所谓"正统"和"异端"的二分法，冈田武彦分的"三派"为：以王龙溪、王心斋等王学左派为"现成派"，主张"良知现成，当下即是"，重视自然情感，蔑视人伦道德；以聂豹、罗洪先等王学右派为"归寂派"，主张良知有归寂之体，与感发的用的区别，把主静、虚寂作为良知的本旨，接近于宋学；以邹守益、欧阳德等为"修正派"，强调天理与性，接近于朱子学。他认为，现成派的盛行，即所谓王学左派的"心学横流"，是归寂派和修正派难以适合王学的发展和方向以及时代潮流造成的。冈田武彦的分类普遍为日本学者所接受。

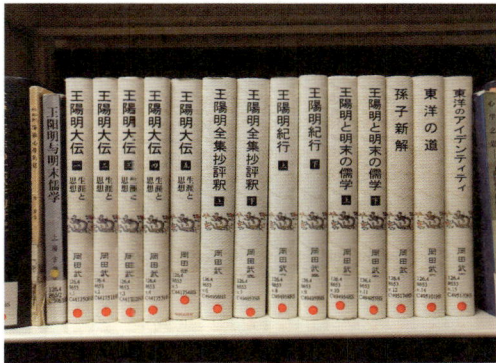

冈田武彦的阳明学研究著作

（五）荒木见悟的《佛教与儒教》《明代思想研究：明代的儒佛交流》《阳明学的位相》

比起冈田武彦，荒木见悟更加潜心于学术，其研究十分严谨，思辨性也很强，能够进行准确分析，他的研究可以说是日本阳明学研究的最高峰。正如吴震教授所说，"荒木见悟凭借着一人之力，就几乎穷尽了阳明后学以及晚明各个领域代表性人物的思想研究"。如果说冈田武彦在精神方面继承和发扬了楠本正继的思想，那么荒木见悟则在学术上发扬了楠本正继的宋明思想研究，这一点在他的阳明学与佛学的研究中体现得尤为明显，集中体现在《佛教和儒教》《明代思想研究：明代的儒佛交流》《阳明学的位相》三书中。

《佛教与儒教》一书的第四章《王阳明的哲学》，分析了"知行合一""致良知""无善无恶"等阳明学核心命题。荒木见悟认为，禅宗、华严宗、阳明学能在现实中看出本来性（纯然的善的本性），回归本然性的方式主要是顿悟。朱子学中本然性和现实性（现实中后天夹杂着恶的）则有相当距离，其主张的是渐修。用荒木自己的话来说，本来性就是"本来成佛""本来圣人""个个圆成""本来无一物"，无论儒佛各个宗派和学派如何对立，对本源的体现形式、把握方法、态度如何不相同，但在试图把握这种本来性上是一致的，也正是这样，他把儒教和佛教视为同质而非对立。

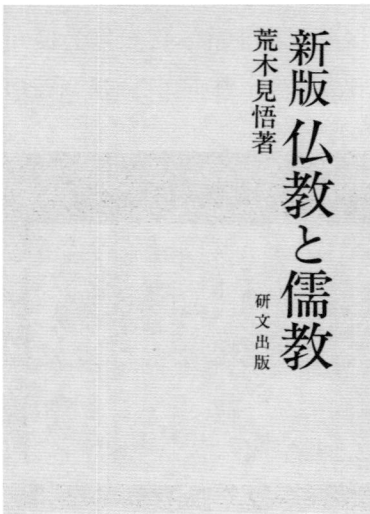

新版 仏教と儒教

荒木見悟著

研文出版

《佛教与儒教》书影

《明代思想研究：明代的儒佛交流》一书是荒木见悟明代思想研究的论文集，由序言和 12 篇论文构成。以明代心学的展开为中心，阐述明代儒学正统和异端的总体性发展趋向，解释明确这些思想和佛教的关联。

《阳明学的位相》是荒木见悟关于阳明学研究的总结之作，包括《陈白沙与王阳明》《心之哲学》《圣人与凡人》《顿悟与渐修》《知行合一》《性善论与无善无恶论》《阳明学与大慧禅》《拔本塞源论》《未发与已发》《乐学歌》十章及《结语——关于"自然"》，主要围绕王阳明及其后学、反对王学者、试图折中朱王者以及禅学等流派和人物的思想表述与论辩，在思想的内在理路中把握阳明学的概念范畴，力图构建"何谓阳明学"的整体图景，厘清阳明学在中国思想史上的地位。

2019 年 9 月 14 日至 15 日，"中国哲学的丰富性再现——荒木见悟与中日儒学国际研讨会"在复旦大学举行，中日两国共 30 余位学者就荒木见悟教授在中国哲学研究领域所做出的学术贡献及其研究方法，同时围绕中日儒学如何展示中国哲学丰富性等议题进行了讨论与交流。

（六）沟口雄三的《中国前近代思想的屈折与展开》

沟口雄三是 20 世纪后半叶至 21 世纪初日本最有代表性的思想史学家、中国思想史研究者，他批判性继承了岛田虔次、荒木见悟的阳明学研究成果，著有《中国前近代思想的屈折与展开》。该书指出，阳明学通过"心即理"这一命题，将"理"的判断标准从外在定理转到了个人这一道德主体内部，而且"人皆可为尧舜"，因而普通人也都能自行判断，这极大地解放了人，也把人欲合理化了，这为之后诸如质疑经典、个人解放等一系列思想转型和社会变革开辟了道路，而李卓吾正是促使阳明学中这些要素成熟的关键人物。另外，沟口雄三用日文翻译了王阳明《传习录》。

以上简单介绍了日本学界关于阳明学的研究，仅涉及几位著名学者的研究及其代表性论著的概述。1978年，日本二松学舍大学设立了阳明学研究所，1989年开始连续出版《阳明学》期刊至今。日本阳明学开宗者中江藤树的藤树书院遗留至今，还有"藤树学会"，每年进行庄严的祭典以及大型的集会。另外，20世纪20年代后，日本学界仍然有许多研究阳明学的学者，如吉田公平、福田殖、荒木龙太郎、佐藤炼太郎、三泽三知夫、马渊昌也、三浦秀一、小路口聪、鹤成久章、永富青地等。他们的阳明学研究更为广泛，除关注王阳明的哲学思想外，还涉及阳明学的文献考证与辑佚、王阳明与科举、王阳明与书院讲会、阳明后学的个案研究等各个方面。但是，这些研究又显得极为分散与碎片化，缺乏共同的问题意识，这也从一个侧面证实，当今日本学界的阳明学研究在逐步走向衰落。

第二节　阳明学在朝鲜半岛的传播

与日本阳明学的繁荣发展不同，阳明学在朝鲜半岛一直受到朱子学的打压和排斥。尽管如此，阳明学也以暗地流传或家学传承等相对隐晦的方式被接受和传播，朝鲜出现了一些有阳明学倾向的学者，如南彦经、李瑶、许筠、张维、李晓光、崔鸣吉等。直到郑霞谷出现，才开辟了朝鲜的阳明学新形态——霞谷学。郑霞谷对王阳明"心即理""知行合一""致良知"等哲学命题有独到的见解，晚年移居江华岛后，进行秘密讲学，形成了"江华学派"（也作"霞谷学派"）。由于朝鲜阳明学多以隐秘和家学的方式传播，因此阳明学文献在朝鲜半岛的传播多以抄本形式流传，主要有《阳明学庸说补录》《阳明先生学录》《阳明文钞》《王阳明遗书》等文献。

一、阳明学传入朝鲜半岛与李退溪对阳明学的批判

对于阳明学何时传入朝鲜半岛的问题，学界存有争议。

据学者韩睿嫄《韩国阳明学研究的历史和课题》一文的研究，关于阳明学何时传入朝鲜半岛，今韩国学术界有4种说法：一是以李退溪的《传习录辩》为依据，主张阳明学在朝鲜中宗时代传至朝鲜；二是以柳成龙《西崖集》中《阳明集后》一文为依据，断定传入时间为朝鲜明宗十三年（1558）；三是以洪仁佑《耻斋日记》为依据，认为阳明学在明宗八年（1553）传入朝鲜；四是吴钟逸依据《讷斋集·年谱》《十清轩集》提出传入时间在朝鲜中宗十六年（1521）以前，这也就是说，在明嘉靖七年（1528），即王阳明去世前后的一段时间里，王阳明的著作与思想开始进入朝鲜知

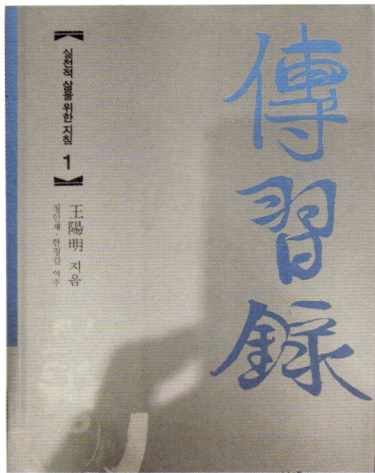

韩文版《传习录》

识界。

《传习录》在1520年左右东传朝鲜后，1593年在朝鲜初刊。几乎同时，批判阳明的文献，比如詹陵的《异端辨正》、罗钦顺的《困知记》、陈建的《学蔀通辨》也在朝鲜刊刻。由于朱子学是朝鲜的官学，阳明学在朝鲜半岛的传播，是以"异端"形式，即在遭受攻击与指斥的背景下出场的。从李退溪时代，一直延续到朝鲜王朝灭亡（1910），阳明学在朝鲜一直是作为批判对象而存在。

在朝鲜王朝推崇朱子学的李退溪（1501—1570，名滉，号退溪），仅比王阳明小29岁。李退溪批判阳明学，是在朝鲜明宗八年（1553）。他对阳明学的批判，主要涉及王阳明的"心即理""知行合一""亲民"说等。在《白沙诗教辨》《传习录论辩》中，李退溪这样批判阳明学："陈白沙、王阳明之学，皆出于象山，而以本心为宗，盖皆禅学也。然白沙犹未纯为禅，而有近于吾学。""至如阳明者，学术颇忒其心，强狠自用。其辩张惶震耀，使人眩惑而丧其所守。贼仁义，乱天下，未必非此人也。"这里，李退溪对王阳明予以人身攻击，乃至朝鲜朝官员柳希春也这样说："王守仁资性狠戾，强愎不逊……其为邪说甚矣。"李退溪弟子柳成龙这样批判王阳明的"致良知"："王阳明专以致良知为学，而反诋朱子之论为支离外驰，正释氏之说也。"

与批判王阳明的李退溪不同，朝鲜也有学者对王阳明予以维护。比如张维（1586—1647）就认为："阳明、白沙，论者并称以禅学。白沙之学，诚有偏于静而流于寂者。若阳明良知之训，其用功实地，专在于省察扩充，每以喜静厌动为学者之戒，与白沙之学绝不同。但所论穷理格物，与程、朱顿异，此其所以别立门径也。"这里，张维为阳明良知学予以正名。但是在朱子官学的强大压力下，当时的朝鲜几乎找不出公开宣扬阳明学的人，即使有暗中同情者，亦表现出"阳朱阴王"的特征，而家学则成为阳明学的主要传播形式。所以朝鲜阳明学者郑寅普（1893—1955）在《阳明学演论》说："在朝鲜根本没有阳明学派。阳明学历来被视为异端邪说，只要有人将其书放在桌上，别人就已经准备声讨他为乱贼了。虽然一、二学者研究阳明学，但却不敢张扬于外。"这就是阳明学在朝鲜传播的艰难情形。正因为此，在后人为朝鲜阳明学的主要代表郑霞谷撰写的神道表里，连王阳明或阳玥学的影子都未见到，也就不难理解了。总之，王阳明与阳明学在朝鲜的出场与传播主要是以批判形式进行的，"阳朱阴王"是朝鲜阳明学得以存在的学术生态。

另外，在朝鲜明宗末至宣祖初，日本入侵朝鲜半岛，抗击倭寇援助朝鲜的明朝军队中就有阳明学者，比如宋应昌、袁了凡、王君荣等就是有学术传承的阳明后学。王阳明军事思想及其卓著事功，对朝鲜抗击倭寇也有一定的鼓舞作用，据《朝鲜宣祖实录》记载，宣祖就对王阳明的才气和事功颇为赞赏："王守仁亦有才气，建功业。""谓之邪，无乃过乎！"这也促成了郑霞谷与霞谷学派的生成。

二、朝鲜阳明学派的开创者郑霞谷与"霞谷学派"的传承

郑霞谷（1649—1736），名齐斗，号霞谷，其所创立的阳明学派被称为"霞谷学派"；后因郑霞谷在政治上受到排挤而避居家乡的江华岛讲授阳明学，也称"江华学派"。根据尹南汉《朝鲜时代阳明学研究》，郑霞谷的学术发展历程大致可分为三个阶段：41岁以前是朱子学转向阳明学的时期，称"京居时期"；41岁至61岁，是系统接受并建构"心即理""知行合一""致良知"等阳明学理论体系的时期，称"安山时期"；61岁至68岁，是"内王外朱"时

期，又称"江华时期"，最后这一时期，尽管其有关阳明学的言论很少，但却在程朱理学的外衣下广泛吸纳阳明学说。

郑霞谷的弟子李匡臣这样评论其师由朱子学转向阳明学的学术历程："先生初年，从事考亭之学。《大全》《语类》等书，义理精微，蚕丝牛毛，靡不研穷玩索。而顾于格致之说，反之心验诸事，终有所析汐者。中年以后，得阳明书读之，至其致良知、知行合一之说，简易洁净，不觉跃如而有省。又复参之诸经，凡精一明诚之妙，凿凿相符，遂乃专心致志于此。此非故欲求异于考亭，只以入门下手处，不能无繁简离合之差而然也。然尊信考亭，实不异于初。"其实，王阳明早年也是主张"性即理"的朱子学信徒，在龙场悟道之后以"知行合一"为修身方法论转向了"心即理"的心学路数。但并不是说，王阳明因批判朱子学就对朱子予以人身攻击，《朱子晚年定论序》中已有说明。

《霞谷集》中的《学辨》《存言》是郑霞谷的阳明学论著，其中，《存言》分上、中、下三篇，可以看作是研读《传习录》的读书笔记。《存言》中有这样一句话："余观《阳明集》，其道有简要而甚精者，心深欣会而好之。辛亥六月，适往东湖宿焉，梦中忽思得王氏致良知之学甚精，抑其弊或有任情纵欲之患（此四字真得王学之病——原注）。"这里的"辛亥"，一般认为是霞谷23岁时。霞谷研读《阳明集》之时，颇有王阳明"龙场悟道"的体验，其梦中得闻"致良知"之学的精髓，同时又对"致良知"之教"任情纵欲"的弊端有着清醒的判断。《学辨》是郑霞谷为阳明学辩护的文稿，其中也批评了朱子学的支离性。

（一）郑霞谷为王阳明辩护及对阳明学的阐释

在如何对待王阳明及其学说的问题上，当时朝鲜"举世方以异端斥阳明，使人禁不得言，而公（霞谷）之意殊不然"。他公然为阳明学辩护："彼（王阳明）之为学，亦欲学孔子者，初非有邪心，则不可以绳之以惑世诬民之律也。其说苟或有可取则取之，不可则不取，惟在我之权度而已，岂可以人言为轻重耶？"这里，郑霞谷以"我之权度"的实用主义立场理性对待王阳明与阳明学，绝非"求异而济私"："盖齐斗所以眷眷王氏之说，倘出于求异而济私，则凌去断置，非所难焉。"身处阳明学在朝鲜传播的困境之中，郑霞谷坚信"公论之定，在于是非"，"王氏之学，诚以区区一斑之见，有不能弊铄者，间以诵之朋友，然谁能听之？"如同阳明学在明朝中期的初创阶段，郑霞谷在朝鲜传播阳明学也是举步维艰，遭受朱子学信徒的攻击。尽管如此，在朱子学的强大攻势下，他仍对阳明学进行着学理阐释。

首先，在霞谷看来，阳明学与朱子学并无本质性的差异，都是孔孟之学在学统上的延续："盖朱子自其众人之不能一体处为道，故其说先从万殊处入；阳明自其圣人之本自一体处为道，故其学自其一本处入。其或自末而之本，或自本而之末，此其所由分耳。"朱子学从"万殊处入"，阳明学从"一本处入"，这是两者为学路径的区分，但在"成圣"的终极意义上是一致的。

在霞谷看来，阳明学也就是"心性"之学，由孟子而来："心性之旨，王文成说恐不可易也，一部《孟子》书，明是可证。"他将"心即理"理解为心与理不可分离之旨："谓其理之发于心，而心之条理，即所谓理也，非以心与理为两物，而相合之可以为一之谓也。"就是说，"理"只是心的条理，而不依赖于客观事物，故不可将"心"与"理"分为内外彼此之两物。故而"良知"是就"全体体段而言者也"，而所谓"全体体段"，即"本心天理之体"，即

"性之大本"。与此同时，霞谷对王阳明晚年"四句教"中的"无善无恶心之体"予以阐释："无善恶云者，言其至善由乎自然，动以其天，无有一毫所为，为善者乃是至善也，其元无所有云者……元无所有，方是所谓至善。""至善"乃是良知的本然状态。霞谷的阐释与王阳明的理解也是吻合的。

其次，霞谷也坚持古本《大学》中的"亲民"说："亲民之若治平，如其误者，即其误当自孔子始，不可以罪阳明也。"同时又为王阳明的"致良知"说辩护："'致良知'之'良'字，不过释'知'字之为'良知'，以别于'致知识'之'知'字而已，不然'致知'二字尽之矣，何必别加一字，以为添足之讥乎？今不察其不得已表出之意，乃曰孔门无此三字句。然则即物穷理之语，未知见于何经？"在此，我们不由得想起王阳明弟子黄绾为王阳明"亲民""致良知"说的辩护。我们有理由坚信，郑霞谷就是一个不折不扣的阳明学者。

还有，针对阳明后学不肯实地用功，只把良知"作一光景看了"的弊病，霞谷的语气，也与王阳明高度相仿："盖王文成初时，只以去人欲存天理、省察克治，申申语人，至晚年乃提出良知二字，以为心体天理，难以语人，今良知字，一言之下，洞见全体，此本是究竟语，与人言，不得已一口说尽。可惜学者不用功，反作一光景看了云云。盖良知指其全体体段而言者也。"在这里，霞谷如同阳明一般，谆谆告诫后世学者："良知指其全体体段而言者。"

也应该指出，与郑霞谷同时代的朝鲜学者尹拯也支持王阳明的格物说，著有《明斋遗稿》。尹拯与郑霞谷之间的学术交往书信，体现在《明斋遗稿》和《霞谷集》中，其中反映了他支持阳明学以及实学经世的政治哲学。

（二）朝鲜阳明学之"霞谷学派"及其传承概述

如上文所述，郑霞谷晚年避居江华岛之后，遂专心致志地从事阳明学的著述与讲学活动。他的家人、弟子也纷纷前来江华岛聚居，侍从郑霞谷并传承霞谷学，进而形成了真正的朝鲜阳明学派，学界称之为"霞谷学派"或"江华学派"。霞谷学的继承者主要有，郑霞谷的"迎日郑氏"、李建昌的"全州李氏"、郑东愈的"东莱郑氏"。所以，霞谷的弟子们是在特定条件下，以几乎封闭的"家学"形态传承了郑氏的阳明学说。

"迎日郑氏"：指郑霞谷之子郑厚一、玄孙郑文升，郑文升之子郑箕锡等，他们以传承霞谷家学为己任。

"全州李氏"：指郑霞谷的门人李匡师、李匡臣、李匡明和李匡师之子李肯翊、李令翊，李匡明之子李忠翊，李忠翊之子李勉伯，李勉伯之长子李象学，李勉伯之孙李建昌、李建昇及李建芳。

"东莱郑氏"：指李匡吕师从郑霞谷，李匡吕有门人郑东愈，传承霞谷学；近代朝鲜阳明学者郑寅普，就是郑东愈的后人。

霞谷学派的传承除了上述三大家族外，还有尹淳、李震炳、郑俊一、宋德渊、崔尚夏、李善协、申大羽、成以观、吴世泰、李善学、金泽秀等主要人物。他们在极其艰难的条件下延续着阳明学和霞谷学派的命脉，一直处于隐忍不发的状态，坚持了约两百年，直至20世纪30年代，随着《霞谷集》抄本的公布，阳明学之"霞谷学""霞谷学派"才被公之于世，进而以"实心实学"的形态被朴殷植、郑寅普等学者所传承与发展。

朴殷植（1859—1925），今韩国密阳人，早年崇奉朱子学，因面对近代以来朝鲜空前严重的民族危机和社会危机，尤其是日本强行吞并朝鲜，感到朱子学的软弱无力，转而发起了基于阳明学的儒教改革运动，写出了《儒教求新论》（1909）和《王阳明实记》（1910）等重要著作。

朴殷植认为，为了实现民族独立，必须变法自强，首先需要改革作为民族宗教的儒教。他认为，儒教求新之路，就在阳明学中，"朱子学无趣而冗长，而阳明学则是简易直截的学问"，只有阳明学所包含的以我为主和独立自主精神，才能帮助朝鲜青年树立自信和求新求变的思想，与时偕行，以应对时代的变革要求。朴殷植还受到中国维新志士康有为、梁启超等人的影响，把当时流行的社会进化论思想与阳明学相结合，开展了所谓"大同教"宗教运动。

他认为，阳明学是良知学，良知是自然明觉之知，纯一无伪之知，流行不息之知，"天赋的良知，天下百万人，无论尊卑，都无差别的一同禀受"。他希望，运用这种"人间自然平等"的良知思想，引导青年到民众中去，吸取丰富的营养，和他们结成一体，去干实事，干大事，达成恢复国权的民族事业，实现"天下大同、天人合一"的理想。朴殷植为朝鲜民族的独立和解放运动贡献了毕生的心血，1925年3月，他出任流亡中国上海的大韩民国政府第二任总统，因操劳过度，病逝于任内，享年67岁。

郑寅普（1892—1950），今韩国首尔人，系霞谷学派"东莱郑氏"的后人，同时又拜霞谷学派学术传人"全州李氏"李建昌为师，学习汉学与阳明学。20世纪30年代，他公开对王阳明的思想和著作进行了全面的归纳，也对中国历史上的阳明后学进行了介绍，对历史上朝鲜阳明学也就是"霞谷学"的传承和演化作了总结和梳理，用通俗易懂、充满感情的方式，写出《阳明学演论》，1933年9月到12月在《东亚日报》等报刊上连载，在当时产生了比较大的影响。

《阳明学演论》抨击了当时朝鲜主流朱子学者们缺乏内涵及虚假的一面，明确阐述了阳明学的本旨，并指出"明明德""亲民""至善"的真正含义，这是一部揭示中国阳明学史和朝鲜阳明学演变脉络的著作。《阳明学演论》"后记"指出，良知是隐藏在我们每个人内心的，如果能诚心诚意依着它去做，即使是目不识丁的人

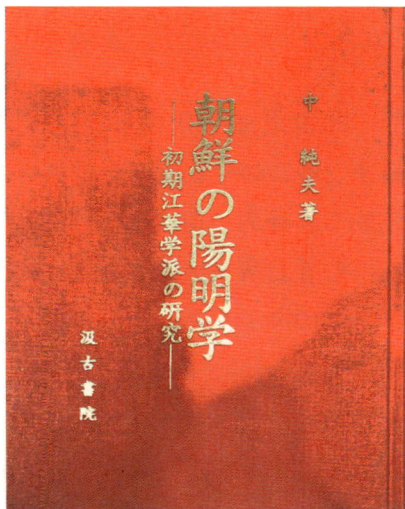

《朝鲜阳明学：初期江华学派研究》书影

也能了解它；反之，如果不能诚心诚意依着它去做，不管多么有才华，即使是读书破万卷，也不能认识它。只有把"良知"看成我们安身立命之所在，为了实现它可以献出自己的生命，良知才能给我们无穷的力量；只有"知行合一"，只有勇敢去做，才能改善人民的处境，实现朝鲜民族的独立；只有基于"良知""实心""实学""实事"，把阳明学提倡的"明德"和"亲民"结合在一起，把国家和民族的苦难当作自己的心中事来感受，才能解决当时所面临的各种课题。

总之，朝鲜阳明学的出现以及朝鲜阳明学的研究史，可以说是从朴殷植的《王阳明实记》起步的；后来，崔南善在《少年》杂志上对中、日两国阳明学进行的介绍，则属于朝鲜阳明学研究的萌芽；而郑寅普的《阳明学演论》则代表着朝鲜阳明学研究的完成。

三、当代韩国阳明学研究的现状

20世纪80年代以来，随着"亚洲四小龙"之一的韩国的经济高速发展，韩国政府开始重视历史学术的挖掘，更是推出了代表本民族学高峰的"退溪学"，不仅出版了大量的退溪学研究论著，而且出资在世界各地轮流举办较大规模的国际性学术讨论会。1990年至2003年，韩国民族文化推进会出版了全套320册的《影印标点韩国文集丛刊》，附解题7册、索引8册，收录了新罗、高丽、朝鲜朝时期的重要文集212种，是目前收罗最为齐备的韩国文集汇编。这为国内外学者研究朝鲜、韩国的历史与思想学术提供了极大的便利。与此同时，颇具本土特色的"霞谷学"以及当代的韩国阳明学的研究，也如火如荼地开展起来。

1995年1月10日，宋河璟、金吉洛、宋在云等数十位韩国阳明学专家汇聚在韩国成均馆大学，召开了韩国阳明学会成立发起人大会。1995年4月8日，在成均馆大学召开了韩国阳明学会成立大会，同时，《韩国阳明学会会报》发刊。1995年以后，韩国连续举办以阳明学与韩国阳明学为主题的国际学术研讨会。其中，1997年11月，韩国阳明学会在成均馆大学召开会议，决定发行《阳明学》创刊号。

韩国阳明学会主办的《阳明学》期刊

《阳明学》期刊的创办与连续编辑发行，也促进了韩国阳明学的研究与传播。

2004年1月，韩国阳明学鼻祖郑齐斗墓被列为韩国文物保护地，韩国阳明学会会员遂前往江华岛参拜，同年，以"江华阳明学派的地位与意义"为研讨主题的"第一届江华学派国际学术大会"在江华岛举办，来自中国、日本、韩国的阳明学者参会。2005年举办以"霞谷与江华阳明学派"为主题的"第二届江华学派国际学术大会"。2006年为凸显"霞谷学"在韩国阳明学中的核心地位，会议名称由"江华学派国际学术大会"改为"霞谷学国际学术大会"，即以"霞谷与韩国阳明学的展开"为主题的"第三届霞谷学国际学术大会"。此后大会连续举办，2009年"第六届霞谷学国际学术大会"又更名为"江华阳明学国际学术大会"，连续举办至今。这对推动韩国阳明学研究的国际化起到了一定的助推作用。

如今的韩国学术界，朱子学

2019年"第16届江华阳明学国际学术大会"论文集

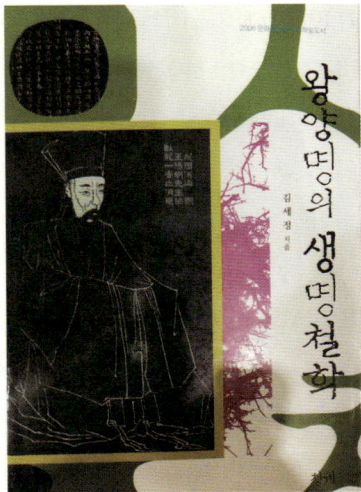

韩国阳明学研究文集

不再以"异端"或"斯文乱贼"的偏见打压阳明学，当然，阳明学也不会去打压朱子学。韩国许多朱子学者同时也是阳明学者，形成了历史上所向往的朱子学和阳明学共同发展和互相补充的局面。韩国阳明学界与中国、日本、美国、越南等国的阳明学交流也越来越频繁，彼此取长补短，相得益彰，为世界阳明学的发展作出了重要贡献。

第三节　阳明学在欧美世界的传播

根据浙大宁波理工学院蔡亮教授等人的最新研究成果，阳明学在欧美的传播历程可划分为孕育期、形成期和发展期三个阶段。16世纪初至19世纪上半叶，阳明学的西传经历了一个相当长的孕育期。其间，16至17世纪西方外交使者、传教士和旅行家关于中国的游记、报告为阳明学在欧洲的传播奠定了基础。18至19世纪上半叶，主要是法、德两国的汉学研究促进了阳明学在欧洲传播的萌芽。19世纪下半叶至20世纪上半叶是阳明学在欧美传播的形成期，英语世界引领了这一时期的风潮。20世纪初，译著《王阳明的哲学思想》的出版成为形成期的转折性节点。20世纪下半叶至今，阳明学在欧美的传播经历了持续发展的过程。20世纪70年代，美国新儒学研究的兴盛与阳明学研究的兴起交织贯通。进入21世纪，"中国大陆王阳明研究的复兴"与"国际阳明学研究的繁荣"交相辉映，阳明学的欧美传播进入全新的发展阶段。

一、阳明学在美国的传播

从 16 世纪到 18 世纪，英语世界对王阳明的认知，主要来源于欧洲传教士的汉学著作英译本。1583 年，西班牙人门多萨的《中华大帝国史》英译本出版，书中记录了与王阳明相关的历史事件"宁王宸濠之乱"。1741 年，法国著名神父、汉学家杜赫德编撰的《中华帝国全志》英译本在伦敦出版发行，阳明文化正式进入英语典籍。阳明文化在英语世界的传播，为美国社会了解阳明文化提供了便利。

（一）19 世纪：美国传教士、汉学家对阳明学的关注

1817 年，西方派到中国的第一位基督教新教传教士英国人马礼逊与苏格兰传教士米怜在马六甲创刊《印支搜闻》。1818 年，该刊翻译和发表了王阳明的《谏迎佛疏》一文。1834 年，美国传教士、汉学家卫三畏在其主编的《丛报》第 2 卷中转载刊登了此篇译文。译文的编者按介绍王阳明创作该文的用意在于劝谏正德皇帝化佛为儒，以儒为宗，同时指出该文是认识儒家学者思想和逻辑的优秀案例。

19 世纪下半叶，阳明文化在英语世界的持续传播，为其在美国的传播奠定了知识储备。密迪乐在《及其反叛者》、伟烈亚力在《文献纪略》、托马斯·沃特斯在《孔庙从祀者介绍》、艾约瑟在《教务杂志》等著作中，纷纷向英语读者介绍王阳明的生平和哲学思想。

此外，与日本社会的广泛接触，间接加深了美国社会对阳明文化的了解。美国东方学家格里夫曾于 1870 年至 1874 年在福井和东

京工作，格里夫发现"Oyōmei（王阳明的日语发音）的思想为日本的文明开化和国家再造打下了基础，认为王阳明的哲学深刻地影响了日本的思想界。

（二）20世纪：恒吉的译介与阳明学在美国的传播

20世纪初，《王阳明哲学思想》的翻译出版，成为阳明文化在美国传播的里程碑事件。1900年底，德裔美国人、美国卫理公会成员恒吉来到江西，并在此生活了7年之久。恒吉常驻的庐山牯岭教堂，离白鹿洞书院、秀峰山记功碑和文殊台等阳明遗存相去不远，他在江西的经历为其日后翻译阳明学著作奠定了基础。

1911年1月，恒吉受聘成为金陵大学哲学系教授，在任教金陵大学期间，他开始着手翻译王阳明的著作，版本为余姚阳明后学施邦曜辑评的《阳明先生集要三种》。恒吉的翻译得到刘靖夫、李瀛和刘靖邦等同事和朋友的帮助，译著的出版得到德裔美国学者和出版商卡洛斯的支持。1914年，恒吉的论文《王阳明：之唯心学者》发表在卡洛斯主持的《一元论》杂志上。恒吉在金陵大学的学生陶行知毕业后赴美留学，并师从实用主义哲学家杜威，陶行知的教育思想融汇了杜威和王阳明的教育哲学。

1916年，译著《王阳明哲学思想》在美国出版，美国哲学家托福茨在译著的序言中评价：阳明哲学是"寻求真理的人说的是一种共同的语言"。1917年，The Open Court 杂志在《名家荟萃》栏目编者按指出，阳明学在人类思想史上的重要性可与康德的实践唯心主义相提并论，王阳明作为东方圣人的地位得到西方人士认可。1918年，皇家亚洲文会北支会会刊称："伟人和伟大的思想家是人类的共同财富"，译著的出版让"王阳明迎来了属于他的时代"。

恒吉的译著促发了20世纪上半叶美国学界对王阳明思想的广

泛探讨。1921 年，美
国历史学家赖德烈断
言，恒吉的译著将长期
成为西方有关哲学史最
有价值的书籍之一。
1936 年，神学学者夔
德义以恒吉的译著为学
术支撑，完成其硕士论
文《王阳明的良知之

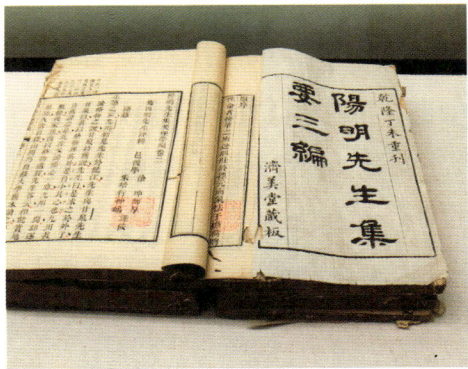

《阳明先生集要三编》书影

说》。1945 年，哲学学者威廉·雷瑟分析王阳明对陆九渊思想的
捍卫。1950 年，日裔美国作家米尔顿·村山分析王阳明与禅的关
系。1953 年，汉学学者倪德卫梳理阳明后学对知行思想的发展。

　　20 世纪下半叶，在美华人学者群体以巨大的热情投入对阳明
思想的译介和传播。在张君劢、陈荣捷、唐君毅、黄秀玑、杜维
明、余英时、成中英、李植全等人的持续推动下，阳明学研究在美
国迎来一个新的高潮。1962 年，张君劢出版《王阳明：16 世纪唯
心主义哲学家》。1963 年，陈荣捷出版译著《王阳明〈传习录〉及
其他著述》。1976 年，杜维明出版《青年王阳明：行动中的儒家思
想》。自 20 世纪 70 年代始，美国的阳明思想研究之风逐渐兴盛。这
一风潮催生出一批美国阳明思想研究的重镇，其中尤以夏威夷大学
最具代表性。该校拥有哲学系教授摩尔和陈荣捷于 1950 年创办的
《东西哲学》以及成中英于 1973 年创办的《哲学》，上述两份季刊
是英语世界阳明学研究的重要发布平台。

　　20 世纪下半叶，阳明学研究领域见证了一批美国汉学家群体
的成长，包括倪德卫、柯雄文、安靖如、安乐哲、艾文贺、狄百瑞

等。1982年，柯雄文出版专著《知行合一：王阳明的道德心理学研究》，他将"知"理解为道德知识，并进一步将王阳明的道德哲学提升到道德认识论的范畴。1983年，狄百瑞的《中国的自由传统》出版，强调阳明心学延续了儒家道统中的个体自由精神和变革精神。

（三）21世纪：阳明学在美国传播的新趋势

进入21世纪，伴随着一大批研究成果的涌现，美国的阳明文化传播呈现出两个显著的新趋势。其一是美国汉学家从西方伦理学领域角度，思考如何将儒家伦理学说"为我所用"。2007年，万白安出版《早期哲学中的德性伦理与后果论》。2009年，安靖如出版《圣人之境：宋明理学的当代意义》，上述两部著作都重点讨论如何实现王阳明思想的当代转化，这一新趋势延续和发展了柯雄文所倡导的立足西方道德伦理学转化阳明学当代价值的思路。

其二是当代西方主流哲学家开始关注如何将阳明学"为我所用"。2002年，弗里西纳出版《知行合一：通往知识的非表征理论》，他认识到知行合一的普遍意义，即其具备世界性的可分享价值。2010年，迈克尔·斯洛特作为情感主义德性伦理学开创者，尝试在阳明伦理思想中挖掘有益于其学说发展的思想资源，发现西方同情（Sympathy）概念与王阳明伦理哲学中"同感"观念非常接近。有别于汉学家的研究，美国主流哲学家"为我所用"的诠释新趋势具有激活阳明文化生命力的深刻意蕴。

美国学者伊来瑞注意到改革开放后阳明学研究在中国的蓬勃发展之势，他将这一现象归纳为"大陆王阳明研究的复兴"。21世纪，阳明文化在美国传播的两大新趋势在一定程度上呼应了这种"复兴"，也契合阳明文化创造性转化和创新性发展的时代命题。

二、阳明学在英国的传播

阳明文化在英国的传播融汇于英国汉学发展的过程中，大致经历了18世纪欧洲汉学著作的英译传播、19世纪的持续推广和20世纪至今的系统研究三个阶段。阳明文化在英国的传播离不开英语作为世界通用语言的优势地位，这一先天优势也助推英国成为阳明文化在西方传播的策源地和摆渡者。

（一）18世纪：欧洲汉学著作的英译传播

18世纪末以前，英国缺乏输入中国思想和文化的直接渠道，有限的认知来源于欧洲汉学著作的英译本，其中也包括对王阳明的认识。1741年，法国著名神父、汉学家杜赫德编撰的《中华帝国全志》英译本在伦敦出版发行，该书收录有关王阳明译文10段，涉及原著为1536年版《王阳明全集》，即嘉靖十五年闻人诠刻《阳明先生文录》，选译者为法国传教士赫苍壁。《中华帝国全志》英译本是目前可考的西方最早收录和研究阳明学的英文文献，这一译本的出现是阳明文化西传的标志性事件。

1793年，英国政府派遣马嘎尔尼使团访华后，中英两国的交往日益频繁。自此，大量英国传教士进入中国，他们以传教为目的对中国思想典籍进行编写和译介，直接推动了19世纪英国汉学的迅速崛起，这为阳明文化在英国的传播奠定了历史基础。

（二）19世纪：英语世界的持久推广

19世纪，英国传教士、外交使者和汉学家扮演起阳明文化西传推动者的角色。1807年，马礼逊或为到达中国的第一位英国新教传教士，1818年，马礼逊在其主编的《印支搜闻》中翻译了王阳明的《谏迎佛疏》一文，其目的在于掌握儒家对待佛教的态度，以最终实现其"以耶代儒"的构想。1851年，作为英国外交官的密迪乐警觉地关注着当时的太平天国起义，他在写回英国的信中谈到1529年前后王阳明在广西的平叛和他卓越的军事才能，信件收录在他的著作《中国人及其叛乱》中。1867年，英国汉学家伟烈亚力从文献学的角度向世界推荐王阳明的文集，他在《中国文献纪略》中写道："王守仁，16世纪中国学者，一生著作颇丰，然而时过境迁，原著刻板遗失较多，后有大量改本、别本问世。17世纪后期，有其五世孙后裔王贻乐将先祖文章以《王阳明集》编撰出版，共16卷。"伟烈亚力对王阳明思想作品的熟悉程度可见一斑。

1879年，托马斯·沃特斯在《孔庙从祀者介绍》中介绍王阳明的成长经历和学说思想，王阳明在儒家学派中的地位得到西方的认可。1886年，道格思爵士在《大英博物馆所藏汉籍目录》中收录1699年《名家制义·王守仁稿》，选自俞长城康熙三十八年《可仪堂一百二十名家制义》刻本，同时收入馆藏的还有1685年16卷本《王阳明先生全集》。1898年，道格思爵士还在《大英博物馆所藏日文目录》中收录了1880年出版的两位日本学者编辑的王阳明诗歌集和文集各一部。

1898年，剑桥大学第二任汉学教授、汉学家翟理斯在《古今姓氏族谱》中简要介绍了王阳明的生平、平叛宁王等事功和历史地位。翟理斯1873年曾在宁波任职，并翻译了《三字经》。1898年，翟理斯所著《剑桥大学图书馆藏威妥玛所收汉文满文图书补充目录》被认为是西方汉学研究中国的重要工具书，翟理斯的目录是根据"中国古典分类法"对威妥玛藏书进行系统编目，书中"历史、传记和形象"条目中收录了《王阳明全集》。王阳明的作品被持续收入英国国家博物馆和大学图书馆馆藏图书，凸显了英国社会对阳明学的关注，推动了阳明文化在英国的持久传播。

（三）20世纪以来：多元领域的探索传播

进入20世纪，英国主办的东方学研究机构成为阳明文化在西方传播的重要推手。1908年，英国人沃尔特·德宁在《日本亚洲学会丛刊》撰写《日本阳明学的传承》，该文对井上哲次郎的阳明学观进行了较为详细的介绍。1913年，英国东方学者朗巴特通过对中江藤树等日本教育家的研究，发现阳明文化对明治维新前日本社会的深刻影响。同时，英国皇家亚洲文会北中国支会也成为王阳明研究的重要阵地，伟烈亚力、翟理斯、理雅各等人都是该文会的荣誉成员。

1912年，亚洲文会邀请任教于金陵大学的美国学者恒吉到上海，在上海，恒吉发表了关于王阳明的主题演讲，这是英语世界阳明学研究的首场现代学术交流。按照惯例，恒吉的演讲文本发表于1913年的《皇家亚洲协会北中国分会会报》。1914年，该文又发表在美国的《一元论者》，题目为《王阳明：中国之唯心学者》。此后，恒吉当选文会会员，并受委托翻译《王阳明的哲学思想》。1916年，恒吉的译著先后在美国和英国出版。1918年，文会会报隆重介绍译著，并称："伟人和伟大的思想家是人类的共同财富。"西方世界突破了对王阳明的碎片化和片面化认知，阳明学的人类性和世界性意义得到巨大认可。值得一提的是，恒吉对王阳明哲学术语的翻译受到苏格兰传教士、汉学家理雅各的影响，他依循理雅各在《孟子》翻译中的译法将"良知"译为"Intuitive Knowledge"。

20世纪中叶后，阳明学引起英国科学史领域的巨大关注。剑桥大学汉学家李约瑟主编的七卷本《中国科学技术史》从1954年开始陆续出版，李约瑟在作品中多次论及王阳明，他认为王阳明非常重视与生俱来的直觉，即"良知"，还发现王阳明的道德直觉论比欧洲唯心主义者贝克莱的学说早了200多年。李约瑟还将王阳明与实践唯心主义哲学家康德相提并论，他指出，王阳明的道德哲学比康德提出的"定然律令"更早。李约瑟很推崇《咏良知四首示诸生》中的一首诗："个个人心有仲尼，自将闻见苦遮迷，而今指与真头面，只是良知更莫疑。"然而，当放置在科技思想史的维度上时，王阳明被李约瑟视为反科学的唯心主义者。在李约瑟看来，针对社会关系的"道德学"，只强调对自我主体生存的关心，而忽视了个体与客观世界的关联。

李约瑟对王阳明的质疑与其著名的"李约瑟之问"一脉相承，其历史指向是：为何近代科学没有产生在中国，而是在17世纪的西方？其未来指向是：中国的传统思想文化是否足以支撑中国的未来发展？李约瑟选择性地关注了阳明学对道德修养的强调，而忽略了阳明文化中"知行合一"的论述，殊不知，阳明学所代表的行动儒学尤其强调道德修养和道德实践的统一。21世纪阳明文化的创造性转化与创新性发展给了善意的李约瑟一条铿锵的解题思路，即在王阳明出生550多年后讨论其时代价值，我们尤其要发挥阳明文化的实学本质，充分观照现实世界，避免空谈心性。

三、阳明学在俄罗斯（苏联）的传播

阳明文化在俄罗斯（苏联）的传播，表现出鲜明的阶段性特征。20世纪30—50年代，苏联学界开始在语言学和哲学领域关注阳明文化；60年代后，苏联学界对阳明文化的研究更趋客观和理性；70年代后，相关研究呈现领域细分化趋势；20世纪90年代后及至21世纪，在多元和开放的文化发展态势下，阳明文化在俄罗斯的传播迎来了新的发展时期。

（一）20世纪30—50年代：阳明学获得苏联学界关注

目前所知最早记录阳明学的苏联著作是1936年出版的第一版《苏联大百科全书》，由苏联汉学家彼特罗夫编写的《哲学》一节中指出，王阳明是15世纪、16世纪广受赞誉的唯心思想家，其世界观中可以找到主观唯心和直觉主义元素，阳明学形成了众多流派，有许多追随者，并对日本产生了深刻影响。

1935年，语言学家阿列克谢耶夫撰写《动乱与革命年代的文化》，文中称王阳明为最著名的晚期儒学改革者，阳明学在日本被赋予很高价值。1942年，阿列克谢耶夫通过翻译《古文观止》中王阳明的三篇经典文章，表明他对阳玥学的肯定态度。休茨基是阿列克谢耶夫的学生，他对阳明学非常着迷，1935年，他在自传《生活录》中写道："古典哲学最吸引我的不是周朝古代哲学，而是从葛洪到王阳明的中世纪哲学。"从阿列克谢耶夫写给休茨基博士论文《中国经典〈易经〉研究、译文和附录》的评语中，我们得知休茨基一直希望写一本关于王阳明的专著，但这一愿望未来得及实现，他就去世了。

1940年，彼特罗夫撰文指出，阳明学是从极端主观唯心主义转化来的直觉主义哲学，这篇名为《哲学特写》的文章被收录到论文集《中国》中。1947年，拉杜里·扎杜罗夫茨基在《儒学及在日本的传播》中强化了这个观点，他认为阳明学既是主观唯心主义哲学，又是神秘的直觉主义哲学。类似主张在20世纪50—60年代被众多百科类文献所引用，如《哲学百科全书》《苏联百科全书》等，这也成为当时苏联哲学界看待阳玥学的主流观点。

总体来说，这一时期的苏联阳明学研究主要受到日本的影响，《儒学及在日本的传播》中记载的日本阳明学者观点成为当时研究的主要依据。囿于时代的局限及学术专著和译本的匮乏，苏联阳明学研究在当时未能获得专业、系统的发展。

（二）20世纪60—80年代：阳明学在苏联学界获得更大的发展空间

20世纪60年代，随着苏联解冻思潮的兴起，哲学界掀起新哲学运动；70—80年代，苏联哲学界逐渐向细分化、专业化和系统化发展，阳明文化由此获得更大的发展空间。

20世纪60年代，众多阳明研究成果得以发表，虽褒贬不一，但总体肯定阳明学是对理学的发展。这一趋势在《哲学百科全书》第四卷"1960—1970"中即有体现。康拉特在《西方与东方》中称，王阳明是哲学界最后的"文艺复兴"式代表和创新型哲学家。1970年，巴日涅耶娃在《文学》中指出，阳明学动摇了当时儒学的基础，并引发了教育思想的变革。1974年，李福清在《内部规律和相互关系研究（17世纪远东文学）》中认为，王阳明是理学批评家。可见，苏联学界开始重新认识阳明学，观点也更趋理性和客观。

在此基础上，苏联科学院东方研究所科布泽夫团队，开始了对阳明学系统和专业的研究。1977年，科布泽夫发表《王阳明：认识论和良知学》。1979年，科布泽夫的博士论文《王阳明哲学》通过答辩，之后，他发表了系列相关学术成果，如《"物"的概念和王阳明哲学》《传统哲学中的知行问题》《王阳明哲学中的传统认识论思想综述》《王阳明和道学》《儒家思想中的人性论问题研究（从孔子到王阳明）》等。

　　1983 年，科布泽夫总结先前研究成果，出版专著《阳明学和古典哲学》，他在书中称阳明学为"主观唯物主义"，确切说是"主观自然主义"。一方面，他提出了苏联学界未知的哲学范畴——"主观唯物主义"；另一方面，他又指出唯物主义和唯心主义的矛盾对立标准不适用于阳明学，而"自然主义"更准确。1985 年，卡拉别其亚茨在《阳明学和古典哲学》的书评中肯定了上述观点，并指出阳明学的主观性是主观唯物主义（确切说是自然主义），而不是主观唯心主义。他坚信，阳明学是古典哲学发展的终点和顶点，更是理解传统思想和世界观的关键。

　　这一时期，苏联学界对阳明学展开新一轮讨论，他们更理性地区分东、西方哲学，更辩证地看待阳明学在世界哲学史上的地位和贡献。阳明文化已成为研究哲学绕不开的内容，但此时它在苏联的传播主要局限于学术界，并未走入普通民众。

　　（三）20 世纪 90 年代至今：阳明学在俄罗斯传播的全新发展时期

　　苏联解体后，俄罗斯文化研究领域开始呈现出繁荣景象。同时，国力的迅速提升及中俄政治文化的密切交流使王阳明哲学思想在俄罗斯得到更广泛关注，阳明文化在俄罗斯也得到了空前发展。进入 21 世纪，阳明文化在俄罗斯的传播逐渐突破学术界走入普通民众间。

　　以科布泽夫团队为代表的汉学家群体新成果不断涌现，2002 年，科布泽夫总结多年研究成果，出版专著《新儒家哲学》。书中对王阳明个人及其学说的历史影响，文学遗产，阳明学与理学、道教、佛教的关系问题作了详细介绍，附录还收入了部分译著，包括《大学问》和《古文观止》中 3 篇有关王阳明的短文。此后其团队相关研究成果均被收录到6卷本百科全书《精神文化大典》及其他百科全书中。

进入21世纪，俄罗斯科学院东方学研究所将创立阳明学研究中心、建立俄罗斯阳明学会纳入该所发展战略。近年来，鲁登寇等一批阳明学研究的后起之秀相继涌现。2019年，俄罗斯科学院与合作伙伴签署了"阳明文化战略合作协议"，俄语版《传习录》的译介工作在合作推进中，中俄双方学者希望携手为阳明学在俄罗斯的传播作出进一步贡献。

四、阳明学在法国的传播

从17世纪晚期开始，王阳明的著作引起了法国研究历史和哲学思想的耶稣会传教士和汉学家的注意，他们通过各自对阳明文化的译介或阐释研究，将这一哲学史上的重要思想文化传播到法国乃至欧洲。

（一）17世纪晚期到18世纪：阳明学在法国传播的起源

阳明文化在法国的传播，最早可追溯到17世纪下半叶。1685年，路易十四以"国王数学家"的名义向中国派遣首个耶稣会传教士使团。这批传教士在1687年7月23日抵达宁波，最终进入北京，觐见康熙皇帝。赴华使团成员将大量书信、书籍及丰富的物产带回法国，并在法国引发"中国热"，中国的思想文化也随之进入法国人的视线，逐渐为人所知。

在此期间，两部法国耶稣会传教士撰写的专著，均提及王阳明及其思想。第一部是1735年出版的杜赫德所著的《中华帝国全志》，该巨著被称为"法国古汉学的不朽著作"，是西方汉学三大名著之一；该书第二卷节选了1538年版的《王阳明文集》中的阳明师生对话，并由赴华耶稣会传教士赫苍璧译成法文。

另一部是耶稣会传教士冯秉正历时6年翻译著成的《通史》，此书以朱熹的《通鉴纲目》为蓝本，并博采其他史书之长而完成。1770年该书甫一出版便成为法国汉学家研究历史的重要参考书目。《通史》一书中记载了王阳明平定宁王叛乱的军功，详细记述其在主要战役中的一系列重要战略运作，但并未对其思想学说进行系统阐述。

（二）19世纪至20世纪上半叶：阳明学在法国传播的新进展

19世纪，有关王阳明及其学说的汉学研究在法国持续展开，在一些描述历史的词典或百科全书类的著作中可见王阳明的痕迹，如汉学家考狄所编著《西人论书目》等书，但局限于简要介绍他的生平和事功，或是选译他的一些文章，而缺乏对王阳明及其思想系统性的学术研究。

进入20世纪，阳明文化在法国的传播开始进入新的阶段，法国出现了专注于王阳明哲学思想学术性研究的著作和文章，尤以王昌祉和他的《王阳明的道德哲学》最为突出。王昌祉是首位获得巴黎天主教学院神学博士学位的华裔神父，后又获得巴黎大学文学院哲学博士学位，其博士论文《王阳明的道德哲学》于1936年出版，是西方第一本研究王阳明的学术专著。在该书的导言中，王昌祉指出王阳明的哲学思想将追求人的道德完美作为主要目标，这一点在世界上是独一无二的，而阳明学正是道德哲学思想中的典范。《王阳明的道德哲学》一书主要介绍了王阳明的生平，解释了王阳明"心即理"的思想，以及这一思想与朱熹思想的区别。该书重点讨论"良知"的含义，以及如何发现和践行良知。

除了王昌祉，同时期的一些法国学者在编撰哲学史时将阳明文化列为研究对象，戴遂良便是其中的代表，当时他在直隶东南献县耶稣会任职，倾心汉学研究。1917年，他出版《宗教信仰及哲学观点通史》，书中介绍了阳明先生在贵州龙场的悟道经历并总结了其思想的重要内涵，并提及阳明学说对日本的影响。同处献县教区的法国传教士兼汉学家裴化行，也在自己的著作中对阳明学进行了解析。他在1935年出版的《智慧与基督教哲学之间历史关系的研究》一书中介绍了王阳明思想及其在日本的传播，并选录了部分王阳明的诗词和信件。他对阳明学的论述主要概括为：王阳明的哲学是形而上的理想主义；与朱熹的理学思想相比，王阳明的哲学更具有解放思想的特质；阳明心学和关于良知的思想具有主观性和直觉性。

（三）20世纪下半叶至21世纪初：法国汉学家对阳明学的专业化探索

二战以后，法国汉学界出现了明显的研究领域专业化的现象，在哲学领域深耕的法国汉学家们在研究明代哲学思想时，对王阳明及其思想进行了更深入的探索。特别是以程艾蓝和王论跃为代表的法籍华裔汉学家，对阳明文化展开了专业性更强、视野更开阔的研究，进一步推动了阳明文化在法语世界的传播。

程艾蓝现为法兰西公学院思想史教席教授，他凭借其中、法双重文化背景的身份的先天优势，从中西文化交流的视角审视研究传统哲学思想。1997年，"儒莲奖"获奖著作《思想史》的第五部分第二十章《明代思想对心的再重视》中，专门有一节标题为《王阳明》，收录了她对《传习录》和《大学问》重要章节的法语译文。程艾蓝用王阳明的语言忠实呈现其"心外无物""知行合一"等一系列主张，再从汉学家视角对这些思想进行了阐释解读。她认为王阳明将孟子内在论和禅宗直觉论结合在一个共同的概念——"心"之中，将"心"之体验置于首位，肯定"心"包容一切的优先性，通过对"心之本体"的重新肯定来思考哲学的中心问题。

进入21世纪，比较学视野下的阳明学研究得到进一步强化，代表人物为巴黎东方语言文化学院教授王论跃，他的研究领域主要涉及儒学和新儒学、哲学与文学话语分析、思想史等。在2010年发表的《上海及哲学的现代转折点——十六和十七世纪江南地区的哲学传统：以王阳明为中心（1472—1529）》一文中，他简述了王阳明的生平和主要思想，肯定阳明心学是自朱熹理学之后重要的哲学思想。同时他将阳明思想与欧洲其他哲学思想进行了比较，提出可以把以阳明学派为代表的"直觉主义"和胡塞尔的现象学联系起来进行分析比较，认为"直觉主义的现象学解释有助于对思想进行现代理解"。

五、阳明学在德国的传播

从18世纪初始，阳明学便进入德国东方学家的视野。整个19世纪，德国知识界对儒家文明推崇备至，"道德哲学家"王阳明占得一席之地。20世纪上半叶，德国汉学家对阳明学的系统性研究拉开帷幕。进入21世纪，作为中华文化国际传播的有机构成，阳明学的专业化研究开启了新的篇章。

（一）阳明学现身德国的儒学研究

17世纪至18世纪，"中国热"席卷欧洲，德国耶稣会传教士扮演着重要的推手，他们译介和编写的中国历史文化著作成为欧洲人了解中国思想和文化的媒介。在这一潮流的影响之下，德国出现一批中国文化的爱好者和儒学研究者，其中，莱布尼茨是儒学西传德国的杰出代表性人物。他的哲学思想与中国有着千丝万缕的联系，阳明学作为宋明理学的重要概念进入了他的视线。1713年，莱布尼茨在致法国学者尼古拉·德·雷蒙的信中讨论宋明理学，引用"心即理"的学说，即"心和理是一个东西，从而理是万物之体"，并对这一观点表示认同。显然，他的思想已经受到阳明心学的影响。

1840年，德国学术性汉学奠基人硕特编纂汉学典籍《柏林皇家图书馆中文、满文藏书目录》续编《御书房满汉书广录》，其中收录条目《王阳明全集》。该条目简述了王阳明的生平地位和《全集》的主要内容，盛赞了此书的文学和哲学成就，认为王阳明及其学派是那个时代灿烂的思想贡献。1841年，德国汉学研究者格拉迪施在《世界史理解入门》一书中讨论了王阳明思想的"静坐教法"。1871年，德国人类学家巴斯蒂安在游历了中国、日本、印度支那、暹罗、马来群岛等地后，出版了《东亚民族》共6卷，其中谈及王阳明与宗教哲学的问题。

（二）阳明学跻身德国汉学的经典领域

20世纪上半叶，德国汉学领域的一个突出贡献是编著了相当数量的中国哲学史著作，对王阳明及其思想的学术研究也随之持续展开，王阳明跻身德国汉学家视域下中国重要的哲学家行列，其历史地位得到学界的充分认可。

1927年，德国作家采恩克尔和德国传教士哈克曼分别出版著作《中国哲学史》。采恩克尔并非专业的汉学家，其书简要介绍了王阳明的生平和学说，重点探讨了阳明的身心哲学、阳明学对传统儒学的贡献及其与朱熹学说的异同。较之采恩克尔，哈克曼与中国的联系更为紧密。他于1894年至1901年间在上海传教，其后又花费数年在中国和东南亚地区旅行，曾到访宁波，并留下在金峨寺等地的体验记录。哈克曼的《中国哲学史》为王阳明设置了单独的篇章，不仅描述其生平经历，还阐释和解析了阳明学的核心要素"心即理""致良知""知行合一"。有意思的是，以上两本《中国哲学史》不约而同地将王阳明的思想与德国理想主义，尤其是康德的理想主义进行了比较，虽然结论并不完全相同，但是王阳明作为重要中国哲学家的地位已经得到德国汉学界的充分认可。

这一阶段的另一个重要人物是佛尔克。佛尔克是德国二战前最有成就的汉学家之一，自1890年起在德国驻华使馆和领事馆任职，1903年起先后任柏林东方语言学院和汉堡大学汉文教授。佛尔克长期研究中国哲学，其于1927年至1938年间出版的《中国哲学史》系列丛书，整理了自先秦至20世纪的中国哲学，代表了当时德国汉学研究的水准。在《中国近代哲学史》中，佛尔克历数王阳明的重要经历以及嘉靖、隆庆、万历三朝对他的评价，以相当大的篇章阐释了王阳明的哲学思想，包括"心即理""格物""致良知"等，并对其时为止的阳明学研究领域进行了归纳分类。他将王阳明称作"朱熹之后中国最伟大的思想家""明朝最重要的哲学家"。

（三）阳明学在德国汉学研究的华丽转身

从20世纪下半叶到21世纪初，一些关于中国哲学或儒家学说的作品重新关注王阳明及其学说，如当代著名德国汉学家傅吾康于1956年发表的文章《15、16世纪中国史研究现状》，汉学家、语言学家鲍吾刚出版的著作《中国哲学史：儒、道、释》等，研究在借鉴和挖掘的基础上，逐渐实现深度的专门研究转向。

值得一提的是，这一时期德国著名存在主义哲学家雅思贝尔斯在研究中国哲学的过程中聚焦阳明学，他在著作《大哲学家》中强调王阳明是孔子思想的革新者，是儒学中的一个"伟大现象"。在雅思贝尔斯看来，"王阳明和欧洲文化复兴的巨人们一起开辟了人类的新时代，西方很多无法解决的问题只有在王阳明的良知学说当中才能得到解决"。雅思贝尔斯对王阳明及其学术思想的赞誉，代表了世界主流哲学家对王阳明之于人类哲学史的巨大贡献的高度认可，为阳明学在德国汉学研究的专业化转向打好了学术基础。

进入新世纪，德国汉学界对阳明学的专业化探索真正起步，代表人物是奥尔登堡大学哲学博士、北京外国语大学德籍学者巴拓识，他是德国第一位将阳明学与西方哲学进行系统比较的哲学家。2008年，巴拓识发表文章《从跨文化哲学的角度看王阳明与卡尔·雅思贝尔斯哲学思想的共同点》探究两者生平和哲学思想的相似之处，指出雅思贝尔斯晚期哲学受到包括阳明思想在内的儒家思想的极大影响。2015年，他出版专著《"知非知"还是"善知"？——关于尼古拉斯·库萨与王阳明的哲学思想》，将阳明学说与德国新柏拉图主义哲学家库萨的哲学思想放在各自的思想语境中进行系统比较。巴拓识认为阳明学是了解古代与现代中国的钥匙，它与德国哲学有不少相通之处，对它的研究可以为当下一些重大问题找到解决方案。

瑞士现象学家、汉学家耿宁也是德语世界开展王阳明专门研究的重要学者。20世纪80年代，耿宁开始在美国哥伦比亚大学进行王阳明研究，并从现象学视角深入探析和传播阳明心学。耿宁曾访问中国，并专门走访阳明文化遗迹多处，他的文集《心的现象：耿宁心性现象学研究文集》和专著《人生第一等事：王阳明及其后学论"致良知"》由倪康梁等翻译成中文并在商务印书馆出版，在国际阳明学传播领域引起了较大反响。

美国学者伊来瑞注意到改革开放后阳明学在我国的蓬勃发展之势，他将这一现象归纳为"中国大陆王阳明研究的复兴"。文化的复兴与民族复兴、强国建设相伴而生，为实现中华民族的伟大复兴和生命个体的道德理想追求提供智力支撑，这是时代赋予包括阳明学在内的"中国学"的全新使命。

进入21世纪，中国的阳明学研究者与研究机构日益成为国际阳明学研究的重要力量。挖掘阳明学中的主体性、人类性、世界性特点成为阳明学海外传播的重点，这也要求我们继续深度挖掘与发扬"致良知""知行合一""万物一体"等阳明学丰富内涵，将阳明学真精神与世界共享，言之有据地传递包括阳明学在内的"中国学"的"可分享价值"。同时，要从中国文化形象塑造的高度为文化自信熔铸更深厚的力量，进而推动包括阳明学在内的"中国学"在世界范围内的研究和传播。此外，我们还要挖掘各国别、各区域不同思想间的全人类共同价值，协同推进不同文化、文明间的对话交流，为"人类命运共同体"的构建提供丰富内容和路径依托。

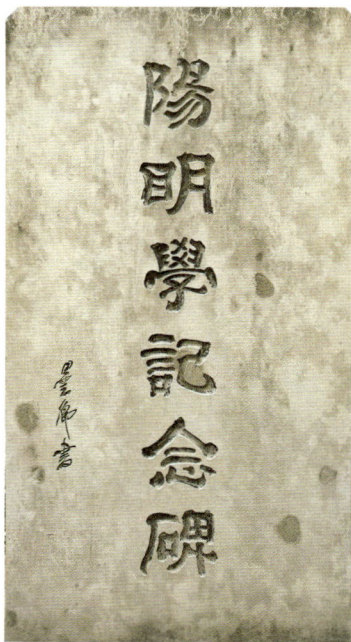

余姚王阳明故居"阳明学纪念碑"

第五章

阳明文化的时代价值

中国优秀传统文化中的丰富哲学思想、人文精神、教化思想、道德理念等，可以为人们认识和改造世界提供有益启迪，为道德建设提供有益启发。

习总书记在浙江考察时要求浙江更好担负起新时代新的文化使命，赓续历史文脉，加强文化遗产保护，推动优秀传统文化创造性转化、创新性发展。王阳明的一生真正做到了知行合一，既是一个伟大的哲学家、思想家，也是一个伟大的政治家、军事家。作为浙江历史文脉重要一环的阳明文化，是中华优秀传统文化的一个重要组成部分。推动阳明文化创造性转化创新性发展，是新时代亟须进行的一项严肃的学术工作。

第一节　有效推动阳明文化的创造性转化、创新性发展

　　有效推动阳明文化的创造性转化、创新性发展，要求我们结合新时代、新条件，把阳明文化的精神标识提炼出来、展示出来，把阳明文化中具有当代价值、世界意义的文化精髓提炼出来、展示出来。在笔者看来，阳明文化的主体是"阳明学"，其精髓主要包括"良知即天理"的道德主体，"知行合一"的行动自觉，"致良知"的精神追求，"明德亲民"的政治哲学和"万物同体"的社会理想。有效推动阳明文化的创造性转化、创新性发展的一条重要路径，就是把这些阳明文化中的精髓提炼出来，并努力应用于新时代。

浙江余姚"纪念王阳明诞辰550周年礼贤仪典"（2022年10月31日）

一、从传统"心学"到共产党人的"心学"

在传统儒家看来，"心"就是人的"本心""仁心""良心"。《尚书》中有"人心惟危，道心惟微。惟精惟一，允执厥中"的十六字心传；《论语》中有"有心哉，击磬乎""（颜）回也，其心三月不违仁""七十而从心不逾矩"等关于"心"的论述；《大学》有"正心、诚意"云云；《孟子》有"恻隐之心""羞恶之心""恭敬之心""是非之心""尽其心，知其性；知其性，则知天矣"的表述。后世儒者诠释上述儒家经典，都有对"心"的论说，尤其是宋儒陆象山有"心即理""宇宙便是吾心，吾心便是宇宙"的"发明本心"的象山心学；明初陈白沙有"默坐澄心，体认天理"的提法。而王阳明更是上承孔孟仁学，接续象山心学、白沙心学而有集大成的"良知心学"，所以黄宗羲说："有明之学，至白沙始入精微。……至阳明而后大。"王阳明开创的"良知心学"不仅是宋明心性之学的最高峰，其本人也是孔孟以来传统儒家心学的集大成者。

关于"心学"，王阳明有"圣人之学，心学也。尧、舜、禹之相授受曰：'人心惟危，道心惟微，惟精惟一，允执厥中。'此心学之源也""圣人之学，心学也。学以求尽其心而已""君子之学，心学也。心，性也；性，天也。圣人之心纯乎天理，故无事于学""圣贤之学，心学也。道德以为之地，忠信以为之基，仁以为宅，义以为路，礼以为门，廉耻以为垣墙，六经以为户牖，四子以为阶梯""心学纯明，而有以全其万物一体之仁"等一系列论述。在王阳明这里，"心学"就是儒学的根本之学，是儒家君子之学、圣贤之学的代称。

王阳明讲学图（墙绘）

　　当代共产党人也提出了"心学"的新命题，"种树者必培其根，种德者必养其心"，共产党人的"心学"这一崭新提法，体现了马克思主义基本原理同中华优秀传统文化的结合，也是对传统"心学"的创造性转化、创新性发展。

　　明正德十二年（1517）十月，王阳明在横水平乱之时，寄书信与门人杨仕德，其中云"破山中贼易，破心中贼难"。翌年正月在带兵征三浰抵龙南途中，阳明又有《与薛侃书》，其中再提"破山中贼易，破心中贼难"："即日已抵龙南，明日入巢，四路皆如期并进，贼有必破之势矣。向在横水，尝寄书仕德（杨骥）云：'破山中贼易，破心中贼难。'区区剪除鼠窃，何足为异？若诸贤扫荡心腹之寇，以收廓清平定之功，此诚大丈夫不世之伟绩！"阳明心学语境中的"心中贼"就是"人欲之私"，也就是各种各样的私心杂念和贪欲。"致良知"的心学修养，就是"静时念念去人欲、存天理，动时念念去人欲、存天理"。

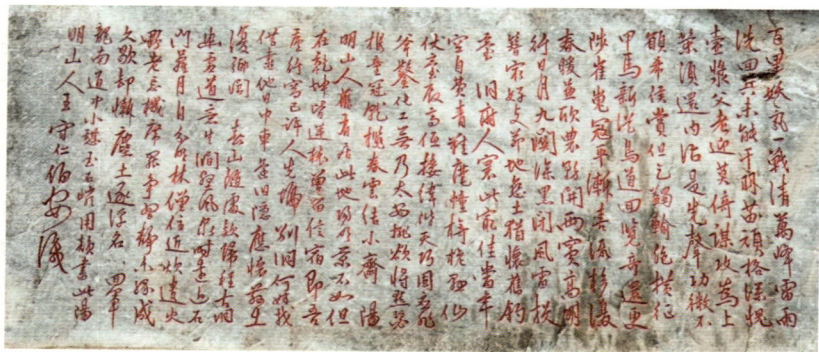

王阳明手书摩崖石刻

　　"心中贼"，就是私心杂念、贪婪贪欲，也就是过度的奢求欲望。今天的我们依然要牢记常破"心中贼"。

　　今天，我们讲"不忘初心，牢记使命"，其实王阳明也讲"无负初心"。"初心"是王阳明多次使用的一个词。《王文成公全书》所录书信、奏疏、公移、诗赋文本中，十多次出现"初心"一词，比如"初心甚不欲渠如此""则非某之初心""是臣之初心也""即从初心""却遂初心""庶亦不负其初心""苟初心之可绍兮""初心待风雨""风尘渐觉初心负""遂令真诀负初心""初心终不负灵均""期无负初心""谁能晚节负初心"等。在阳明心学语境中，"初心"即"本心""真心"，也是人人本具有的"良知"之心。联系《王文成公全书》上下文语境，我们可以知道，作为传统儒家士大夫的王阳明的"初心"，主要是"学做圣人"，最终实现传统儒家士大夫所期许的"内圣外王"式的终极理想。王阳明"初心"的实现，主要通过"知行合一"的方法论、"致良知"的道德修养、"明德亲民"的政治实践，最终达成"天地万物一体之仁"的理想境界。

　　从某种意义上来说，王阳明及传统儒家"为天地立心，为生民立命，为往圣继绝学，为万世开太平'式的"初心"与中国共产党人"为中国人民谋幸福，为中华民族谋复兴"式的"初心"有异曲同工之妙。

"立志"是传统儒家修养工夫的一个重要学术用语，孔子有"吾十有五而志于学"的提法。王阳明在少年时代就以"读书学做圣贤"为人生第一等事，最终他历经读书格物求理而思劳成疾，身在官场遭受苦难和挫折，平定宁藩叛乱却饱受猜忌，最终感悟出"致良知"的圣学路径，也成为"立德""立言""立功"的"真三不朽伟人"。

明正德三年（1508），王阳明被贬至龙场，在龙冈书院授徒讲学期间作有《教条示龙场诸生》。文中，王阳明首先向众弟子宣讲"立志"之于成就一切事业的重要性："志不立，天下无可成之事，虽百工技艺，未有不本于志者。"这旦，王阳明特以"求学"为例，阐述志于"圣贤之学"的重要性。现在所谓"求学"的人，大多荒废学业、懈怠懒惰，贪图安逸、虚度时日，结果一事无成，都是因为没有"立志"的缘故。所以，立志成为圣人，最后果真就会成为圣人；立志成为贤人，最后果真就会成为贤人。志不立，就好像没有舵的航船失去方向、没有马嚼子的马狂乱奔逃一样，最终的结局肯定是一事无成。

"立志"不仅是安身立命之本，还是事业成功的根本；志向的大小，在某种程度上也决定了生命个体成就的高低。王阳明所说的"志"，就相当于我们现代人所讲的"理想"。理想是一个人成功的目标，对于青年学子而言尤为重要。

二、从"圣人之道，吾性自足"的主体性到中华文化主体性

阳明心学是一种"自得之学"，王阳明在《别湛甘泉序（壬申）》文中说："夫求以自得，而后可与之言学圣人之道。"《答徐子积》文中有言："学者要在自得，自然循理尽性。"同时，"自得之学"也是王阳明对生命真正澄澈的结果，其"龙场悟道"的真实体验就是"圣人之道，吾性自足，不假外求"，"一语之下，洞见全体，真是痛快，不觉手舞足蹈"。阳明晚年大弟子王畿问业师："人称用兵如神，何术以致之？"阳明答曰："我无秘术，但平生自信者良知，凡应机对敌，只此一点灵明，神感神应，一毫不为生死利害所动。所以发机慎密，敌不知其所从来。在我原是本分行持，世人误以为神尔。"据此可见王阳明对圣人之学、对良知心学的"自得"与"自信"。而"自信"以致良知，也是王阳明对弟子友人的劝勉，他在嘉靖六年（1527）给黄绾的书信中说："诸君知谋才略，自是超然出于众人之上，所未能自信者，只是未能致得自己良知，未全得断断休休体段耳。"

下面，我们来看"主体"与"主体性"以及阳明心学中的"主体性"。在人与万物的关系中，人是作为"主体"、万物是作为"客体"而存在的。而哲学作为探寻人的存在根据的学问，自然要从人作为"主体"的性质出发来认识人与世界的关系。所以，"主体"和"主体性"的问题是哲学研究的最核心的问题之一。当代流行的"主体性"观念是近代历史和近代哲学发展的产物，一般是指人在实践过程中表现出来的能力、作用、个人看法以及地位，即人的自主、主动、能动、自由、有目的的活动的地位和特性。其实，主体

与主体性思想在传统中国源远流长，资源丰厚，《论语》中"仁者，人也"，《老子》中"人法地，地法天，天法道，道法自然"，《孟子》中的"万物皆备于我"，皆是与"人"相关的"主体性"观念。

生当明朝中叶的王阳明，适逢传统社会向近代社会新旧转型的大时代，他创立的心学体系以建构人的道德主体性为旨归，而挺立"良知"这一道德主体则是阳明心学思想的精神特质。近人劳思相《新编中国哲学史》，以主体性为理论设准，肯定世界的儒家"心性论"当属"以主体性为中心之哲学"，其中涉及"人""自我"和"价值"等核心问题。他也用"道德主体性"概念来指称阳明思想。阳明心学高扬人的价值与地位，"心即理""良知即天理""个个人心有仲尼""人胸中各有个圣人""万花根源总在心"都是强调"人心"也就是"良知"作为道德实践主体的主观能动性，由此形成了别开生面的人生哲学。在认识论论域中，王阳明更是强调"心"的主体性维度，"身之主宰便是心，心之所发便是意，意之本体便是知，意之所在便是物"。王阳明著名的"岩中花树"中"你未看此花时，此花与汝心同归于寂。你来看此花时，则此花颜色一时明白起来。便知此花不在你的心外"，讲述的就是"汝心"的认识主体性。有学者指出，王阳明的"致良知"的立言宗旨，讲的是集"认知""价值"和"实践"主体于一身的道德主体性。

"良知之外，别无知矣。故'致良知'是学问大头脑，是圣人教人第一义。"阳明良知心学的宗旨是让人们找回自己迷失已久的本心，确立自己内在的自我。阳明学的贡献之一，正是给予认识主体、道德主体以充分的自律和自由，其摆脱程朱理学"格物穷理"功夫的烦琐，帮有志者重拾"做圣人"的自重、自立、自信和自强。

同时，王阳明作为一个传统儒者，尽管其本人有出入佛老的经历，但是他所开创的"致良知"的思想体系，确实是以儒为体，兼容佛老，也就确立了儒家"圣人之学"的主体。儒学是中国传统文化的主体，王阳明的心学正是中国传统文化中的精华，也是增强中国人文化自信的切入点之一，由阳明文化中呈现出来的儒家"圣人之学"的主体、阳明心学哲学范畴所确立的"道德主体性"，我们也可以扩展延伸至当下的"文化主体性"与"中华文明的主体性"。

三、从"知行合一"到"知信行统一"

"知"和"行"的关系问题，即"知行之辩"是一个典型的哲学命题。"知行合一"是阳明心学的重要命题，强调了"知"和"行"相辅相成、一体推进的关系："知是行的主意，行是知的功夫；知是行之始，行是知之成。若会得时，只说一个知，已自有行在；只说一个行，已自有知在。""知之真切笃实处即是行，行之明

贵州修文"中国阳明文化园"

觉精察处即是知。""求理于吾心，此圣门'知行合一'之教。""我今说个'知行合一'，正要人晓得一念发动处，便即是行了。发动处有不善，就将这不善的念克倒了。须要彻根彻底，不使那一念不善潜伏在胸中。此是我立言宗旨。"王阳明的"知"主要指人的道德意识和思想意念，即宋明理学语境中的"德性之知"，"行"主要指人的道德践履和实际行动。"知行合一"讨论的主要是道德意识和道德行为的关系，即属于道德修养工夫学说。

马克思主义实践观与中国传统的"知行合一"有着许多相似相通之处。如果说王阳明的知行观及其"知行合一"说是道德意识与道德行为的修身学说，那么，马克思主义的知行观则既有修身养性、力行实践的理论意蕴，又有"知"是基础、前提，"行"是重点、关键，以"知"促"行"，以"行"促"知"，以"行"求"知"的丰富内涵，这既是对传统"知行合一"的继承，也是对马克思主义实践观的拓展，推动了马克思主义实践观与中国传统"知行合一"说的融合发展。

新时代的共产党人应"学思用贯通、知信行统一"，赋予了知、信、行以新的含义。新时代"知信行统一"的立论依据是"先知之而后信之，信之而后行之"，其中在"知""行"的链接上增加了"信"的环节，既是对"知行合一"的继承，又是对"知行合一"的创新性发展。"知"不再局限于一般意义上的"闻见之知""德性之知"，而更为强调理论上的自觉与知识体系的完备；"信"不再局限于对道德良知的信仰，而是要树立对马克思主义的信仰，对中国特色社会主义的信念，对实现中华民族伟大复兴中国梦的信心；"行"不再局限于个人的修身养性、日常工作，而是要积极投身于强国建设、民族复兴的伟大实践，为全面建设社会主义现代化国家、全面推进中华民族伟大复兴而团结奋斗。

四、从"明德亲民"到坚持以人民为中心

儒家文化是一种修身文化、道德文化，同时又是一种实践文化、入世文化，道德伦理的提倡和践履贯穿于社会生活和国家治理的方方面面。《论语》讲"修己以敬""修己以安人""修己以安百姓"，《大学》曰"格物、致知、诚意、正心、修身、齐家、治国、平天下"，《春秋》云"太上有立德，其次有立功，其次有立言，虽久不废，此之谓不朽"，《横渠语录》说"为天地立心，为生民立命，为往圣继绝学，为万世开太平"。以此为衡量标准，王阳明无疑是传统儒家"内圣外王"式典范人物，他不仅学术成就冠盖古今，而且还是一位战功卓著的儒将和"明德亲民"的好官。

中国历史上思想家、政治家大都信奉儒家文化，所以说孔孟儒家倡导的"仁者爱人""民本仁政""修己以安百姓"，深深扎根于他们的内心世界。东汉学者王充《论衡》云："知屋漏者在宇下，知政失者在草野。"这就启示为政者要走出庙堂，到草野和江湖中去考察、听取民意。于谦《咏煤炭》诗"但愿苍生俱饱暖，不辞辛苦出山林"，抒发了诗人甘为国家鞠躬尽瘁、死而后已的抱负和情怀。王阳明依据古本《大学》，提倡"明德亲民"的为政之道："明明德必在于亲民，而亲民乃所以明其明德也。""'亲民'犹孟子'亲亲仁民'之谓。亲之即仁之也。"王阳明晚年在越地居家讲学期间，绍兴知府南大吉受王阳明政治哲学的影响，以"亲民堂"命名其政事堂，誓言"吾以亲民为职者也。吾务亲吾之民以求明吾之明德也夫"。王阳明因赞赏其"亲民"的志向，特为之撰文《亲民堂记》。

王阳明的"明德亲民"无疑是传统儒家"民本"思想发展史的重要一环,"明德亲民"的政治观要求各级施政者要以民为本、勤政爱民、注重民生、保民利民。传统"民本"思想中执政者对民心的敬畏、对民生的关注,其中就有"以人为本""以民生为念"的积极意义,传统中国政治哲学中的民本主义传统可以通过创造性转化、创新性发展,为我们在新时代坚持以人民为中心、发展全过程人民民主、全面发展协商民主提供历史的镜鉴。

五、从"天地万物一体之仁"到推动构建"人类命运共同体"

当今世界保护主义、单边主义日渐蔓延,中国提出构建"人类命运共同体",为探索世界更美好的发展前景,贡献中国智慧、中国力量。

其实,构建"人类命运共同体"有着深厚的中华优秀传统文化底蕴。"大道之行,天下为公",中国向来就有"天下主义"的关怀传统。"以身观身,以家观家,以乡观乡,以邦观邦,以天下观天下""修之天下,其德乃普""己欲立而立人,己欲达而达人""己所不欲,勿施于人""以和为贵""协和万邦""四海之内皆兄弟""天下同归而殊途,一致而百虑,天下何思何虑""计利当计天下利""大不攻小也,强不侮弱也,众不贼寡也,诈不欺愚也,贵不傲贱也,富不骄贫也,壮不夺老也,是以天下庶国,莫以水火毒药兵刃以相害也"是中华文明一贯的处世之道。公道、和平、正义、大同的文明理念,是中国自古以来始终坚守的民族相处哲学。

这里,我们对王阳明基于生命个体"致良知"所推行的"天地万物一体之仁"理念中所蕴含的"天下主义"关怀予以简要剖析。

王阳明在《答顾东桥书》中说："夫圣人之心，以天地万物为一体，其视天下之人，无外内远近，凡有血气，皆其昆弟赤子之亲，莫不欲安全而教养之，以遂其万物一体之念。"其《大学问》又指出："大人者，以天地万物为一体者也，其视天下犹一家，中国犹一人焉。若夫间形骸而分尔我者，小人矣。大人之能以天地万物为一体也，非意之也，其心之仁本若是，其与天地万物而为一也。"他还从对"明德亲民"的诠释的角度指出："明明德者，立其天地万物一体之体也。亲民者，达其天地万物一体之用也。"在阳明学里，"致良知"毕竟属于道德主体的实践，而将此推广扩充至亲属、朋友、君臣等社会群团体乃至整个天下，则须树立"一体之仁"的信念，以实现"天地万物一体之仁"的终极目标。"天地万物一体之仁"的实践意义就在于，在"天下犹一家，中国犹一人"的"天下主义"与儒家道德人文精神的引领下，重建宇宙万物与人类社会的整体秩序，以期实现个人的道德理想人格以及人与宇宙万物和谐共存的理想世界。这就是"天地万物一体之仁"与"人类命运共同体"的内在逻辑关联性。

构建"人类命运共同体"可以说是在传承"天地万物一体之仁""大道之行，天下为公""天下犹一家，中国犹一人"等中华优秀传统文化的基础上所进行的创造性转化、创新性发展。

第二节　从阳明文化把握中华文明的突出特性

中华文明具有突出的连续性、创新性、统一性、包容性、和平性。结合王阳明的生平事功、阳明心学的丰富内涵、阳明学的思想演变史及其海外传播发展史，我们可以以阳明学或阳明文化为个案来把握中华文明的五个突出特性。

一、从阳明文化来看中华优秀传统文化的重要元素

中华优秀传统文化有很多重要元素，比如，天下为公、天下大同的社会理想，民为邦本、为政以德的治理思想，九州共贯、多元一体的大一统传统，修齐治平、兴亡有责的家国情怀，厚德载物、明德弘道的精神追求，富民厚生、义利兼顾的经济伦理，天人合一、万物并育的生态理念，实事求是、知行合一的哲学思想，执两用中、守中致和的思维方法，讲信修睦、亲仁善邻的交往之道等，共同塑造出中华文明的突出特性。

阳明学是传统儒学发展的一个高峰，阳明文化作为中华优秀传统文化的一个有机组成部分，基本囊括了中华优秀传统文化的重要元素。

（一）天下为公、天下大同的社会理想

"天下为公、天下大同"出自《礼记·礼运篇》："大道之行也，

天下为公。选贤与能，讲信修睦。故人不独亲其亲，不独子其子，是故谋闭而不兴，盗窃乱贼而不作，故外户而不闭，是谓大同。"

《礼记》是参加科举考试的必选经典，而"礼记学"可谓王伦、王华、王阳明，即余姚秘图山王氏家族的家学。王阳明推崇的古本《大学》《中庸》，即来自《礼记》。更为重要的是，传统儒家追求的最高理想社会就是"大同社会"，王阳明提出的"天地万物一体之仁"的社会理想即是对"天下为公、天下大同"的最好诠释。《传习录》中《答聂文蔚书》有王阳明"使天下之人皆知自致其良知""以济于大同"理想社会的描述："今诚得豪杰同志之士扶持匡翼，共明良知之学于天下，使天下之人皆知自致其良知，以相安相养，去其自私自利之蔽，一洗谗妒胜忿之习，以济于大同，则仆之狂病，固将脱然以愈，而终免于丧心之患矣，岂不快哉！"

（二）民为邦本、为政以德的治理思想

"民为邦本"出自《尚书·五子之歌》："皇祖有训，民可近而不可下。民惟邦本，本固邦宁。""为政以德"出自《论语·为政篇》："为政以德，譬如北辰，居其所而众星共之。"民本主义、仁德政治是传统儒家一以贯之的治国理政理念。

阳明学中的"明德亲民"，就是"民为邦本、为政以德"的意蕴。王阳明在《两浙观风诗序（壬戌）》中有"公唯忧民之忧，是以民亦乐公之乐，而相与欣欣鼓舞以颂公德"、与民同乐的引述。《山东乡试录·诗·孔曼且硕万民是若》中有"夫人君之举动，当以民心为心也"的民本、德政思想的阐释。

（三）九州共贯、多元一体的大一统传统

"九州共贯"出自《汉书·王吉传》："《春秋》所以大一统者，六合同风，九州共贯也。""六合同风，九州共贯"体现了"大一统"的共同体理念。

作为传统儒者，王阳明对《春秋》"大一统"理念颇为认同，《五经臆说十三条》"元年春王正月"中就有对"大一统"的解读："夫子以天下之诸侯不复知有周也，于是乎作《春秋》以尊王室，故书'王正月'，以大一统也。书'王正月'以大一统，不以王年，而以鲁年者，春秋鲁史，而书'王正月'，斯所以为大一统也。"再有，王阳明也是"九州共贯、多元一体的大一统传统"的坚定信奉者与实践者。被贬贵州龙场期间，阿贾、阿札叛乱，王阳明致书安贵荣，劝其出兵平叛；在江西平乱期间，他更是主动召集义军，征讨宁藩叛乱，维护了明王朝的统一与稳定。晚年在广西平乱期间，王阳明有《奏覆田州思恩平复疏》，说服朝廷采用土流并治、以流官知府约束土官的政策，并采用招抚的策略兵不血刃地平息了田州、思恩的土司祸乱。平息战乱后，王阳明还兴办南宁敷文书院，借此宣讲儒家经典中的"大一统"理念。

（四）修齐治平、兴亡有责的家国情怀

"修齐治平"出自《礼记·大学篇》中的"八条目"中的"修身、齐家、治国、平天下"；"兴亡有责"出自顾炎武《日知录·正始》："保国者，其君其臣肉食者谋之；保天下者，匹夫之贱与有责焉耳矣。"再由近代思想家、政治家梁启超提炼为"天下兴亡，匹夫有责"，成为后人常引之句。"修齐治平、兴亡有责"，凝练地揭示了家国情怀的深刻内涵和基本要求。

家国情怀是个人对家国命运共同体的一种强烈认同。王阳明作为传统儒家士大夫的典范，有着强烈的家国情怀，他的一生文治武功俱称于世，可谓立德、立言、立功"真三不朽者"。他少年时代立志学做圣贤，并视之为"人生第一等事"；在悟出"圣人之道，

吾性自足"的"格物致知"之真谛后，又有"知行合一""诚意正心""事上磨练"等一系列的修身功夫实践。一方面，王阳明平定南赣民乱、宁藩叛乱，晚年拖着病躯前往广西平乱并客死异乡，成就了自己卓越的事功与忠臣孝子的美誉；另一方面，他还时时处处讲学，提出了"致良知""天地万物一体之仁"的哲学命题并有《传习录》等经典传世，对儒家修身学作出重大贡献。王士禛《池北偶谈》说"王文成公为明第一流人物，立德、立功、立言，皆居绝顶"，《明史·王守仁传》也称"终明之世，文臣用兵制胜，未有如守仁者也"，这是对王阳明"修齐治平、兴亡有责的家国情怀"的最好说明。

（五）厚德载物、明德弘道的精神追求

"厚德载物"典出《周易·坤卦·大象传》："地势坤，君子以厚德载物。""明德弘道"中的"明德"出自《尚书》中的"黍稷非馨，明德惟馨"以及《礼记·大学》中的"大学之道，在明明德，在亲民，在止于至善"；"弘道"出自《论语·卫灵公》中的"人能弘道，非道弘人"。"明德弘道"意味着人能够彰显光明的德性，强调人立身行道的主观能动性，自觉承担起弘扬正道的责任使命。

作为伟大教育家的王阳明，专以"讲学修德""讲学明道"为事，尤其体现了"厚德载物、明德弘道的精神追求"。无论是在京师、南京，还是在贵州龙场、广西南宁；无论是在江西征剿的战事间隙，还是晚年居越期间；无论是书信讲学，还是亲自授课解惑，王阳明一生最得意的事情就是通过"讲学"向自己的门人传授"诚意正心"之学、"致良知"之教。其《赣州书示四侄正思等》中说"读书讲学，此最吾所宿好，今虽干戈扰攘中，四方有来学者，吾未尝拒之"，其临终遗言为"此心光明，亦复何言""它无所念，平生学问方才见得数分，未能与吾党共成之，为可恨耳"，足见王阳明一生厚德载物、明德弘道的精神追求。

（六）富民厚生、义利兼顾的经济伦理

"富民厚生、义利兼顾"是古代中国社会的重要经济伦理主张，体现了传统中国关于经济社会发展的民生导向和仁义原则。"富民厚生"的出处有《管子·治国篇》中的"凡治国之道，必先富民"以及《尚书》中的"正德、利用、

浙江余姚王阳明故居

厚生"。"义利兼顾"的出处有《论语》中的"君子喻于义，小人喻于利""见利思义"，《周易·乾·文言传》中的"利者，义之和也"。南宋永嘉学派学者叶适对西汉大儒董仲舒"正其谊而不谋其利，明其道而不计其功"之论提出批评："'仁人正谊不谋利，明道不计功'，此语初看极好，细看全疏阔。古人以利与人而不自居其功，故道义光明。后世儒者行仲舒之论，既无功利，则道义者乃无用之虚语尔；然举者不能胜，行者不能至，而反以为诟于天下矣。"在此，叶适为先秦儒家提倡的"义利合一"价值主张"正名"，明代台州籍阳明学者黄绾在其哲学著作《明道编》中提出了"义利，二者皆不可轻"的"义利并重"说。

王阳明的思想中也有"富民厚生""义利兼顾"理念。王阳明

在明嘉靖七年（1528）七月十二日所上《处置八寨断藤峡以图永安疏》中有创设新县以使"商货流通，厚生利用"的建言："今田宁、思恩二府既皆改设流官，与南宁鼎峙而立，而又得此新创一县以疏附交连于其间，平居无事，商货流通，厚生利用，一旦或有境外之役，道路所经，皆流官衙门，从门庭中度兵，更无阻隔之患。此亦安民经国之事，势所当为者也。"王阳明在《节庵方公墓表》一文中提出了"四民异业而同道"的观念："古者四民异业而同道，其尽心焉，一也。士以修治，农以具养，工以利器，商以通货，各就其资之所近，力之所及者而业焉，以求尽其心。其归要在于有益于生人之道，则一而已。士农以其尽心于修治具养者，而利器通货，犹其士与农也。工商以其尽心于利器通货者，而修治具养，犹其工与商也。故曰：四民异业而同道。"士、农、工、商四民的职业虽然不同，但他们的最终目的是相同的，都是基于自己的良知，从事本职工作，以有益于"生人之道"。王阳明的高足王龙溪曾经发挥老师王阳明的"四民异业而同道"论，指出："予惟古者四民异业而同道，士以诵书博习，农以力穑务本，工以利益器用，商以贸迁有无。人人各安其分，即业以成学，不迁业以废学，而道在其中。"认为商人通过正当经营、商业贸易追求合理的经济利益无可厚非。

（七）天人合一、万物并育的生态理念

"天人合一、万物并育"体现了中国传统文化对人与宇宙万物关系的哲学思考。"天人合一"的理念可追溯至《周易》中的"天地人三才"以及贤德之人"与天地合其德"。《孟子》有"万物皆备于我"的理念。《庄子》中也有"天地与我并生，万物与我为一"的思想。董仲舒的《春秋繁露》基于"天人感应"提出了"天人之际，合而为一"的命题。张载《正蒙·乾称篇》首次提出"天人合

一"一词："儒者则因明致诚，因诚致明，故天人合一。""万物并育"典出《中庸》："万物并育而不相害，道并行而不相悖。"言自然界中万物各有其空间生长繁育，而不互相危害。

王阳明的哲学思想中也有"天人合一、万物并育的生态理念"，《答季明德（丙戌）》中有云："故区区近有'心之良知是谓圣'之说。其间又云：'人之为学，求尽乎天而已。'此明德之意，本欲合天人而为一，而未免反离而二之也。人者，天地万物之心也；心者，天地万物之主也。心即天，言心则天地万物皆举之矣，而又亲切简易。"这里，王阳明针对弟子季本的困惑就《孟子》的"尽心知性知天"说予以发挥，重申传统儒家的"天人合一"说。在《答徐成之二（壬午）》书中，王阳明基于"心即理"说，以为"心也者，吾所得于天之理也，无间于天人，无分于古今"。这就是天人一"心"、天人一"理"的主张。在《答顾东桥书》中，王阳明以为："圣人之心，以天地万物为一体，其视天下之人，无外内远近，凡有血气，皆其昆弟赤子之亲，莫不欲安全而教养之，以遂其万物一体之念。"在《传习录·下》"钱德洪录"中，王阳明说："盖天地万物与人原是一体，其发窍之最精处，是人心一点灵明。风、雨、露、雷、日、月、星、辰，禽、

王阳明书法作品（拓片）

兽、草、木、山、川、土、石，与人原只一体。故五谷禽兽之类，皆可以养人；药石之类，皆可以疗疾：只为同此一气，故能相通耳。"这里，王阳明基于"天地万物与人原是一体"的理论前提，提出了"大人者，以天地万物为一体"的"天地万物一体之仁"的人文生态观，其中即凝聚了儒家历代先贤对人与自然关系的深刻思考。

（八）实事求是、知行合一的哲学思想

"实事求是"典出班固《汉书·河间献王传》："河间献王（刘）德以孝景前二年立，修学好古，实事求是。"这里的"实事求是"主要指汉代古文经学家提倡的一种注重考据实证的治学风格，清代乾嘉学派推崇汉代古文经学的朴实学风，以复兴汉代经学为口号，也提倡"实事求是、无征不信"的治学路径。"知行合一"是王阳明的原创性哲学命题："知是行的主意，行是知的功夫；知是行之始，行是知之成。""知之真切笃实处即是行，行之明觉精察处即是知。"在阳明学语境中，"知行合一"讨论的主要是道德意识和道德践履的关系。

王阳明推崇古本《大学》、古本《中庸》，就是坚持了"实事求是"的古文经学传统。"知行合一"是王阳明在贵州龙场悟道后的学术发现，并在贵阳讲学期间宣讲。《传习录·下》"黄直录"中有王阳明以"知行合一"为"立言宗旨"的论述："我今说个'知行合一'，正要人晓得一念发动处，便即是行了。发动处有不善，就将这不善的念克倒了。须要彻根彻底，不使那一念不善潜伏在胸中。此是我立言宗旨。"《传习录·上》"徐爱录"中也有"某今说个知行合一，正是对病的药。又不是某凿空杜撰，知行本体原是如此。今若知得宗旨时，即说两个亦不妨，亦只是一个。若不会宗

旨，便说一个，亦济得甚事？只是闲说话"的记录。在《答顾东桥书》中，王阳明更是以"求理于吾心"作为"圣门知行合一之教"。

（九）执两用中、守中致和的思维方法

"执两用中、守中致和"典出《中庸》："执其两端，用其中于民。""致中和，天地位焉，万物育焉。"儒家的中庸之道，讲求"无过无不及"的道德行为准则；执守中道，就可以实现天地万物各归其位、生长发育的中和状态。

王阳明对《中庸》这部儒家经典熟谙于心，他在参加浙江乡试、北京吏部会试时皆有对《中庸》的阐释，比如弘治十二年（1499）"会试卷"就有对《中庸》"君子中立而不倚"的阐释。《传习录·上》"薛侃录"有王阳明语："大抵《中庸》工夫只是诚身，诚身之极便是至诚。"正德十三年（1518）在江西平乱期间，王阳明手书古本《中庸》并刻碑立石于赣州濂溪书院、白鹿洞书院，还对《中庸》文本予以发挥，撰写《修道说》。《修道说》中，王阳明对"致中和"的理念予以阐发："喜怒哀乐之未发谓之中，发而皆中节谓之和，道修而性复矣。致中和，则大本立而达道行，知天地之化育矣。"《传习录·下》"黄直录"有"《中庸》一书，大抵皆是说修道的事"的记载，黄直向业师王阳明发问："《中庸》言致中和，如何不致中，却来和上用功？"阳明答曰："中和一也。内无所偏倚，少间发出，便自无乖戾。本体上如何用功？必就他发处，才著得力。致和便是致中。万物育，便是天地位。"总之，对于"执两用中、守中致和"的思维方法的阐释是王阳明经学思想的重要组成部分。

（十）讲信修睦、亲仁善邻的交往之道

"讲信修睦"典出《礼记·礼运篇》："大道之行也，天下为公，

选贤与能，讲信修睦。""亲仁善邻"典出《左传·隐公六年》："亲仁善邻，国之宝也。"说的是，人与人、国与国之间的交往应该讲究信用，谋求和睦，而亲近仁义、与邻为善更是立国的法宝。

王阳明提倡"讲信修睦、亲仁善邻"的基本理念。在正德十三年（1518）的一篇《告谕》中，王阳明以"孝亲敬长、守身奉法、讲信修睦、息讼罢争"云云恳切教诲南赣民众。在正德十五年所成《告谕安义等县渔户》公移中，王阳明有言："其素敦诗礼良善者，愈加劝勉，务益兴行礼让，讲信修睦，以为改恶从善者之倡。"在王阳明的公移中多次出现"讲信修睦"的嘱托与要求。另外，王阳明作为传统儒者，对国与国之间的交往自然也是主张"亲仁善邻"，正德八年五月，在越地的王阳明至鄞江之浒，为日本国僧人了庵送别，并作文《送日东正使了庵和尚归国序》相赠。

可以说，作为中华优秀传统文化精华，阳明文化基本囊括了中华优秀传统文化的重要元素，体现了中华文明的五大突出特性——连续性、创新性、统一性、包容性、和平性。

二、从阳明学的发展演变史来看"中华文明的连续性"

阳明学的发展演变史体现出"中华文明具有突出的连续性"。

首先，王阳明本人一生治学，先"为学三变"，再"为教三变"，从一个视角体现了中华文明的连续性。王阳明的"为学三变"是指早年用心于"辞章之学"，然后"出入二氏"推崇佛老之学，再至与湛若水定交"共倡圣学"后又在贵州龙场悟道时的"居夷处困，豁然有得于圣贤之旨"。"为教三变"是在贵阳发明"知行合一"，再至滁州、南京讲学期间多教学者"静坐"，再到征战江西期间提出"致良知"，并于晚年在越地、两广讲学之时单提"致良知"

三字，直指本体，令学者言下有悟。钱德洪编撰的《阳明先生年谱》即以"为学三变""为教三变"为基本线索来讲述王阳明为学的"连续性"。

其次，阳明学是传统儒家学术思想发展到明代中后期的学术结晶，其发展演变史也从一个视角体现了"中华文明的连续性"。阳明学的学术源头是孔孟原始儒学，他的核心思想"致良知"是对《大学》的"致知"理念与《孟子》"良知良能"观念的融会贯通，他的"知行合一"观也是对《尚书》中"知易行难"、《朱子语类》中"论先后，当以致知为先；论轻重，当以力行为重"的理论的继承与发展。而王夫之的"未尝离行以为知"，孙文学说中的"知难行易"，毛泽东《实践论》中"辩证唯物论的知行统一观"也是对传统知行观包括王阳明的"知行合一"论的延续。

再次，阳明心学是宋明理学的一个重要组成部分，南宋时期的"朱陆之辩"是阳明心学产生的一个直接因素。以"心性学"来界定阳明学，那么，阳明学就是程颢、陆九渊一系"心性学"的发展与集大成；而王阳明的心学也是陈白沙的以"自然"为宗旨、以"自得"为归宿的"白沙心学"的进一步发展；王阳明的"致良知"之教又是对朱子"格物穷理"说的突破，无论是"龙场悟道"中"圣人之道，吾性自足"的心体体验，还是对"心即理"的体证、对《朱子晚年定论》的编辑，都足以说明，阳明学是对朱子学的扬弃，更是对程朱理学的延续与超越。阳明学在明代中期产生而在明代中后期风靡一时，清代、民国乃至现当代新儒学的学术思想演进过程中，都有阳明学的影子。所以，我们说，王阳明思想的生成史及阳明学的发展演变史也体现了中华文明的连续性。

三、从阳明学的基本范畴来看"中华文明的创新性"

阳明学的基本范畴体现出"中华文明具有突出的创新性"。

明代中后期的阳明学运动，就是一场宋明理学内部的"道学革新"运动。"日新"是王阳明修身工夫论中时常出现的词汇，比如：《送诸伯生归省》诗句中有"静里工夫要日新"的期许；《传习录》之《答聂文蔚书》中有"良朋四集，道义日新"的设想；《惜阴说（丙戌）》中有"成汤日新又新"的引述。可见"创新性"也是阳明学基本范畴得以自成体系、标新立异的理论特质，比如阳明学对程朱理学的一大突破口，就是对古本《大学》的提倡，在"格物致知"的疏解上破除了《大学章句》中的"格物穷理"的路径依赖："格者，正也。正其不正，以归于正也。""意之所用，必有其物，物即事也。""'致知'云者，非若后儒所谓充广其知识之谓也，致吾心之良知焉耳。"王阳明的这番解读就是一种经典诠释的创新。"知行合一"是"致良知"的路径，王阳明在《与顾惟贤书》中借用《周易》中的"知至至之"来阐释"知行合一"："'知至'者，知也；'至之'者，致知也；此知行之所以合一也。若后世致知之说，止说得一知字，不曾说得致字，此知行所以二也。""知行合一"的知行观是对"古人分知行为二"的突破与创新。在《与周道通书（五书）》中，王阳明直接挑明："'知行合一'之说，专为近世学者分知行为两事，必欲先用知之之功而后行，遂致终身不行，故不得已而为此补偏救弊之言。""行之明觉精察处即是知，知之真切笃实处即是行"更是王阳明的一大学术发现。同时，阳明学核心范畴中的"良知即天理"也是对陆九渊心学中"心即理"的传承与创新；"天地万物一体之仁"是对程颢"仁者，以天地万物为一体"创新。而"心即理""知行合一""致良知""明德亲民""天地万物一体之仁"的阳明心学范畴也构成了一个完整的哲学思想体系，这正是阳明学的创新性的充分体现。

四、从王阳明的军事行动来看"中华文明的统一性"

王阳明的军事行动体现出"中华文明具有突出的统一性"。

王阳明深知"团结统一是福，分裂动荡是祸"，这从他一生的军事事功活动中可以得到印证。正德三年（1508）阳明贬谪贵州期间，贵州土司阿贾、阿札发生叛乱，贵州总督令宣慰使安贵荣出兵平叛，可是安贵荣却敷衍了事不肯出兵。出于维护少数民族团结统一的大局，王阳明致函安贵荣，在《与安宣慰书》中晓以利害，劝说安贵荣出兵平息叛乱，救黎民于战火，恢复当地和平；同时还讲明利害，迫使安贵荣放弃谋逆之举。在王阳明的警示下，安贵荣出兵平定叛乱，而且再也不敢有谋逆之心。正德十四年六月，宁王朱宸濠举兵谋反，对明王朝政权的稳定构成严重威胁，王阳明毅然决然组织义军平乱。七月中旬，王阳明在吉安祭拜文天祥祠，赋诗《谒文山祠》，留下"浩气乾坤还有隘，孤忠今古与谁侔""万世纲常须要立，千山高峙赣江流"的诗句，足以体现王阳明反对分裂、维护统一的决心与意志。九月下旬，王阳明押解宁王北上献俘，至江西广信府弋阳县时拜谒叠山祠，成诗《吊叠山先生》："国破家亡志不移，文山心事两相期。当时不落豺狼手，成败于今未可知。"于此可见，王阳明欲效仿先贤文天祥、谢枋得，誓死捍卫国家统一的决心。嘉靖七年（1528），在广西平乱期间，王阳明也是极力践行"国家不可乱、民族不可散、文明不可断"的理念，在招抚卢苏、王守，平定思田之乱后，他推行儒家礼制，兴南宁学校，建南宁敷文书院，稳定了西南边疆地区，中华文明长期的大一统传统观念贯穿于王阳明一生的军事行动中。

五、从王阳明的学术体系建构来看"中华文明的包容性"

王阳明的学术体系建构体现出"中华文明具有突出的包容性"。

阳明学之所以能够成为传统文化的集大成者，就是因为作为儒学的阳明学成功融摄了佛学、道学中的有益元素，体现了对佛学、道学的包容性。王阳明早年有出入佛老的经历，比如，游历佛教名山九华山、道教圣地茅山，筑室会稽山阳明洞，往来于西湖净慈、虎跑寺，渐悟仙、释二氏之非，复思用世，回归儒学。晚年，王阳明与弟子张元冲辨析佛道与儒家圣人之学的区别，提出"圣人与天地民物同体，儒、佛、老、庄皆吾之用"的论断。阳明心学不仅包容佛道之学，还对程朱理学予以解构，这体现在王阳明"和会朱陆"的学术立场。正德四年（1509），王阳明在贵州与席书探讨"朱陆异同"，王阳明告以"朱陆异同，各有得失，无事辩诘，求之吾性本自明也"；在成文于正德六年的《答徐成之书》中，王阳明又有"晦庵之与象山，虽其所为学者若有不同，而要皆不失为圣人之徒"的言语。另外，阳明学的包容性还体现为"良知良能，愚夫愚妇与圣人同""见满街人都是圣人"的"圣凡平等"观。

六、从王阳明的文治武功来看"中华文明的和平性"

王阳明的文治武功体现出"中华文明具有突出的和平性"。

可以说，王阳明是一个和平主义者，阳明心学更有追求内心世界和平的旨归，《传习录·下》"钱德洪录"有言："古人为治，先养得人心和平，然后作乐。比如在此歌诗，你的心气和平，听者自然悦怿兴起。"在《稽山书院尊经阁记》一文中，王阳明以为《乐经》的起源是"欣喜和平"，"《乐》也者，志吾心之欣喜和平者也"。在《与黄勉之书》中，他还指出"乐"为心之本体："仁人之心，以天地万物为一体，欣合和畅，原无间隔。"在王阳明看来，人与人之间、天地万物之间是一种以"仁"为纽带的欣合和畅关系。故而，王阳明的"天地万物一体之仁"中，"仁"就是道德秩序，也就是主张以道德秩序构造一个群己合一的世界。

另外，正德十五年（1520）正月，王阳明所赋《三日风》诗中有"我心惟愿兵甲解，天意岂必斯民穷"句，由此我们可以读懂诗人渴望和平、反对战乱、悲天悯人的内心世界。王阳明以文治武功著称于世，他在平定叛乱后，多是奏疏县治，发展生产，实施文教。比如，平定了明朝中期赣粤闽湘四省交界地区的连年匪乱后，他奏请朝廷同意设立了福建平和、广东和平、江西崇义县；在征抚广西思田之乱后，奏设隆安县，以促进了当地经济社会文教事业的发展。平和、和平、崇义、隆安县的命名就是王阳明对"和平""保合太和"之世的期望。

第三节　新时代推动阳明文化更好走向世界

党的二十大报告要求，增强中华文明传播力影响力，坚守中华文化立场，提炼展示中华文明的精神标识和文化精髓，加快构建中国话语和中国叙事体系，讲好中国故事、传播好中国声音，展现可信、可爱、可敬的中国形象。加强国际传播能力建设，全面提升国际传播效能，形成同我国综合国力和国际地位相匹配的国际话语权。深化文明交流互鉴，推动中华文化更好走向世界。这对我们加强阳明文化的海外传播历程及相关规律研究，进而在新时代推动阳明文化更好走向世界提供了理论遵循。

一、阳明学的海外传播是中外文化交流史上的重要篇章

"东海有圣人出焉，此心同也，此理同也；西海有圣人出焉，此心同也，此理同也；南海北海有圣人出焉，此心同也，此理同也；千百世之上有圣人出焉，此心同也，此理同也；千百世之下有圣人出焉，此心同也，此理同也。"作为真正意义上的儒家圣人，王阳明的历史形象与阳明文化的学术特质，使其具备海外传播的基本条件，而阳明学的域外传播也是中外文化交流史上的重要篇章。

一是阳明学在朝鲜半岛的传播。王阳明在世时，出访明朝的朝鲜使臣将《传习录》携带回朝鲜，阳明文化也传入朝鲜半岛。壬辰倭乱期间，信奉阳明文化的援朝抗倭明将宋应昌、袁了凡对朝鲜宣祖及儒学者进行劝善，希望朝鲜王朝的统治者及学者认同并发扬阳明学。尽管如此，在朝鲜李朝时期，程朱理学是官方"正学"，李退溪站在朱子学的立场上，撰写《传习录论辩》等对阳明学加以系统批判。阳明学只能以"阳朱阴王"形式通过手抄口授流传于少数学者间。直至17世纪至18世纪，郑霞谷在江华岛以家学形式传播阳明学，其弟子门人也形成江华学派，世代传述阳明学。20世纪

初，江华学派出现另一代表人物郑寅普，将阳明学视为救国救民的实学，并著有《阳明学演论》。与郑寅普同时代的另一位朝鲜阳明学者朴殷植，著有《儒教求新论》《王阳明实记》，投身于朝鲜启蒙与独立运动。20世纪至今，朝鲜半岛阳明学又有所发展，尤其是1995年韩国阳明学会成立后，韩国阳明学研究蒸蒸日上，在中、日、韩三国阳明学界也有一定影响。

二是阳明学在日本的传播。尽管明正德八年（1513）王阳明撰《送日东正使了庵和尚归国序》赠予日僧桂悟，但不等于阳明学已经传至日本。日本真正接受阳明学是江户时期，中江藤树、熊泽蕃山、三轮执斋、佐藤一斋、大盐中斋等主要通过《传习录》《阳明先生则言》《王龙溪语录》等阳明学文献，接触、传播阳明学。此外，幕末时期的日本阳明学者还有林良斋、池田草庵、吉村秋阳、东泽泻。明治以后，以吉田松阴、西乡隆盛为首的幕末志士推崇阳明学。明治到大正时期，吉本襄和东敬治主编《阳明学》杂志，三宅雄次郎出版《王阳明》，安冈正笃撰《王阳明研究》，三岛复著《王阳明的哲学》，井上哲次郎的《日本阳明学派之哲学》详细记录了日本阳明学的发展全过程。第二次世界大战后的日本阳明学研究，以岛田虔次的《中国近代思维的挫折》、沟口雄三的《中国前近代思想的屈折与展开》为发端，日本兴起了"左派王学"研究的热潮。冈田武彦的《王阳明与明末儒学》、荒木见悟的《佛教与儒教》、安冈正笃的《王阳明研究》也是日本学者研究阳明学的代表作。日本二松学舍大学在1978年设立了阳明学研究所，从1989年开始出版《阳明学》并延续至今。另外，稻盛和夫等企业经营者也信奉并践行良知心学。如今在日本民间有不少研习、传承阳明学的民间讲习会。

三是阳明学在欧美世界的传播。根据蔡亮《阳明思想在欧美的传播研究》一文的研究，阳明学在欧美的传播历程可划分为孕育期、形成期和发展期三个阶段。16世纪初至19世纪上半叶，阳明学的西传经历了一个相当长的孕育期。其间，16至17世纪西方外交使者、传教士和旅行家在中国的游记、报告，为阳明学的欧洲传播奠定了基础。18至19世纪上半叶，主要是法、德两国的汉学研究者培育了阳明学在欧洲传播的萌芽。19世纪下半叶至20世纪上半叶是阳明学在欧美传播的形成期，英语世界引领了这一时期的风潮。20世纪初，译著《王阳明的哲学思想》的出版成为形成期的转折性节点。20世纪下半叶至今，阳明学在欧美的传播经历了持续的发展过程，20世纪70年代，美国新儒学研究的兴盛与阳明学研究的兴起交织贯通。进入21世纪，"中国大陆王阳明研究的复兴"与"国际阳明学研究的繁荣"交相辉映，以阳明学为主体的阳明文化的欧美的传播进入全新发展阶段。

二、阳明学与西方哲学思想的相契性

德国著名哲学家雅斯贝尔斯说："孔子的精神，被那些勇于打破思想禁锢的人所继承着，这些人扮演着正统儒家的反对党的角色。这些复兴者当中，最伟大的代表就是王阳明。""良知之在人心，亘万古，塞宇宙，而无不同"，王阳明的哲学思想体现了西方哲学界的一些主流价值观，尤其是"致良知"所体现出来的"个人的主体性""实践理性"与西方文艺复兴以来的主流思潮相吻合；其"知行合一"与"思想与行动"的理念相契合；"天地万物一体之仁"的关爱他人、关爱世界、关爱地球与"世界公民""博爱万物"的人文主义、生态哲学相一致；而"满街都是圣人"的理念则体现了公平、正义的精神。

为推动阳明学与西方哲学的比较与融通，牟宗三、张君劢等新儒家学者为此付出了巨大的努力。张君劢从1954年开始对中日阳明学进行比较研究，先是在香港《再生》（第4卷第23、24期，第5卷第1期）杂志上连载《中日两国阳明学所以一盛一衰之原因》。1957年、1963年，张君劢用英文撰写的《新儒家思想史》上、下卷分别出版，其中有对王阳明与阳明后学及日本阳明学的介绍。1962年，张君劢用英文撰写的《王阳明：中国十六世纪的唯心主义哲学家》在美国出版。牟宗三作为当代新儒学的集大成者，其哲学精神就是陆王心学的精神，是吸收西方哲学主要是康德哲学加以改造和重构的"陆王心学"。

这里，我们稍作延伸，对阳明学与康德、黑格尔哲学的比较维度略作阐释。其实，王阳明在中国哲学思想上的地位与学术贡献完全可以媲美于康德之于欧美哲学。有学者指出，王阳明心学是具有中国特色的主体哲学，他所开启的中国哲学的心学转向，与康德在西方哲学中实现的"哥白尼革命"的主体转向，可谓异曲同工。王阳明的"心志"与康德的"理性"，体现了东西方不同的主体观。总之，王阳明的"致良知"道德自律与康德基于"实践理性"的道德哲学具有内在一致性。另外，从"主体性"向"主体间性"的转向是西方哲学发展的必然逻辑，王阳明的"致良知"向"天地万物一体之仁"的转向也是阳明心学发展的必然。基于"主体性""主体间性"，王阳明哲学与黑格尔哲学也可以融通，比如黑格尔认为"爱作为主体间的关系，能够有效弥合主客体的分类"，而王阳明的"致良知"的终极指向"天地万物一体之仁"，正是把作为"仁爱之心"的"良知"推扩至天地万物间的各个生灵。

与此同时，西方学者也在对西方哲学与阳明学的比较性诠释进行探索，比如瑞士现象学家耿宁的阳明学研究就是一个典范。耿宁认为，王阳明的思想具有现代性，阳明心学强调个体的自由意志，这是现代性的基本观念。现象学与王阳明的碰撞是宋明理学、中国哲学研究新理路，耿宁提出"良知"的三个概念，以阳明心学为主进行了跨文化的讨论，有助于开拓传统中国哲学研究视野。其实早在1980年、1981年，在南京大学访学的耿宁就先后两次前来杭州参加"华东地区宋明理学研讨会""全国宋明理学讨论会"，直接参与到王阳明与阳明学的学术研究中。其在《人生第一等事：王阳明及其后学"致良知"》一书中，对浙江省社会科学院组织编校整理的《王阳明全集》《阳明后学文献丛书》予以认可，指出阳明后学的单部文献"此前大部分都只能在几个特殊图书馆的古籍本中费力找到"，而"站在这些巨大编辑工程后面的又是王阳明故乡浙江省社会科学院哲学研究所的成员"。其阳明学研究论著《心的现象：耿宁心性现象学研究文集》《人生第一等事：王阳明及其后学"致良知"》意在证明现象学的阳明学之可能，这在中西哲学界有重大学术反响。有学者这样评价："耿宁对阳明良知说的研究呈现出现象学与阳明心学的一种互动、互释之风格，对作为这些学说之基础的体验进行严谨的现象学描述于中、于西皆大有裨益：于西，可以将现代人带到这个'精神传统的近旁'，给在西方传统中进行哲学活动的学者带来'巨大收益'；于中，阳明心学的一些观念乃至问题会得到澄清。"新闻媒体称耿宁为"把王阳明心学真正带到西方"的哲学家、汉学家，不无道理。这也足以说明阳明学与西方哲学思想的相契性。

另外，2014年11月，在"王阳明及其后学论'致良知'国际学术讨论会"上，耿宁这样总结阳明学的现代价值："现代的中国人、西方人，都因为物欲、权势，而忘记了做人最重要的东西；也因为受父母、学校以及社会的种种影响与约束，而忘记了自己的本心，阳明心学，可以让我们听本心，守良知。"这也为我们在新时代推进阳明文化更好地走向世界提供了一个契机。

三、新时代推进阳明文化更好走向世界的路径依赖

当今世界正经历百年未有之大变局，文化交流、交融、交锋之势前所未有。所以，我们更要推动体现中华传统人文精神的阳明学在新时代继续走出去，以文载道、以文传声、以文化人，向世界阐释、推介阳明文化这一具有中国特色、体现中国精

浙江余姚中天阁王阳明像

神、蕴藏中国智慧的优秀传统文化。

做好新时代阳明文化海外传播，我们还以从以下几方面着手：

（一）在《传习录》外译的基础上做好《王阳明全集》的外译

阳明学的基本范畴、核心思想均体现《传习录》一书中，为便于各界人士研习、传播其中的学术精粹，中外学者以笺注、标注、英译的形式进行了长期的努力。比如，日本正德二年（1712），日本京都人三轮执斋通过标注本文、添加注释而成《标注传习录》。

三轮执斋在30岁时读阳明书，对其中的良知说感同身受，后来坚信不疑，遂摒弃朱子学改信王学。在他一生的事业里，翻刻《传习录》是最伟大的事情，在《答铃木真斋书》中写道："我三十三年前始读王阳明书，以后信之如神明，今六十岁年，一事无成。然以德为一己追求，有志于求道，三十年来如一日耳。"《标注传习录》为阳明学在日本的传播以及促成日本阳明学派的生成发挥了重大作用。

1826年，密歇根大学图书馆出版了16卷本《王阳明先生全集》，但是由于语言上的障碍与阻隔，全集并未对汉学家之外的西方受众产生太大影响。1916年，美国传教士弗雷德里克·古里奇·亨克（Dr Frederick G. Henke）以《阳明先生集要》为底本完成了《传习录》的首次英译，并以 The Philosophy of Wang Yangming（《王阳明哲学》）为名由敞院出版社（Open Court Publishing Co.）出版于伦敦，使王阳明的哲学思想第一次完整地进入西方。1963年，美籍华人学者、中国哲学史家陈荣捷（Wing-tsit Chan）在哥伦比亚大学出版社（Columbia University Press）出版 Instructions for

*Wing-tsit Chan*⁴ Wang Yang-ming³: Western studies and an annotated bibliography

Interestingly enough, Wang Yang-ming (Wang Shou-jen⁶ 1472–1529) was introduced to the West in 1893 through an article in English on Japanese schools of philosophy (Haga 1893). Studies in the West of the leader of the Neo-Confucian School of Mind began with Frederick Goodrich Henke, an American missionary who taught at the University of Nanking. In 1911 he was asked to make a study of Wang for the North China Branch of the Royal Asiatic Society. As a result, he gave two lectures on the Neo-Confucian idealist. These lectures were published in an article in 1913. In 1916, his translation of Wang's works was published in Chicago. This was about seventy years after the first Western study and translation of Chu Hsi² (1130–1200), the Neo-Confucian rationalist to whom Wang became the chief opponent. The *Chinese Repository* had published an article on Chu Hsi in 1844 and some selections from Chu Hsi's works in 1849.¹ From the very beginning, Western studies of Chu Hsi have overshadowed those of Wang. This is to be expected because although the Chu Hsi and Wang Yang-ming schools have been the two dominant intellectual currents in both China and Japan, the former has been the orthodox school. Very little was written about Wang in Western languages before World War II. Since D. T. Suzuki² and others have been promoting Zen (Ch'an⁶) Buddhism in the West from the 1910s, since the Oyōmei⁶ (Wang Yang-ming) School in Japan had been very influential, and since Wang has often been accused of being a Zen Buddhist in Confucian disguise, one would expect that Wang would share in some of the popularity of Zen in the West. But Zen promoters have made practically no mention of Wang. This is because Japanese Zen followers have remained outside the Neo-Confucian stream and, more importantly, because Zen claims to stand on its own without depending on any philosophical support or even on the written word itself.

After the end of World War II, Western studies of Wang, along with the growing interest in the study of Chinese thought, gained momentum. Before 1940 there had been only four publications on Wang. Nothing happened in the next fifteen years. Since 1955, sixteen publications have appeared, fourteen of which appeared after 1960. This year the *Encyclopaedia Britannica*, *Encyclopedia Americana*, and *The Encyclopedia of Philosophy* included special entries on Wang. There have been three theses on Wang, and one on his follower Ho Hsin-ying. In 1963, a new translation by Chan of Wang's chief works appeared. After 1965, there was a graduate seminar on Ming thought at

¹ *Philosophical Opinions of Chu futze on the immaterial principle and primary matter*, furnished by a correspondent [W. H. Medhurst], *The Chinese Repository* 8 (1844): 552–559, 619; and E. C. Bridgeman, "Notes on Chinese Cosmogony: Formation of the universe, heaven, earth, the sun, moon, stars, man, beasts, etc. Selections from the Complete Works," *ibid.*, 18 (1849): 342–370.

《王阳明〈传习录〉及其他著述》书影

Practical Living and Other Neo-Confucian Writings（《王阳明〈传习录〉及其他著述》），引起欧美学界新一轮阳明学研究热潮。2009年，美国汉学家艾文贺（Philip J. Ivanhoe）出版*Readings from the Lu-Wang School of Neo-Confucianism*（《"陆王学派"儒家文献选读》）一书，选译《传习录》《大学问》节选以及部分论学书信、诗歌等，被认为是英语世界陆王学派研究领域的权威专著。

这也启示我们，我们现在有条件也有能力在*The Philosophy of Wang Yangming*（《王阳明哲学》）、*Instructions for Practical Living and Other Neo-Confucian Writings*（《王阳明〈传习录〉及其他著述》），*Readings from the Lu-Wang School of Neo-Confucianism*（《"陆王学派"儒家文献选读》）的基础上，与国外汉学家合作，推动《王阳明全集》《王文成公全书汇校》的全文外译。当代西方著名哲学家、汉学家安乐哲主持"翻译中国"项目，立志把包括王阳明思想在内的儒家传统文化翻译成英文后传播至世界各地，使其成为一种国际性的文化。

（二）积极推动海内外阳明学研究优秀成果的互译互鉴

《传习录》《王阳明全集》的通读，对于普通读者而言的确颇为吃力，为引导更多的域外学者了解王阳明，走进阳明学，我们可以尝试把中文学界优秀的阳明学研究著作译成外文；同时为加强学术交流，也应该把域外学者优秀阳明学研究著作译成中文。当然，我们更要鼓励有汉学背景且通晓外语、从事中西比较的学者直接用外文撰写王阳明传记与阳明学研究论著。

其实，前辈学者为此已经作出了探索与实践。比如，1962年张君劢就在美国用英文出版了*Wang Yang-ming：The Idealist Philosopher of 16th Century China*（《王阳明：中国十六世纪的唯心主

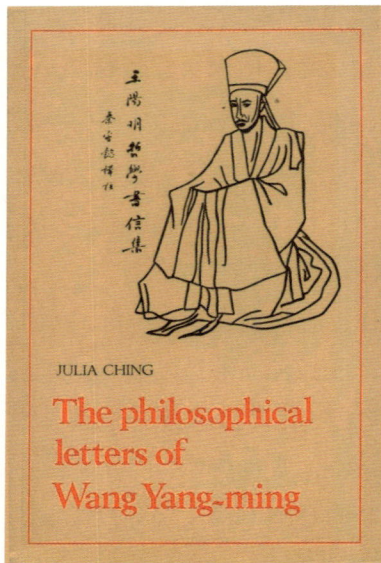

秦家懿英译《王阳明哲学书信集》书影

义哲学家》）一书，对阳明思想进行较为全面的论述，书末附有涉及王阳明研究的英文参考书目，被视为西方世界迄今为止对王阳明讨论最全面的一部著作。陈荣捷在英译《传习录》的基础上，还编校出版了《王阳明传习录详注集评》。加拿大籍华人学者秦家懿（Julia Ching）在 1972 年英译《王阳明哲学书信集》，1976 年在哥伦比亚大学出版社出版博士论文 "To Acquire Wisdom: The Way of Wang Yang-ming"（《求智——王阳明之"道"》），该书的中译本《王阳明》由台北东大图书股份有限公司于 1987 年出版，北京三联书店 2017 年出版。1976 年，杜维明的博士学位论文 "Neo-Confucian Thought in Action Wang Yang-ming's Youth"（1472—1509）（《行动中的宋明儒家思想——王阳明的青年时代（1472—1509）》）在美国贝克莱加州大学出版社出版，后译成中文，1997 年以《青年王阳明（1472—1509）——行动中的儒家思想》为题在生活·读书·新知三联书店出版；2002 年，以《宋明儒学思想之旅——青年王阳明（1472—1509）》为书名在武汉出版社出版。2022 年，美国学者伊来瑞的《阳明学之欧美传播与研究》，译成中文在学苑出版社出版。1990 年，艾文贺在博士论文的基础上出版了 *Ethics in the Confucian Tradition: The Thought of*

Mencius and Wang Yang-ming（《儒家传统中的伦理学：孟子和王阳明的思想》），分析孟子、阳明心性学派的内在传承，认为王阳明的心性论是在吸收儒道思想基础上建构起来的道德形而上学，这本英文阳明学专著的汉译工作亟须推进。

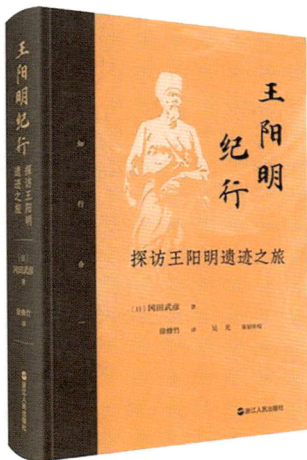

冈田武彦《王阳明纪行——探访王阳明遗迹之旅》中译本书影

与此同时，日本、韩国的不少阳明学著作也译成中文出版，比如日本阳明学者冈田武彦的《王阳明与明末儒学》，2000 年译成中文由上海古籍出版社出版；《王阳明纪行——探访王阳明遗迹之旅》，2022 年译成中文由浙江人民出版社出版。欧阳祯人、邓红主编《日本阳明学研究名著译丛》（8 种，高濑武次郎的《日本之阳明学》、井上哲次郎的《日本阳明学派之哲学》、安田二郎的《中国近世思想研究》、岛田虔次的《朱子学与阳明学》、山井涌的《明清思想史》、楠本正继的《宋明时代儒学思想之研究》、冈田武彦的《明代哲学的本质》、荒木见悟的《明代思想研究》），2022 年由山东人民出版社出版。黄俊杰、郑仁在合编的《韩国江华阳明学研究论集》，2008 年由华东师范大学出版社出版。韩国学者金吉洛的《韩国象山学与阳明学》，2016 年译成中文由社会科学文献出版社出版。韩国学者崔在穆的《比较阳明学：以中韩日三国为视域》，2021 年译成中文由上海古籍出版社出版。

2018 年，中国本土阳明学研究专家杨国荣的《走向良知——

〈传习录〉与阳明心学》一书由上海外语教育出版社译成英文出版。2019 年，宁波出版社出版《此心光明：王阳明中英文连环画》。2019 年，中国阳明学研究专家陈来的《有无之境：王阳明哲学的精神》（*The Realms of Being and Non-Being: The Spirit of Wang Yang-ming's Philosophy*）由美国出版公司 Bridge 21 Publications 译成英文出版。

应该指出，尽管有不少域外的阳明学论著译成中文在中国出版，但是中国学者撰写的不少优秀阳明学著作，诸如杨国荣的《王学通论：从王阳明到熊十力》、束景南的《王阳明年谱长编》《阳明大传："心"的救赎之路》、吴震的《阳明后学研究》、张海燕的《王阳明心学与西方思想研究》等，尚未译成外文在域外传播。在如今构建中国哲学海外话语体系的时代议题下，我们需要更多有志于阳明学研究与国际传播的专家学者，立足文化传承发展与中西文明互鉴，把大量中国本土学者撰著的优秀阳明学著作译成外文，这既能以中国话语讲述阳明故事、阳明哲学，又能帮助西方读者精准理解阳明学，从而开启新时代阳明学海外传播的新篇章。

（三）继续做大做强阳明文化国际化传播的各种平台

在推动阳明学文献外译以及中外阳明学研究论著互译的同时，我们还要发挥"世界中国学论坛""世界阳明学大会""阳明文化国际论坛""阳明心学·龙场论坛"等平台，中英文版的学术期刊、报刊以及国际儒学联合会等社团组织的作用，继续做大做强阳明文化国际化传播的各种平台。

为搭建世界各国阳明学爱好者、研究者交流阳明学研究心得的平台，推动阳明文化的国际化传播，浙江、贵州、江西省的各级政府机构、高校科研机构，先后举办"世界阳明学大会""阳明文化

2022"世界阳明学大会"现场

国际论坛""阳明心学·龙场论坛"，邀请了一大批来自日本、韩国、美国、德国、俄罗斯、法国等国的阳明学研究专家参会，促成了阳明文化的国际交流。与此同时，中国也尝试与欧美、日韩阳明学者密切沟通，在海外举办"阳明文化国际论坛"。比如，1972年，美国夏威夷大学举办过"比较研究王阳明暨纪念王阳明诞辰五百周年"，不少华人学者参会进行了学术交流，促成了美国的阳明学研究热。1997年，日本京都举办过"阳明学术研讨会"，不少有中文背景的阳明学者参会。

　　为搭建阳明学研究论文发表平台，贵阳孔学堂创办了中英双语期刊《孔学堂》，每期刊发一定数量的阳明学研究论文。其中2022年第2期的《孔学堂》（夏季号）开设"纪念王阳明诞辰五五〇周年专号"，刊发国内阳明学研究专家的论文7篇，同时还将其译成英文，努力进行着阳明文化的海外传播。国际儒学联合会会刊《国际儒学》（中英文版）、孔子研究院和齐鲁书社主办的《走进孔子》

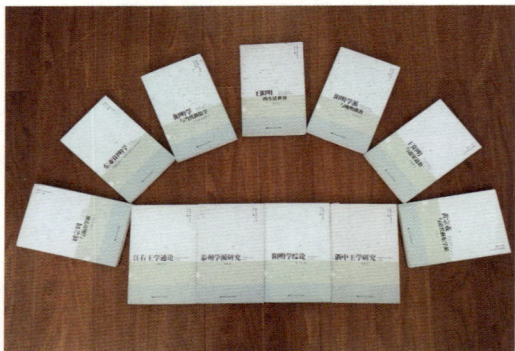

吴光主编《阳明学研究丛书》书影

（中英文双语种期刊）也刊发王阳明与阳明学研究英文论文。这启示我们，要鼓励在国内从事阳明学研究的学者努力用英文写作，在其他语种期刊上发表高质量的阳明学研究论文。

为进一步促进阳明文化的国际交流，国内拥有阳明学资源的省市诸如浙江（余姚、绍兴）、贵州（贵阳、修文）、江西（赣州、崇义、南昌）、福建（平和）、广东（和平、增城）、广西（南宁），也应主动与海外的阳明学研究专家以及阳明学研究社团、科研机构诸如美国哈佛燕京学社、俄罗斯科学院东方研究所、日本二松学舍大学阳明学研究中心、美国国际中国哲学会、韩国阳明学会、日本东亚实学研究会等保持往来。

不应忽视，阳明文化的海外传播有国别性、宗教性，我们需要了解对方的信仰、教派、社会焦虑、不同阶层的关注点等。以阳明文化为代表的中华优秀传统文化要"走出去"并继续在海外扩大影响，尤其需要一批精通外语、了解对方文化且善于进行话语转换的专业人才。

赓续阳明学脉，谱写当代华章。肩负新时代新的文化使命，我们期待海内外阳明文化爱好者、研究者、传播者，在传承发展阳明文化上守正创新，既要做好阳明文化内涵与外延的深度挖掘文章，也要继续加大阳明文化的对外传播力度，大力弘扬阳明文化中蕴含的"知行合一""明德亲民""天地万物一体之仁"等中华优秀传统文化精髓，从而以阳明文化在新时代的传承发展为突破口，传承中华优秀传统文化、继承革命文化、发展社会主义先进文化，为建设社会主义文化强国作出新的更大贡献。

参考文献

〔明〕王守仁撰，吴光、钱明、董平、姚延福编校：《王阳明全集》，上海古籍出版社2012年版。

〔明〕王阳明撰，邓艾民注：《传习录注疏》，上海古籍出版社2012年版。

〔明〕王守仁著，王强、彭启彬汇校：《王文成公全书汇校》，广陵书社2022年版。

〔明〕王守仁著，〔明〕施邦曜辑评，张山梁点校：《阳明先生集要（崇祯闽刻本）》，黑龙江人民出版社2023年版。

束景南、查明昊辑编：《王阳明全集补编》（增补本），上海古籍出版社2024年版。

〔明〕钱德洪编述，〔明〕王畿补辑，〔明〕罗洪先删正，向辉、彭启彬点校：《阳明先生年谱（天真书院本）》，北京燕山出版社2022年版。

〔明〕钱德洪编次，〔明〕罗洪先考订，向辉、彭启彬点校：《阳明先生年谱（毛汝麒本）》，北京燕山出版社2022年版。

沈善洪主编、吴光执行主编：《黄宗羲全集》，浙江古籍出版社2005年版。

梁启超编著，彭树欣整理：《梁启超修身三书》，上海古籍出版社2016年版。

吴光、张宏敏、金伟东：《王阳明的人生智慧：阳明心学百句解读》，中国方正出版社2016年版。

吴光主编：《阳明学研究丛书》，中国人民大学出版社2009年版。

余怀彦：《良知之道：王阳明的五百年》，中国友谊出版公司2016年版。

束景南：《王阳明："心"的救赎之路》，复旦大学出版社2021年版。

杨德俊：《王阳明行踪遗迹》，贵州大学出版社2021年版。

张海燕：《王阳明心学与西方思想研究》，人民出版社2022年版。

辛红娟、费周瑛主编：《异域"心"声：阳明学在西方的译介与传播研究》，浙江大学出版社2022年版。

计文渊主编：《王阳明法书文献集》，浙江人民美术出版社2023年版。

张宏敏主编：《清代阳明学文献丛刊》，北京燕山出版社2024年版。

张宏敏：《台州阳明学研究》，上海古籍出版社2021年版。

张宏敏等：《浙江儒学通史·清代卷》，浙江人民出版社2022年版。

张宏敏：《阳明学研究综合报告》，浙江人民出版社2020年版。

中共浙江省委宣传部编：《开卷有益·王阳明著作选读》，浙江人民出版社2024年版。

［日］冈田武彦著，吴光、钱明、屠承先译：《王阳明与明末儒学》，上海古籍出版社2000年版。

［日］冈田武彦著，徐修竹译，吴光策划审校：《王阳明纪行：探访王阳明遗迹之旅》，浙江人民出版社2022年版。

［日］高濑武次郎著，张亮译，邓红校注：《日本之阳明学》，山东人民出版社2022年版。

［日］井上哲次郎著，张一星、邓红译：《日本阳明学派之哲学》，山东人民出版社2022年版。

［日］井上哲次郎著，付慧琴、贾思京译：《日本阳明学派之哲学》，中国社会科学出版社2021年版。

［日］永富青地『王守仁著作の文献学』，汲古书院，2007年。

［韩］郑仁在、黄俊杰编：《韩国江华阳明学研究论集》，华东师范大学出版社2008年版。

［韩］崔在穆著，钱明译，［韩］金明月校译：《比较阳明学：以中韩日三国为视域》，上海古籍出版社2021年版。

［瑞士］耿宁著，倪梁康译：《人生第一等事：王阳明及其后学论“致良知”》，商务印书馆2014版。

［美］伊来瑞著，吴文南译：《阳明学之欧美传播与研究》，学苑出版社2022年版。

张崑将：《当代日本学者阳明学研究的回顾与展望》，《台湾东亚文明研究学刊》2005年第2期。

钱明：《朝鲜阳明学派的形成与东亚三国阳明学的定位》，《浙江大学学报（人文社会科学版）》，2006年第3期。

蔡亮：《阳明思想在欧美的传播研究》，《浙江社会科学》2022年第2期。

陈来：《阳明学研究的回顾与前瞻：兼评〈阳明学研究丛书〉》，《光明日报》2010年2月1日。

赵超君：《阳明文化在法国的传播》，《宁波日报》2021年5月13日。

孙晓彤：《阳明文化在俄罗斯的传播》，《宁波日报》2021年6月2日。

蔡亮：《阳明文化在美国的传播》，《宁波日报》2021年6月2日。

蔡亮：《阳明文化在英国的传播》，《宁波日报》2022年1月20日。

俞婧、蔡亮：《王阳明与德国汉学：中华文化国际传播的见证》，《宁波日报》2023年2月2日。

后　记

　　感谢中共浙江省委宣传部、浙江省习近平新时代中国特色社会主义研究中心、浙江省哲学社会科学工作办公室、浙江省社会科学界联合会的信任，让我来牵头组织"浙江文化印记"系列丛书的具体编撰工作。感谢课题组全体成员的辛苦付出，感谢浙江人民出版社的大力支持，感谢各位评审专家的认真审读，感谢省社科联二级巡视员刘东女士、规划处刘博京先生的协调与督促！

　　经过半年多时间的日夜"奋战"，我终于把"浙江文化印记"系列丛书中的《阳明文化》这部书稿完成了，也可以暂时喘口气。由于阳明文化博大精深，能写的内容很多，原计划15万字的书稿，最终写成了47万字，在正式出版前大幅删减。书稿在写作过程中，得到北京张海燕、贵州杨德俊、福建张山梁、四川王强、余姚诸焕灿、宁波蔡亮等师友的支持，尤其是蔡亮教授及其学术团队成员赵超君、孙晓彤、俞婧对本书第六章第三节"阳明学在欧美世界的传播与研究"的大力帮助，友人计文渊、王强、蔡亮、杨德俊、张山梁、方俞明、鲍贤杰、谢建龙、清慧法师提供了部分插图，临海文史学者杨新安先生审校了书稿，在此谨致谢忱！

　　这半年多来，因忙于书稿写作，无暇顾及家庭及子女的教育，全赖父母、内子的辛勤操劳，在此深表歉意！

张宏敏

2024 年 6 月 16 日、8 月 15 日、10 月 9 日

于浙江省社会科学院哲学所 301 室